高职高专经济管理类专业基础课规划教材

经济法概论

（第2版）

刘大勇　庞　洋◎主编

電子工業出版社
Publishing House of Electronics Industry
北京·BEIJING

内 容 简 介

本教材以解决实际经济法律问题为根本目的，紧紧围绕经济法律实践工作流程，将实体法与程序法有机地结合起来，以保证本教材的实用性和知识的全面性。本书涵盖了经济法基础理论、企业法、公司法、破产法、合同法、反不正当法、消费者权益保护法、产品质量法、工业产权法、金融法、证券法、票据法、税法、会计法和审计法、劳动合同法和社会保险法以及经济仲裁与经济诉讼等内容。

图书在版编目（CIP）数据

经济法概论 / 刘大勇，庞洋主编．—2 版．—北京：电子工业出版社，2018.9
高职高专经济管理类专业基础课规划教材
ISBN 978-7-121-34881-5

Ⅰ. ①经…　Ⅱ. ①刘…　②庞…　Ⅲ. ①经济法—中国—高等职业教育—教材　Ⅳ. ①D922.29

中国版本图书馆 CIP 数据核字（2018）第 184634 号

策划编辑：姜淑晶
责任编辑：刘露明
印　　刷：北京七彩京通数码快印有限公司
装　　订：北京七彩京通数码快印有限公司
出版发行：电子工业出版社
　　　　　北京市海淀区万寿路 173 信箱　邮编 100036
开　　本：787×1 092　1/16　印张：16.75　字数：376 千字
版　　次：2007 年 4 月第 1 版
　　　　　2018 年 9 月第 2 版
印　　次：2018 年 9 月第 1 次印刷
定　　价：45.00 元

凡所购买电子工业出版社图书有缺损问题，请向购买书店调换。若书店售缺，请与本社发行部联系，联系及邮购电话：（010）88254888，88258888。

质量投诉请发邮件至 zlts@phei.com.cn，盗版侵权举报请发邮件至 dbqq@phei.com.cn。

本书咨询联系方式：（010）88254199，sjb@phei.com.cn。

第 2 版前言

随着我国经济发展进入新时代，社会主义市场经济建设成就斐然，在社会主义市场经济条件下，经济法的地位不言而喻。经济法课程成为高职高专院校经济管理类专业及其他相关专业的必开课程，其目标在于通过本课程的学习，使学生理解和掌握我国常用的现行经济法律法规，能运用所学知识分析、解决现实中的经济法律问题，并在今后的实际工作中，树立正确的法律观念，自觉遵守法律法规。为此，如何使学生能够快速地掌握经济法的基本原理，并在工作生活实践中对相关的经济法律法规能够加以灵活运用也就成了该课程的教学目标。教材建设则是实现该教学目标的保障。为此，本教材为适应新形势下经济法教学的需要，以解决实际经济法律问题为根本目的，在侧重讲的经济法的基本理论、基本知识、基本技能的同时，强调对学生综合素质和实践能力的培养。

本教材涵盖了经济法基础理论、企业法、公司法、破产法、合同法、反不正当法、消费者权益保护法、产品质量法、工业产权法、金融法、证券法、票据法、税法、会计法和审计法、劳动合同法和社会保险法，以及经济仲裁与经济诉讼等内容。

本教材坚持以解决实际经济法律问题为根本目的，紧紧围绕经济法律实践工作流程，将实体法与程序法有机地结合起来，以保证其内容的实用性和知识的全面性，力求达到教与学互动，便于学生在学习过程中动脑思考，强化学生对经济法律知识的掌握与运用。该书定位准确、结构完整、内容全面，着力突出系统性、针对性、实务性和新颖性，可以作为高职高专院校经济管理及其他相关专业经济法律课程的教材，也可供成人院校、民办独立院校及其他相关人士阅读参考。

本书由黑龙江省政法管理干部学院刘大勇、哈尔滨职业技术学院庞洋任主编，由黑龙江省政法管理干部学院刘丹、哈尔滨职业技术学院刘艳丽任副主编。具体分工如下：刘大勇编写第 1～6 章；庞洋编写 15 章；宋丹编写第 7～12 章；刘艳丽编写第 13、14 章。哈尔滨学院的孔令秋老师对全书进行了统稿。

由于编者水平有限，书中难免有疏漏不足之处，敬请读者批评指正。

编　者

目　　录

第 1 章　经济法基础理论

本章学习目标

- 了解经济法的产生与发展；
- 掌握经济法的概念、调整对象，以及经济法律关系的发生、变更与终止；
- 正确认识经济法的作用与基本原则；
- 掌握经济法律关系的概念及构成要素。

1.1　经济法的产生与发展

1.1.1　经济法的产生

1．“经济法”一词的产生

1755 年，法国著名的空想社会主义者摩莱里在《自然法典》一书中首先使用“经济法”这个词语。1843 年，法国著名的空想共产主义者德萨米在《公有法典》一书中将“分配法和经济法”作为专章加以论述。但值得注意的是，“经济法”一词的出现并不是经济法产生的真正标志。

2．现代经济法的产生

资本主义经济法的核心内容是限制垄断，如果从这一意义上考察经济法的产生，美国于 1890 年颁布的《谢尔曼法托拉斯法案》（以下简称《谢尔曼法》）应该是第一部资本主义经济法。在各国的立法实践中，最早明确使用“经济法”作为法律名称的是德国 1919 年颁布的《煤炭经济法》。德国的学者莱特在 1906 年出版的《世界经济年鉴》中，使用了“经济的法”一词，现代意义经济法的术语即由此提出。

作为一个科学的概念和一个独立的法律部门，经济法最初产生于第一次世界大战期间的德国。德国是第一次世界大战的主要参加国，由于战争的需要，德国迅速摒弃了民事活动自愿、平等、等价、有偿的原则，国家直接干预生产，调配物资供给，规定价格，并为此制定了大量的法规。此后，20 世纪初，德国法学家赫德曼等发表了一系列关于经济法的论文。1916 年，赫德曼在《经济学字典》中使用了“经济法”一词，他认为经济法是经济规律在法律上的反映。到20世纪20年代，德国出版了多种经济法的教科书和读物，这标志着经济法作为一门学科产生了。

我国社会主义经济法是我国法律体系中一个重要的、独立的法律部门，它的产生是由我国的经济基础决定的。1979年以后，在全国人民代表大会的文件和中共中央、国务院的文件中，开始使用“经济法”这一概念。

1.1.2 经济法的发展

1. 资本主义国家经济法的发展

19世纪末，在主要资本主义国家，垄断开始形成并迅速发展，其中以美国、德国最为典型。自由竞争是市场经济生命力之所在，但垄断却极大阻碍了竞争，因此各国纷纷出台相应的法律法规，用以调整垄断与竞争的关系。例如，美国于1890年通过了第一部反垄断法，即《谢尔曼法》，1904年又通过了《克莱顿法》和《联邦贸易委员会法》；德国在1896年制定了《反不正当竞争法》等。

第一次世界大战后，德国等战败国国民经济崩溃，接踵而来的又是世界性的经济危机，资本主义国家不得不采取经济立法的手段来应付和摆脱危机。这场危机使那些个别的、局部的法律调整不再有用，迫使资产阶级政府必须从基本经济政策上、从总体上综合调节国民经济。20世纪30年代美国的“罗斯福新政”是这一时期的代表，其颁布实行了一大批经济法规，大都规定了国家调节国民经济的内容。

第二次世界大战以后，资本主义世界相对稳定，经济发展速度较快，国际间的交往增多，这就要求经济立法的世界一体化。因此，出现了大量的国际经济立法，如《国际货物买卖公约》《国际货物销售合同公约》等。

2. 中国经济法的发展

新中国的经济法是对新民主主义革命时期各革命根据地经济立法的继承和发展。1978年党的十一届三中全会以后，由于国家的工作重点转移到经济建设上来，为适应经济体制改革和对外开放的需要，经济立法得到了空前的发展。1992年年底党的十四大做出了在中国建立社会主义市场经济体制的历史性决策。党的十四大报告明确指出，高度重视法制建设是建设社会主义市场经济体制的迫切要求。1993年3月第八届全国人民代表大会第一次会议又决定以宪法的形式肯定这一决策。党的十四大和八届全国人大第一次会议之后，全国人大常务委员会继续加强经济立法工作，这使得我国经济立法面临着从未有过的大好形势。20多年来，我国已经在经济管理、企业和投资、经济活动、维护公平竞争等方面相继出台了大量的经济法律法规，已大体形成了一个较为完整的经济法框架体系。

1.2 经济法的概念与调整对象

1.2.1 经济法的概念

经济法是调整国家在干预和协调经济运行过程中所发生的经济关系的法律规范的总称。

经济法最基本的属性是它体现了国家运用法律对社会经济生活的干预。“干预”体现了经济法的权力属性。

经济法并不调整所有的经济关系，而仅仅是调整具有全局性和社会公共性的经济关系。经济法以“社会本位”作为存在的基础。对于全局性和社会公共性的经济关系，干预或者不干预，完全取决于国家的需要。

经济法不调整平等当事人之间的、体现意识自治的合同关系。

1.2.2 经济法的调整对象

经济法的调整对象即经济法调整的社会关系，是指国家在干预社会经济活动过程中所发生的经济关系，主要包括以下几个方面。

1．宏观调控关系

市场经济中市场在资源配置中起基础性作用，为此，市场经济具有平等性、竞争性、法制性和开放性等特征。当经济运行到一定复杂与发达程度时，“市场之手”就会暴露出很多缺陷，为了促进经济的健康发展，就需要有国家宏观调控的配合。国家引导和促进市场经济发展的关系就是宏观调控关系。

宏观调控关系一般指国家通过计划与产业政策的制定和实施，通过经济预算及对投资的引导，以及通过税收、金融、物价调节、土地利用规划、标准化管理等活动对市场运行进行干预和控制所产生的经济关系。

2．经济管理关系

经济管理关系是指国家为了建立社会主义市场经济秩序，维护国家、市场经营者和消费者的合法权益，在金融证券监管、税收征管、物价监督、贸易管制、企业登记管理及交易秩序管理等活动中所产生的经济关系。国家必须通过法律手段对市场经济进行管理，具体方式主要是通过制定反不正当竞争法、消费者权益保护法、产品质量法等对市场经济运行过程中的不正当行为进行规制。

3．经济组织内部经济关系

经济组织内部经济关系是指以企业为主体的各类经济组织在经济活动中发生的各种

内部经济管理关系，具体包括经济组织的主体资格类型及各类型的内部组织管理、财务会计、投资立项、劳动用工、工资制度、奖惩措施和安全管理等。这些关系主要通过企业法、劳动法等法律制度进行调整。健全和完善的经济组织内部经济关系是保证社会经济关系健康有序发展的前提。

4．社会保障关系

社会保障关系是指在对作为劳动力资源的劳动者实行社会保障过程中发生的经济关系。建立健全社会保障体系是社会主义经济发展的客观必然。通过制定和颁布实施有关经济法规，规范和明确应由以企业为主的各类经济组织所承担的责任和义务，保障劳动者的利益，充分开发和合理利用劳动资源，维持社会稳定。

1.3 经济法的作用与基本原则

1.3.1 经济法的作用

经济法作为国家管理和协调国民经济的一种重要法律手段，在我国社会主义市场经济体制的建立，以及现代化建设中起着重要的促进和保证作用。具体可以归纳为以下几个方面。

1．保证国民经济持续、稳定、健康的发展

我国的经济能否持续地真正获得有效的增长，不仅关系着经济形势能否决定性地好转，还直接影响着经济、政治体制改革的进程。要使国民经济保持持续、稳定、健康的发展，走出一条符合中国特色的、既有较高速度又有更好效益的国民经济发展路子，就需要相关的经济法律、法规去规范市场主体行为和市场秩序，保证市场机制作用的良好发挥。因此，经济法律、法规的制定和有效实施，对于充分发挥“国家之手”和“无形之手”的重要功能，保证国民经济持续、稳定、健康发展具有重要作用。

2．保障和促进以公有制为主体的多种所有制经济的发展

我们应通过经济法的实施，保证国家在资金、信贷、能源、原材料供应等方面支持公有制经济的发展，同时深入改革公有制企业的管理体制，更好地发挥公有制经济的优势和主导作用。对于从属于社会主义经济的个体经济、私营经济，既要鼓励它们在国家允许的范围内积极发展，又要加强经济法对它们的管理和引导，做到既发挥它们的积极作用，又限制其不利于社会主义经济发展的消极作用。

3．维护公平竞争和市场经济秩序

公平的竞争和规范的秩序，是市场经济发展的内在要求。为了维护公平竞争和市场经济秩序，国家通常采取的重要手段之一，就是通过经济法限制不正当竞争和扰乱经济秩序的行为，打击经济活动中的违法犯罪行为，保护市场经济参与者的合法权益，保障社会经济的健康有序发展。随着我国市场经济的发展，经济法在维护公平竞争和市场秩序中的作用将会日益增强。

4．有利于扩大对外开放，加强对外经济技术合作

对外开放是我国的一项基本国策。无论对外贸易还是允许外商来华投资，共同开办合营企业、合作企业，都存在一个法律适用问题。党的十一届三中全会以来，为了适应对外开放的需要，我国颁布了以《中外合资经营企业法》《中外合作经营企业法》《外资企业法》为核心的一系列涉外经济法律、法规，体现了中外双方平等互利的原则，保护了双方当事人的合法权益，也为解决争议提供了法律依据，促进了对外经济关系的发展。

1.3.2　经济法的基本原则

经济法的基本原则是指能够体现经济法的本质和特征，贯穿于经济法律规范之中，并对经济立法、执法和司法及经济法学研究具有普遍意义的根本指导思想或准则。我国经济法的基本原则主要有以下 4 个。

1．适度干预原则

作为宏观调控主体的政府，其所实施的宏观调控行为要适度：一是要维护竞争者的平等地位；二是要反对垄断，包括经济性垄断和行政性垄断。经济法要明确地反对任何导致垄断和限制竞争的行为，坚决制裁不公平竞争的行为。因此，经济法的全部规范都要体现国家适度干预的原则。

2．社会本位原则

法律部门的本位思想是指体现在这个法律部门中的解决社会矛盾的基本立场。不同的法律部门，其本位思想也不相同。行政法的本位思想是“国家本位”，民法的本位思想是“个体本位”，而“社会本位”则是经济法的本位思想。社会本位即强调社会公共利益至上，任何利益都必须服从社会公共利益。任何市场主体在进行市场行为时，都不能一味地追求自身利益的最大化，而忽视对社会公共利益的关注，否则也是对自己应当承担的社会责任的背离。

3．宏观效益原则

宏观调控的着眼点是如何提高宏观经济效益，而不直接过问某个企业的经济效益。经济法的目的是激励、促进和保护宏观经济效益的改善和提高。为了实现这一目的，就必须将讲求宏观经济效益作为经济法的基本原则，使经济主体的一切经济行为有利于宏观经济效益的增长。

4. 兼顾效率与公平原则

效率是社会能从其稀缺资源中得到最多东西的特性；公平是经济成果在社会成员中公平分配的特性。从经济学角度分析，效率和公平往往是难以兼顾的，一项政策的出台和实施要么重效率轻公平，要么重公平轻效率。经济法的作用就在于，用法律的形式保护整个国民经济的效率和公平。在某一个阶段可以促进其中的一面，但就整体而言必须兼顾二者。

1.4 经济法律关系

1.4.1 经济法律关系的概念

法律关系是指法律规范在调整人们行为过程中形成的权利义务关系。经济法律关系是法律关系的一种，是指经济法主体在进行经济管理和经济活动过程中所形成的，由经济法加以确认的经济权利和经济义务关系。

1.4.2 经济法律关系的构成

经济法律关系和其他法律关系一样都是由3个要素构成的，即经济法律关系的主体、经济法律关系的客体和经济法律关系的内容。这3个要素相互联系，缺少其中任何一个要素，都不能构成经济法律关系。

1. 经济法律关系的主体

（1）概念。经济法律关系的主体又称经济法主体，是指参加经济法律关系，享有经济权利和承担经济义务的当事人。

（2）种类。经济法律关系主体主要有以下几类。

1）国家机关。国家机关是指国家行政机关中的经济管理机关，是行使经济管理职权、参与经济法律关系的主体，在市场管理和宏观经济调控过程中发挥着重要的作用。国家机关主要包括以下几类：综合性经济管理机关，主要负责对国民经济全局进行宏观调控，如财政部、中国人民银行等；行业性经济管理机关，主要负责对国民经济特定部门、行业进行管理，如交通部、农业部等；职能性经济管理机关，如国家税务总局、工商行政管理总局、国家审计署等。此外，国家也可作为一般的经济法的主体参加经济法律关系，如发行国债、以政府名义与外国签订经济贸易协定或国内采购合同。

2）法人。法人是具有民事权利能力和民事行为能力，依法独立享有民事权利和承担民事义务的组织。简言之，法人是具有民事权利主体资格的社会组织。法人具有以下特点：是一种社会组织；依法成立；具有民事权利能力和民事行为能力；能够独立承担民事责任。

《民法总则》第五十八条规定，法人应当依法成立。法人应当有自己的名称、组织机构、住所、财产或者经费。法人成立的具体条件和程序依照法律、行政法规的规定。

3）非法人组织。非法人组织是不具有法人资格，但是能够依法以自己的名义从事民事活动的组织。非法人组织包括个人独资企业、合伙企业、不具有法人资格的专业服务机构等。非法人组织应当依照法律的规定登记。设立非法人组织，法律、行政法规规定须经有关机关批准的，依照其规定。非法人组织可以确定一人或者数人代表该组织从事民事活动。

4）自然人。自然人从出生时起到死亡时止，具有民事权利能力，依法享有民事权利，承担民事义务。自然人的能力包括民事权利能力和民事行为能力。民事权利能力是指国家通过法律赋予民事主体享有权利和承担义务的地位和资格。享有民事权利能力就可以参加民事活动，享有民事权利，承担民事义务。依据我国法律，自然人的民事权利能力始于出生，终于死亡，并且地位平等。民事行为能力是指民事主体能够以自己的行为参加民事活动，享有民事权利，承担民事义务的地位和资格。目前，作为经济法律关系主体的形式，我国有关法律、法规对从事经营活动的公民主要规定为个体工商户和农村承包经营户。其中，自然人在法律允许的范围内，依法经核准登记，从事工商业经营的，为个体工商户。个体工商户有两种类型：一是自然人一人经营，以自然人个人财产承担债务；二是家庭经营，以家庭财产承担债务。农村集体经济组织的成员，在法律允许的范围内，按照承包合同规定从事商品经营的，为农村承包经营户。农村承包经营户的类型及承担债务的方式与个体工商户相同。

18 周岁以上的自然人为成年人。不满 18 周岁的自然人为未成年人。成年人为完全民事行为能力人，可以独立实施民事法律行为。

16 周岁以上的未成年人，以自己的劳动收入为主要生活来源的，视为完全民事行为能力人。

8 周岁以上的未成年人为限制民事行为能力人，实施民事法律行为由其法定代理人代理或者经其法定代理人同意、追认，但是可以独立实施纯获利益的民事法律行为或者与其年龄、智力相适应的民事法律行为。

不满 8 周岁的未成年人为无民事行为能力人，由其法定代理人代理实施民事法律行为。

2．经济法律关系的客体

（1）概念。经济法律关系的客体，是指经济法律关系主体之间的经济权利和经济义务所指向的对象。经济法律关系的客体是经济法律关系中不可缺少的要素，如果缺少客体，经济法律关系的权利和义务就无所指，就会虚空，从而使得经济法律关系不具有任何法律意义。

（2）种类。经济法律关系客体的种类如下：

1）物，亦称有体物。它是指具有一定的经济价值，可以由经济法主体控制和支配的物质财富。物是经济法律关系中最普遍的客体。

2）行为。它是指经济法律关系中的主体为达到一定经济目的所进行的行为。它包括经济管理行为、完成一定工作的行为和提供一定劳务的行为。

3）智力成果。它是指人们创造的、能够带来经济价值的脑力劳动成果，如商标、专利、专有技术等。

3. 经济法律关系的内容

经济法律关系的内容是指经济法主体所享有的经济权利和承担的经济义务。

（1）经济权利

经济权利是指经济法律关系主体在国家干预经济过程中依法具有的自己为或不为一定行为和要求他人为或不为一定行为的资格。

经济法律关系主体享有经济职权和其他经济权利。

1）经济职权。经济职权是指国家经济管理机关进行经济管理时依法享有的权利。对于国家机关来说，这种职权既是权利又是义务。经济职权必须依法行使，不得滥用；同时，经济职权亦不可随意转让和放弃。经济职权的内容包括经济决策权、命令权、审批权、确认权、许可权等。

2）其他经济权利。除经济职权以外的经济权利可以统称为其他经济权利，主要包括所有权、经营管理权、法人财产权、经济债权、工业产权等。

（2）经济义务

经济义务是指经济法律关系主体在国家干预经济的过程中依法必须为一定行为和不为一定行为的责任。

经济义务的含义包括：经济法律关系的义务主体应根据权利主体的要求，依法为和不为一定的行为，以保证权利主体的权益得到实现；义务主体必须履行的义务限制在法定或约定的范围；义务主体应自觉履行义务，不履行或履行不当将受到法律的制裁。

1.4.3 经济法律关系的发生、变更与终止

1. 含义

经济法律关系的发生是指在经济法律关系主体之间形成一定的经济权利和经济义务关系；经济法律关系的变更是指经济法律关系主体、客体或内容发生变化；经济法律关系的终止是指经济法律关系主体之间的经济权利和经济义务关系的消灭。

2. 经济法律关系的发生、变更和消灭需要的条件

经济法律关系的发生、变更和消灭需要具备以下条件：一是经济法律规范，这是经济法律关系产生的基本依据；二是经济法主体，即权利与义务的实际承担者；三是经济法律事实，是指能引起经济法律关系发生、变更和消灭的客观现象。

法律事实是一种客观存在的社会生活中的事实，而不是当事人主观的内心意思。根据法律事实的发生是否具有直接的人的意志性，法律事实可以分为事件与法律行为。

事件是指不以经济法主体的主观意志为转移而产生的法律事实，包括自然现象（如自然灾害）和社会现象（如战争、会计政策变更等）。

法律行为是指以经济法主体意志为转移，能够引起经济法律关系发生、变更和消灭的有意识的活动，包括合法行为和违法行为。

法律事实能否引起一定的法律后果或者引起何种特定的法律后果，最终都取决于法律的规定。只有为法律规范支配的事实才是法律事实。有的法律关系的发生、变更和消灭只需一个法律事实出现即可成立，有的法律关系的发生、变更和消灭则需要两个或者两个以上法律事实同时具备。引起某一法律关系发生、变更和消灭的数个法律事实的总和称为事实构成。法律事实出现时会产生如下法律后果：一是引起经济法律关系的产生。只有通过法律事实，才能使经济法律所规定的权利和义务转化为当事人实际享有的权利和承担的义务。二是引起经济法律关系变更，这通常包括主体变更、内容变更、客体变更。三是引起经济法律关系消灭，使主体之间的权利义务不再存在。

1.5 经济法律责任

1.5.1 经济法律责任的概念

法律责任是指因违反了法定义务或约定义务而由行为人承担的不利后果。在国家干预和调控经济的过程中，经济法律关系主体如果因为故意或者过失而违反经济法律、法规，给自然人、法人和非法人组织造成损失的，也应当承担不利的后果。所以，经济法律责任是指在国家干预和调控社会经济过程中，因主体违反经济法律、法规而依法应承担的具有强制性的不利的法律后果。

1.5.2 经济法律责任的特征

1. 经济性

经济性是经济法的重要特征，也是经济法律责任的重要特征。经济法律责任发生在国家对经济管理和经济协调活动的过程中，主要表现为经济法律关系主体违反经济法定义务，要承担相应的责任。虽然经济法律责任的实现方式包括经济制裁、行政制裁和刑事制裁，即制裁方式并非都具有经济性，但经济制裁是一种重要的责任方式。

2. 否定性

经济法律责任是由于违反经济法律规范所规定的法定义务和当事人之间的约定义务，给对方造成了一定的直接的或间接的损失，并给整个经济秩序的有序运行造成了一定的影响，因此法律会对这种行为给予否定性评价，对违反法定或约定义务的一方给予相应的惩罚。

3．单向性

根据法律的基本原理，权利和义务是对等的，没有无权利的义务，也没有无义务的权利；不能要求一方只享有权利而不承担义务，也不能要求另一方只承担义务而不享有权利。在经济法律关系中，权利和义务同样具有对等性，但经济法律责任作为一种否定性的义务只能由违反经济法律、法规所规定的法定义务或约定义务的一方承担，具有单向性特征。事实上，经济法律责任的单向性与权利义务的对等性并不矛盾，因为经济法律责任是经济法律关系主体一方因没有履行法定义务或约定义务而应承担的第二义务或后续性义务。

4．强制性

法律的强制性是法律与其他社会规范的重要区别。法律的强制性主要体现在法律责任的承担上。经济法律责任同样也是一种法定的强制性义务，其具体形式由经济法律规范予以明文规定，并由国家强制力保证实施。

1.5.3 经济法律责任的构成

经济法律责任的构成是认定经济法律责任时所必须考虑的因素。由于经济法律责任会给责任主体带来法定的不利后果，因此必须科学、合理地确定法律责任的构成，保证当事人双方的合法权益，以维持社会秩序、促进社会经济的发展。一般认为，经济法律责任的构成包括责任主体、违法行为或违约行为、损害结果、因果关系、主观过错 5 个方面。

1．责任主体

经济法律责任的实现首先要有承担者。在经济法律活动中，经济法律责任主体是由于违反法律、违约或违反其他法律规定的事由而承担法律责任的自然人、法人或其他社会组织，经济法律责任主体必须具有一定的权利能力和行为能力。由于经济法律责任产生于国家对经济进行宏观调控和管理的过程中，所以国家也是经济法律责任的主体。例如，当国家机关以国家名义不正确地行使权力，实施错误吊销营业执照或超额罚款行为而给当事人造成损失时，国家就会成为经济法律责任主体，承担国家赔偿责任。

2．违法行为或违约行为

经济法律责任的核心构成要素是违法行为或违约行为。违法行为或违约行为包括作为和不作为两类。作为是指行为主体以积极的行动，实施了法律所禁止或合同所不允许的行为；不作为是指行为主体以消极的行动，不履行法律所规定的或合同所约定的义务。例如，行为人违反产品质量法或知识产权法的有关规定，生产伪劣产品或销售侵权产品的行为，以及国家机关擅自审批、擅自减免税款的行为就是以积极的行动实施了法律所禁止或合同所不允许的行为，即以作为的方式触犯了相应的法律规定，因而产生了相应的法律责任；而纳税主体不履行纳税义务，偷税漏税，或者国家机关工作人员玩忽职守、不履行法定义务的行为就是不作为，同样要承担法律责任。

3．损害结果

损害结果是法律所保护的合法权益遭受了侵害的证明，经济法律责任承担主体的行为必须给国家、社会或个人造成了损害结果。损害结果是指违法行为或违约行为侵犯他人或社会的权利和利益所造成的损失和伤害。损害结果既包括实际损害，也包括间接损害；既包括有形的损害，也包括无形的损害；既包括对国家和社会的损害，也包括对个人的损害。

4．因果关系

因果关系是违法行为或违约行为与损害结果之间的必然联系。经济法律责任的承担要求行为与损害事实之间必须具有内在的、必然的引起和被引起的关系。因果关系是归责的基础和前提，是认定经济法律责任的基本依据。因果关系对于认定经济法律行为责任主体和决定经济法律责任范围都具有重要意义。因果关系必须是客观存在的，不能以人的意志为转移。在经济法律活动中，因果关系极为复杂，一个结果可能由多个原因造成，即一果多因；一个原因也可能导致多个结果，即一因多果。无论是哪种情况，在认定事实的时候，都必须分析哪些原因是与法律责任认定有关的因素，并排除一些偶然的因素，正确认定因果关系。一般情况下，如果违法行为仅仅是损害事实产生的外部的、偶然的条件，则不应要求经济法主体承担经济法律责任。

5．主观过错

经济法律责任的承担不仅要具备客观条件，还必须具备主观条件。主观条件就是指行为人在实施某种行为时是否有主观过错。主观过错是指行为人实施违法行为或违约行为时的主观心理状态。它是法律责任构成的要件之一。不同的主观心理状态与认定经济法律关系主体是否承担经济法律责任及承担何种经济法律责任有着直接的联系。主观过错包括故意和过失两类。故意是指明知自己的行为会发生危害社会的结果，希望或者放任这种结果发生的心理状态；过失是指应当预见自己的行为可能发生危害社会的结果，因为疏忽大意而没有预见，或者已经预见但轻信能够避免，以致发生这种结果的心理状态。当然，也有个别的经济违法行为实行无过错责任原则，但这是特殊原则适用范围较小，法律对哪些行为适用无过错责任原则具有明确的规定。

1.5.4　经济法律责任的承担方式

根据法律的规定，经济法律关系主体对其违法行为必须承担经济法律责任。由于经济法律是由国家制定的具有强制性的规范性文件，所以经济法律责任只能由国家通过对违法主体实施一定的强制性措施和强制要求其承担一定的不利后果而实现。概括起来，经济法律责任的承担方式主要有经济责任、行政责任和刑事责任 3 种。

1．经济责任

经济责任是指对违反经济法律、法规并依法应承担经济法律责任的国家机关、自然人、法人或非法人组织所采取的具有经济和财产权益内容的惩罚性措施。经济责任是经济法律责任的主要实现方式，具有惩罚性和补偿性双重功能。对于国家机关的经济违法行为（如滥用行政权力），侵犯自然人、法人或者非法人组织的合法权益的，要求其承担赔偿责任，即国家赔偿；对于自然人、法人或者非法人组织在经济活动中的违法行为，则要求其承担没收违法所得或罚款的经济责任。

2．行政责任

行政责任是指国家行政机关对违反经济法律、法规并依法应承担经济法律责任的行为人依行政程序而要求其承担的不利后果。行政责任包括行政处罚和行政处分。行政处罚主要适用于公民、法人或其他组织在国家干预经济过程中因不履行义务、不当履行义务或有违法行为时而对其所采取的制裁措施，如责令停产停业、吊销营业执照等；行政处分主要适用于行政机关工作人员在宏观调控和经济管理过程中因违反经济法律、法规而产生的经济法律责任，如警告、记过、记大过等。

3．刑事责任

刑事责任是经济法律责任中最为严厉的一种责任形式，是指经济法律关系主体严重违反经济法律、法规，根据法律规定已经构成犯罪，并依法应当承担限制人身自由、剥夺财产，甚至剥夺生命的强制性刑事责任。

《中华人民共和国刑法》规定，单位为牟取不正当利益而行贿，或者违反国家规定，给予国家工作人员以回扣、手续费，情节严重的，对单位判处罚金，并对其直接负责的主管人员和其他直接责任人员处 5 年以下有期徒刑或者拘役。

案例分析

某市为了促进地区经济发展，决定扶持本市的针织业。为此，该市聘请了专家来授课，并且派技术人员到外地学习，投入了大量的资金。很快，针织品在本市打开了局面，刺激了本地经济的发展。可是不久后发现，相临市一家针织企业的产品由于花样品种更多且宣传策略得当，迅速占领了本地市场。为此，该市经济主管部门给全市有关部门发文，凡需针织品应从本市针织厂购买，并以税务局名义通知相临市针织厂将提高税率。

问题：本案中该市经济主管部门的做法是否违反了经济法的基本原则？经济法的基本原则有哪些？

分析：该市经济主管部门的做法违反了经济法的国家适度干预原则，该原则要求国家授权政府在法律规定的范围内对经济进行干预，这种干预应当适度，不能过多也不能过少。经济法的基本原则主要有：适度干预原则、社会本位原则、宏观效益原则、兼顾效率与公平原则。

（资料来源：王瑜岭，王春玲．经济法习题集．北京：经济科学出版社，2003）

本章小结

重点概念

经济法　法律关系　经济法律关系　经济法律关系的主体　经济法律关系的客体　经济法律关系的内容　经济权利　经济义务　经济法律事实　经济法律行为　法律责任　经济法律责任

知识点

（1）经济法的产生与发展。“经济法”一词的出现并不是经济法产生的真正标志。美国于 1890 年颁布的《谢尔曼法》是第一部资本主义经济法。作为一个科学的概念和一个独立的法律部门，经济法最初产生于第一次世界大战期间的德国。

（2）经济法的概念与调整对象。经济法是调整国家在干预和协调经济运行过程中所发生的经济关系的法律规范的总称。经济法的调整对象即经济法调整的社会关系，是指国家在干预社会经济活动过程中所发生的经济关系。

（3）经济法的作用与基本原则。经济法的作用有：保证国民经济持续、稳定、健康的发展，保障和促进以公有制为主体的多种所有制经济的发展，维护公平竞争和市场经济秩序，有利于扩大对外开放、加强对外经济技术合作。我国经济法的基本原则主要有：适度干预原则、社会本位原则、宏观效益原则、兼顾效率与公平原则。

（4）经济法律关系。经济法律关系是指经济法主体在进行经济管理和经济活动过程中所形成的，由经济法加以确认的经济权利和经济义务关系。经济法律关系由三个要素构成，即经济法律关系的主体、经济法律关系的客体和经济法律关系的内容。

（5）经济法律责任。经济法律责任是指在国家干预和调控社会经济过程中，因主体违反经济法律、法规而依法应承担的具有强制性的不利的法律后果。一般认为，经济法律责任的构成包括责任主体、违法行为或违约行为、损害结果、因果关系、主观过错 5 个方面。

复习思考题

（1）什么是经济法？经济法的调整对象有哪些？

（2）经济法的作用是什么？

（3）经济法有哪些基本原则？

（4）试述经济法律关系的构成要素。

（5）经济法主体有哪些？

（6）简述经济权利和经济义务的内容。

（7）简述经济法律关系的发生、变更和消灭需要具备的条件。

（8）简述经济法律责任的构成。

第 2 章　合伙企业法与个人独资企业法

本章学习目标

- 了解企业及企业法的基本知识；
- 掌握个人独资企业设立条件、设立程序，个人独资企业的投资人及事务管理；
- 理解个人独资企业的解散与清算；
- 掌握合伙和合伙企业的概念及特征；
- 理解合伙企业法的概念及适用范围，合伙企业的设立、变更、终止及清算；
- 了解特殊的普通合伙及有限合伙的相关规定；
- 理解合伙企业的财产、事务执行及债务清偿等有关的法律规定。

2.1　企业法律制度概述

2.1.1　企业概述

1. 企业的概念和特征

企业是指依法设立的以营利为目的的，从事生产经营活动的具有独立的或相对独立的法律人格的组织。

作为现代经济关系最为活跃、最为重要的主体，企业的本质特征有以下几点。

（1）企业必须依法设立

现代各国对各类企业的设立在法律上都有明确的规定，企业必须依照法律规定的条件和程序才能成立，并取得权利能力和行为能力。设立条件和程序因所依据的法律不同而有差别。

（2）企业是一种组织

组织是由一定的生产要素有机结合而组成的集体，具有一定的组织形式。这里的生产要素指的是人和物。企业的这一特征使它与非组织的自然人、个体工商户区分开来。

（3）企业是从事营利性活动的经济组织

企业的这一特征使它与不从事经营性活动的其他社会组织区分开，如国家机关等。企业从事的经营性活动既包括物质资料的生产、销售等生产经营性活动，也包括技术、咨询等满足人们生产、生活各方面需要的服务活动。

（4）具有独立或相对独立的法律人格

企业的类型不同，其法律地位也各不相同。公司企业属法人企业，具有独立的法人人格；个人独资企业和合伙企业属非法人企业，不具有法人人格，但是法律仍赋予其一定的主体资格，例如：企业有固定的生产经营场所，可以以自己的名义签订合同，对外进行经营性活动，以自己的名义进行起诉和应诉等都表现为相对的独立性。

2. 企业的分类

企业在长期发展过程中形成了多种形态，依照不同的标准，可以对企业做不同的分类。

（1）公司制企业、合伙企业和个人独资企业

这是依照企业投资者的出资方式和责任形式的不同对企业的最其本的分类。西方发达国家大都采用这种标准划分企业，在我国，随着市场经济的发展和建立现代企业制度的要求，企业在法律上的分类也采用这一标准，我国已经制定了《中华人民共和国公司法》《中华人民共和国合伙企业法》《中华人民共和国个人独资企业法》，不断完善现代企业法律体系。

（2）法人企业和非法人企业

这是依照法律地位的不同所做的分类。符合法人条件，依法取得法人资格的企业为法人企业，公司是典型的法人企业，我国的国有企业、集体企业、中外合资企业、具有法人资格的中外合作企业、采取有限责任公司形式的私营企业，都是法人企业；不符合法人条件，依法不能取得法人资格的企业为非法人企业，个人独资企业、合伙企业是非法人企业，我国的不符合法人条件的中外合作企业、私营企业中的个人独资企业和合伙企业、合伙型联营，都是非法人企业。

（3）国有企业、集体企业和私营企业

这是我国依照企业的所有制性质的不同所做的分类。所有制性质曾经是我国划分企业法律形式的主要标准，我国也相继制定了《全民所有制工业企业法》《私营企业暂行条例》《中华人民共和国乡村集体所有制企业条例》《中华人民共和国城镇集体所有制企业条例》等法律法规。

除此之外，依照企业生产经营规模的大小还可以分为大型企业、中型企业和小型企业；依照企业的存在与社会公共利益的关系亲疏可以分为公用企业和非公用企业；依照企业的主要经营性质可分为工业企业、农业企业、交通运输企业、金融企业等。

2.1.2　企业法

企业法是调整企业在设立、组织、活动、终止过程中发生的社会关系的法律规范的总称。企业法是由调整企业的全部法律规范组成的，也就是调整企业从设立到终止发生的社会关系的全部法律规范，不能简单地将企业法理解为是某一部企业法律或法规，世界上还没有哪个国家制定过名为企业法的专门法律。

新中国成立以来，随着我国经济体制的不断改革和为适应市场经济的要求，我国制定了一系列企业的法律法规。1993年12月29日，第八届全国人大常委会第五次会议通过了《中华人民共和国公司法》，《公司法》的颁布，不仅是我国公司立法的重大成就，同时也为我国建立现代企业法律体系奠定了基础，预示着一个全新的企业立法体系。在这一思路下，1997年2月23日第八届全国人民代表大会常务委员会第二十四次会议通过《中华人民共和国合伙企业法》。1999年8月30日，第九届全国人大常委会通过了《个人独资企业法》。我国现行的关于企业方面的法律、法规还有：《中华人民共和国中外合资经营企业法》《中华人民共和国中外合作经营企业法》《中华人民共和国外资企业法》《中华人民共和国乡村集体所有制企业条例》《中华人民共和国私营企业暂行条例》《国有企业监事会暂行条例》等法律、法规。

2.1.3 公司制企业、合伙企业和个人独资企业

1. 合伙企业与公司的区别

（1）合伙企业投资人以其个人财产对企业债务承担无限责任，公司投资人以其出资对公司承担有限责任。

（2）合伙企业名称不得使用“有限”“有限责任”或者“公司”字样，普通合伙企业应当在其名称中标明“普通合伙”字样，有限合伙企业名称中应当标明“有限合伙”字样。公司必须使用“有限责任公司”或者“股份有限公司”字样。

（3）合伙企业没有最低注册资金的限制，公司有最低注册资金的限制。

（4）合伙企业不具有法人资格，公司企业具有独立的法人资格。

（5）合伙企业只缴纳个人所得税，而不缴纳企业所得税，公司企业缴纳企业所得税，股东对其所取得的公司红利或股息缴纳个人所得税。

2. 合伙企业与个人独资企业的区别

（1）个人独资企业由一个自然人投资，合伙企业由二个以上合伙人投资。

（2）个人独资企业投资人以其个人财产或者家庭共有财产对企业债务承担无限责任，合伙企业合伙人以其个人财产对企业债务承担无限连带责任。

2.2 个人独资企业法

2.2.1 个人独资企业法概述

1. 个人独资企业的概念和特征

（1）个人独资企业的概念。个人独资企业，是指依法在中国境内设立，由一个自然人

投资，财产为投资人个人所有，投资人以其个人财产对企业债务承担无限责任的经营实体。

（2）个人独资企业的特征。个人独资企业具有如下法律特征：① 仅由一个自然人投资；② 企业财产为投资人个人所有；③ 投资人对企业债务承担无限责任；④ 个人独资企业不具有法人资格。

2. 个人独资企业法的概念和基本原则

（1）个人独资企业法的概念。个人独资企业法是调整个人独资企业经济关系的法律规范的总称。《中华人民共和国个人独资企业法》（以下简称《个人独资企业法》）于 1999 年 8 月 30 日第九届全国人民代表大会常务委员会第十一次会议通过，自 2000 年 1 月 1 日起施行。该法共六章四十八条。

（2）《个人独资企业法》的基本原则。《个人独资企业法》遵循下列基本原则：① 保护个人独资企业投资人和债权人的合法权益；② 个人独资企业从事经营活动必须遵守法律、行政法规，遵守诚实信用原则，不得损害社会公共利益；③ 个人独资企业应当依法履行纳税义务；④ 依法保护个人独资企业的财产和其他合法权益；⑤ 个人独资企业职工的合法权益受法律保护。

2.2.2 个人独资企业的设立

1. 个人独资企业的设立条件

《个人独资企业法》规定了设立个人独资企业应当具备如下条件。

（1）投资人为一个自然人

投资人是指向企业投入资金、实物或劳务、技术的人。个人独资企业的投资人只能是自然人，而不能是法人。该自然人应该具有完全的民事权利能力和民事行为能力，否则无法进行经营活动。另外，由于我国《个人独资企业法》规定，外商独资企业不适用该法，因此，企业的投资人应为我国公民。

依据我国相关法律规定，并不是所有的中国公民都可以投资设立个人独资企业，无民事行为能力人、国家公务员、党政机关领导干部、警官、法官、检察官、现役军人等人员，不得作为投资人申请设立个人独资企业。

（2）有合法的企业名称

个人独资企业的名称是其作为经营实体对外交往的标志。企业只准使用一个名称，并且在登记主管机关辖区内不得与已登记注册的同行业企业名称相同或者近似。个人独资企业的企业名称不能使用“有限”“有限责任”或“公司”字样。

个人独资企业的名称应当与其责任形式及从事的营业范围相符合。

首先，个人独资企业的名称要与其责任形式相符合。个人独资企业为无限责任的情况，即表明投资者对由其投资经营的活动或由其投资组成的企业所生债务承担全部、无限清偿责任，而不以其投入的某特定财产为限。个人独资企业名称不能含“有限”“有限责任”等字样。

其次，个人独资企业的名称要与其从事的营业范围相符合。不能将法律、行政法规禁止经营的业务作为自己的业务范围，不能将未获有关部门审批经营的业务作为自己的业务范围在名称中加以标榜。个人独资企业名称要与其从事的营业范围相符合。比如，明明是从事玩具汽车生产的企业，而在企业名称中冠以汽车生产厂家的名称，是不允许的。个人独资企业的名称要与其从事的营业的地域范围相符合。比如，明明是一个门脸很小的企业，而在其企业名称中冠以“中国”“国际”“全国”“国家”等字样是不允许的。此外，也不得随便在其名称中冠以行政区划。总之，不允许在其名称中标明与其从事的营业范围不相符合的容易造成他人误解的文字内容。

（3）有投资人申报的出资

投资人申报的出资是指在设立个人独资企业时，投资人承诺将投入企业资本的总和。个人独资企业作为一个生产经营性实体，从事的是经济活动，投资人又只有一个，投资人是一定要投入相当的人财物等生产要素的。投资人申报的出资不是注册资本，只是经营条件，不具有对债权人给予担保的效力，因此法律对其具体数量、出资方式未予规定。

（4）有固定的生产经营场所和必要的生产经营条件

固定的生产经营场所和必要的生产经营条件是企业开展经营活动的物质基础。生产经营场所包括企业的住所和与生产经营相匹配的处所。住所是企业的主要办事机构所在地，是企业的法定地址。处所是企业的生产经营场所。《个人独资企业法》规定住所只能有一处，而生产经营场所可以根据实际需要设置，可能是一处或多处。只有一处生产经营场所时，其处所即住所；当有多处生产经营场所时，主要办事机构所在地即其住所。

（5）有必要的从业人员

这是指要有与其生产经营范围、规模相适应的从业人员。从业人员是指参与企业业务活动的人员，包括从事业务活动的投资人和企业依法招用的职工。对从业人员的人数法律并未作限定。只有投资人一人从事业务活动的，也符合有必要的从业人员的条件。

2. 个人独资企业的设立程序

（1）申请。申请设立个人独资企业，应当由投资人或者其委托的代理人向个人独资企业所在地的登记机关提交设立申请书、投资人身份证明、生产经营场所使用证明等文件。委托代理人申请设立登记时，应当出具投资人的委托书和代理人的合法证明。个人独资企业不得从事法律、行政法规禁止经营的业务；从事法律、行政法规规定须报经有关部门审批的业务，应当在申请设立登记时提交有关部门的批准文件。个人独资企业设立申请书应当载明下列事项：① 企业的名称和住所；② 投资人的姓名和居所；③ 投资人的出资额和出资方式；④ 经营范围。

（2）登记。登记机关应当在收到设立申请文件之日起十五日内，对符合本法规定条件的，予以登记，发给营业执照；对不符合本法规定条件的，不予登记，并应当给予书面答复，说明理由。

（3）签发营业执照。个人独资企业营业执照的签发日期，为个人独资企业成立日期。在领取个人独资企业营业执照前，投资人不得以个人独资企业名义从事经营活动。

（4）分支机构的设立。个人独资企业设立分支机构，应当由投资人或者其委托的代理人向分支机构所在地的登记机关申请登记，领取营业执照。分支机构经核准登记后，应将登记情况报该分支机构隶属的个人独资企业的登记机关备案。分支机构的民事责任由设立该分支机构的个人独资企业承担。

2.2.3　个人独资企业的事务管理

1．个人独资企业事务管理的方式

个人独资企业投资人可以自行管理企业事务，也可以委托或者聘用其他具有民事行为能力的人负责企业的事务管理。

投资人委托或者聘用他人管理个人独资企业事务，应当与受托人或者被聘用的人签订书面合同，明确委托的具体内容和授予的权利范围。受托人或者被聘用的人员应当履行诚信、勤勉义务，按照与投资人签订的合同负责个人独资企业的事务管理。

投资人对受托人或者被聘用的人员职权的限制，不得对抗善意第三人。

2．受托人或者被聘用的管理人的义务

投资人委托或者聘用的管理个人独资企业事务的人员不得有下列行为：① 利用职务上的便利，索取或者收受贿赂；② 利用职务或者工作上的便利侵占企业财产；③ 挪用企业的资金归个人使用或者借贷给他人；④ 擅自将企业资金以个人或者他人名义开立账户储存；⑤ 擅自以企业财产提供担保；⑥ 未经投资人同意，从事与本企业相竞争的业务；⑦ 未经投资人同意，同本企业订立合同或者进行交易；⑧ 未经投资人同意，擅自将企业商标或者其他知识产权转让给他人使用；⑨ 泄露本企业的商业秘密；⑩ 法律、行政法规禁止的其他行为。

2.2.4　个人独资企业的权利与义务

1．个人独资企业的权利

（1）经营自主权。个人独资企业依法自主经营，不受非法干涉。

（2）依法申请贷款。个人独资企业可以依法申请贷款，以供企业生产经营之用。

（3）取得土地使用权。

（4）拒绝摊派权。任何单位和个人不得违反法律、行政法规的规定，以任何方式强制个人独资企业提供财力、物力、人力。对于违法强制提供财力、物力、人力的行为，个人

独资企业有权拒绝。

（5）法律、行政法规规定的其他权利。

2. 个人独资企业的义务

（1）依法设置会计账簿，进行会计核算。

（2）依法与职工签订劳动合同，保障职工的劳动安全，按时、足额发放职工工资。

（3）按照国家规定参加社会保险，为职工缴纳社会保险费。

2.2.5 个人独资企业的解散与清算

1. 个人独资企业的解散

个人独资企业有下列情形之一时，应当解散：① 投资人决定解散；② 投资人死亡或者被宣告死亡，无继承人或者继承人决定放弃继承；③ 被依法吊销营业执照；④ 法律、行政法规规定的其他情形。

2. 个人独资企业的清算

（1）清算人。个人独资企业解散，由投资人自行清算或者由债权人向人民法院申请指定清算人进行清算。投资人自行清算的，应当在清算前十五日内书面通知债权人；无法通知的，应当予以公告。债权人应当在接到通知之日起三十日内，未接到通知的应当在公告之日起六十日内，向投资人申报其债权。

（2）财产清偿顺序。个人独资企业解散的，财产应当按照下列顺序清偿：① 所欠职工工资和社会保险费用；② 所欠税款；③ 其他债务。

（3）对投资人的要求。清算期间，个人独资企业不得开展与清算目的无关的经营活动。在清偿债务前，投资人不得转移、隐匿财产。个人独资企业财产不足以清偿债务的，投资人应当以其个人的其他财产予以清偿。个人独资企业解散后，原投资人对个人独资企业存续期间的债务仍应承担偿还责任，但债权人在五年内未向债务人提出偿债请求的，该责任消灭。

（4）注销登记。个人独资企业清算结束后，投资人或者人民法院指定的清算人应当编制清算报告，并于十五日内到登记机关办理注销登记。

2.3 合伙企业法

2.3.1 合伙企业法概述

1. 合伙企业的概念和特征

（1）合伙企业的概念。合伙企业是指自然人、法人和其他组织依法在中国境内设立的，全体合伙人或部分合伙人对合伙企业债务承担无限连带责任的营利性组织。

（2）合伙企业的特征。① 合伙企业由两个以上的合伙人共同组建；② 合伙企业的设立和内部管理以合伙协议为基础；③ 合伙企业不具有法人资格；④ 全体合伙人或部分合伙人对合伙企业债务承担无限连带责任。

2. 合伙企业的类型

合伙企业包括普通合伙企业和有限合伙企业两种形式。

普通合伙企业是指由普通合伙人组成，合伙人对合伙企业债务承担无限连带责任的合伙企业。

有限合伙企业是指由普通合伙人和有限合伙人组成，普通合伙人对合伙企业债务承担无限连带责任，有限合伙人以其认缴的出资额为限对合伙企业债务承担责任的合伙企业。

3. 合伙企业法的概念

合伙企业法，是指调整合伙企业在设立、经营、变更、终止过程中形成的各种社会关系的法律规范的总称。《中华人民共和国合伙企业法》（以下简称《合伙企业法》）于 1997 年 2 月 23 日在第八届全国人民代表大会常务委员会第二十四次会议上通过，并于 1997 年 8 月 1 日起施行。2006 年 8 月 27 日第十届全国人民代表大会常务委员会第二十三次会议对《合伙企业法》进行了修订，自 2007 年 6 月 1 日起施行。

2.3.2 合伙企业的设立

1. 合伙企业的设立条件

（1）有两个以上合伙人。合伙人为自然人的，应具备完全民事责任能力。合伙企业必须有两个以上的投资主体共同投资，其设立人数不得少于两人。《合伙企业法》规定，合伙人可以是自然人，也可以是法人或者其他组织。当投资人为自然人时，自然人必须具有完全民事行为能力；当投资人是法人或其他组织时，其不得为国有独资公司、国有企业、上市公司以及公益性的事业单位、社会团体。

（2）有书面合伙协议。合伙协议应当载明下列事项：① 合伙企业的名称和主要经营场所的地点；② 合伙目的和合伙经营范围；③ 合伙人的姓名或者名称、住所；④ 合伙人的出资方式、数额和缴付期限；⑤ 利润分配、亏损分担方式；⑥ 合伙事务的执行；⑦ 入伙与退伙；⑧ 争议解决办法；⑨ 合伙企业的解散与清算；⑩ 违约责任。

（3）有合伙人认缴或者实际缴付的出资。合伙人应当按照合伙协议约定的出资方式、数额和缴付期限，履行出资义务。合伙人可以用货币、实物、知识产权、土地使用权或者其他财产权利出资，也可以用劳务出资。合伙人以实物、知识产权、土地使用权或者其他财产权利出资，需要评估作价的，可以由全体合伙人协商确定，也可以由全体合伙人委托法定评估机构评估。合伙人以劳务出资的，其评估办法由全体合伙人协商确定，并在合伙协议中载明。

（4）有合伙企业的名称和生产经营场所。合伙企业名称中应当标明“普通合伙”字样。

（5）法律、行政法规规定的其他条件。

2．合伙企业的设立程序

（1）申请。申请设立合伙企业，应当向企业登记机关提交登记申请书、合伙协议书、合伙人身份证明等文件。合伙企业的经营范围中有属于法律、行政法规规定在登记前须经批准的项目的，该项经营业务应当依法经过批准，并在登记时提交批准文件。

（2）登记发照。申请人提交的登记申请材料齐全、符合法定形式，企业登记机关能够当场登记的，应予当场登记，发给营业执照。除此情形外，企业登记机关应当自受理申请之日起二十日内，做出是否登记的决定。予以登记的，发给营业执照；不予登记的，应当给予书面答复，并说明理由。合伙企业的营业执照签发日期，为合伙企业成立日期。

（3）分支机构的设立。合伙企业设立分支机构，应当向分支机构所在地的企业登记机关申请登记，领取营业执照。

2.3.3 合伙企业的财产与事务执行

1．合伙企业的财产

（1）合伙企业财产的构成。合伙企业的财产由两部分构成：一部分是合伙人的出资，即合伙人按照合伙协议实际缴付的出资；另一部分是所有以合伙企业的名义取得的收益和依法取得的其他财产，即合伙人以合伙企业的名义从事经营活动的所得。

（2）合伙人财产份额的转让。由于合伙企业及其财产性质的特殊性，其财产的转让将会影响到合伙企业以及各合伙人的切身利益。因此，《合伙企业法》对合伙企业财产的转让做了以下限制性规定：① 除合伙协议另有约定外，合伙人向合伙人以外的人转让其在合伙企业中的全部或者部分财产份额时，须经其他合伙人一致同意；② 合伙人之间转让在合伙企业中的全部或者部分财产份额时，应当通知其他合伙人；③ 合伙人向合伙人以外的人转让其在合伙企业中的财产份额的，在同等条件下，其他合伙人有优先购买权，但是合伙协议另有约定的除外。

2．合伙企业的事务执行

（1）合伙企业事务的执行方式。合伙企业的事务可由全体合伙人共同执行，也可委托一名或者数名合伙人执行。

（2）合伙企业事务执行后果的承担。由一个或者数个合伙人执行合伙事务的，执行事务合伙人应当定期向其他合伙人报告事务执行情况以及合伙企业的经营和财务状况，其执行合伙事务所产生的收益归合伙企业，所产生的费用和亏损由合伙企业承担。

（3）合伙企业事务的决定。合伙人对合伙企业有关事项做出决议，按照合伙协议约定的表决办法办理。合伙协议未约定或者约定不明确的，实行合伙人一人一票并经全体合伙人过半数通过的表决办法。除合伙协议另有约定外，合伙企业的下列事项应当经全体合伙人一致同意：① 改变合伙企业的名称；② 改变合伙企业的经营范围、主要经营场所的地点；③ 处分合伙企业的不动产；④ 转让或者处分合伙企业的知识产权和其他财产权利；⑤ 以合伙企业名义为他人提供担保；⑥ 聘任合伙人以外的人担任合伙企业的经营管理人员。

2.3.4　入伙与退伙

1．入伙

（1）入伙的概念。入伙是指在合伙企业存续期间，合伙人以外的第三人加入合伙，从而取得合伙人地位和资格的法律行为。

（2）入伙的条件。新合伙人入伙，除合伙协议另有约定外，应当经全体合伙人一致同意，并依法订立书面入伙协议。订立入伙协议时，原合伙人应当向新合伙人如实告知原合伙企业的经营状况和财务状况。

（3）新合伙人的权利与责任。入伙的新合伙人与原合伙人享有同等权利，承担同等责任。入伙的新合伙人对入伙前合伙企业的债务承担连带责任。

2．退伙

（1）退伙的概念。退伙是指在合伙企业存续期间，合伙人退出合伙企业，从而丧失合伙人资格的法律行为。

（2）退伙的类型。退伙分为自愿退伙和法定退伙两种形式。

1）自愿退伙，是指合伙人基于自愿的意思表示而退伙。自愿退伙可分为协议退伙和通知退伙两种。合伙协议约定合伙企业的经营期限内，有下列情形之一时，合伙人可以退伙：① 合伙协议约定的退伙事由出现；② 经全体合伙人一致同意；③ 发生合伙人难以继续参加合伙的事由；④ 其他合伙人严重违反合伙协议约定的义务。合伙协议未约定合伙企业的经营期限的，合伙人在不给合伙企业事务执行造成不利影响的情况下，可以退伙，但应当提前三十日通知其他合伙人。

2）法定退伙，是指合伙人因出现法律规定的事由而退伙。法定退伙分为当然退伙和除名两种。合伙人有下列情形之一的，属于当然退伙：① 作为合伙人的自然人死亡或者被依法宣告死亡；② 个人丧失偿债能力；③ 作为合伙人的法人或者其他组织依法被吊销营业执照、责令关闭、撤销，或者被宣告破产；④ 法律规定或者合伙协议约定合伙人必须具有相关资格而丧失该资格；⑤ 合伙人在合伙企业中的全部财产份额被人民法院强制执行。合伙人被依法认定为无民事行为能力人或者限制民事行为能力人的，经其他合伙人一致同意，可以依法转为有限合伙人，普通合伙企业依法转为有限合伙企业。其他合伙人未能一致同意的，该无民事行为能力或者限制民事行为能力的合伙人退伙。退伙事由实际发生之日为退伙生效日。

合伙人有下列情形之一的，经其他合伙人一致同意，可以决议将其除名：① 未履行出资义务；② 因故意或者重大过失给合伙企业造成损失；③ 执行合伙事务时有不正当行为；④ 发生合伙协议约定的事由。对合伙人的除名决议应当书面通知被除名人。被除名人接到除名通知之日，除名生效，被除名人退伙。被除名人对除名决议有异议的，可以自接到除名通知之日起三十日内，向人民法院起诉。

（3）退伙的效力。合伙人退伙，其他合伙人应当与该退伙人按照退伙时的合伙企业财产状况进行结算，退还退伙人的财产份额。退伙人对给合伙企业造成的损失负有赔偿责任的，相应扣减其应当赔偿的数额。退伙时有未了结的合伙企业事务的，待该事务了结后进行结算。退伙人在合伙企业中财产份额的退还办法，由合伙协议约定或者由全体合伙人决定，可以退还货币，也可以退还实物。退伙人对基于其退伙前的原因发生的合伙企业债务，承担无限连带责任。合伙人退伙时，合伙企业财产少于合伙企业债务的，退伙人应当按照合伙协议的约定办理；合伙协议未约定或者约定不明确的，由合伙人协商决定；协商不成的，由合伙人按照实缴出资比例分担；无法确定出资比例的，由合伙人平均分担。

2.3.5 特殊的普通合伙企业

以专业知识和专门技能为客户提供有偿服务的专业服务机构，可以设立为特殊的普通合伙企业。特殊的普通合伙企业名称中应当标明“特殊普通合伙”字样。

一个合伙人或者数个合伙人在执业活动中因故意或者重大过失造成合伙企业债务的，应当承担无限责任或者无限连带责任，其他合伙人以其在合伙企业中的财产份额为限承担责任。合伙人在执业活动中非因故意或者重大过失造成的合伙企业债务以及合伙企业的其他债务，由全体合伙人承担无限连带责任。合伙人执业活动中因故意或者重大过失造成的合伙企业债务，以合伙企业财产对外承担责任后，该合伙人应当按照合伙协议的约定对给合伙企业造成的损失承担赔偿责任。

特殊的普通合伙企业应当建立执业风险基金、办理职业保险。执业风险基金用于偿付合伙人执业活动造成的债务。执业风险基金应当单独立户管理。具体管理办法由国务院规定。

2.3.6 有限合伙企业

1. 有限合伙企业的设立

有限合伙企业由两个以上、五十个以下合伙人设立，其中至少应当有一个普通合伙人。有限合伙企业名称中应当标明“有限合伙”字样。有限合伙人可以用货币、实物、知识产权、土地使用权或者其他财产权利作价出资，但不得以劳务出资。有限合伙人应当按照合伙协议的约定按期足额缴纳出资；未按期足额缴纳的，应当承担补缴义务，并对其他合伙人承担违约责任。

2．有限合伙企业的财产及事务执行

有限合伙人可以将其在有限合伙企业中的财产份额出质。但是，合伙协议另有约定的除外。有限合伙人可以按照合伙协议的约定向合伙人以外的人转让其在有限合伙企业中的财产份额，但应当提前三十日通知其他合伙人。有限合伙人的自有财产不足以清偿其与合伙企业无关的债务的，该合伙人可以以其从有限合伙企业中分取的收益用于清偿；债权人也可以依法请求人民法院强制执行该合伙人在有限合伙企业中的财产份额用于清偿。人民法院强制执行有限合伙人的财产份额时，应当通知全体合伙人。在同等条件下，其他合伙人有优先购买权。

有限合伙企业由普通合伙人执行合伙事务。执行事务合伙人可以要求在合伙协议中确定执行事务的报酬及报酬提取方式。有限合伙人不执行合伙事务，不得对外代表有限合伙企业。除合伙协议另有约定外，有限合伙人可以同本有限合伙企业进行交易，可以自营或者同他人合作经营与本有限合伙企业相竞争的业务。

3．入伙与退伙

新入伙的有限合伙人对入伙前有限合伙企业的债务，以其认缴的出资额为限承担责任。

有限合伙人有下列情形之一的，当然退伙：① 作为合伙人的自然人死亡或者被依法宣告死亡；② 作为合伙人的法人或者其他组织依法被吊销营业执照、责令关闭、撤销，或者被宣告破产；③ 法律规定或者合伙协议约定合伙人必须具有相关资格而丧失该资格；④ 合伙人在合伙企业中的全部财产份额被人民法院强制执行。

作为有限合伙人的自然人在有限合伙企业存续期间丧失民事行为能力的，其他合伙人不得因此要求其退伙。作为有限合伙人的自然人死亡、被依法宣告死亡或者作为有限合伙人的法人及其他组织终止时，其继承人或者权利承受人可以依法取得该有限合伙人在有限合伙企业中的资格。有限合伙人退伙后，对基于其退伙前的原因发生的有限合伙企业债务，以其退伙时从有限合伙企业中取回的财产承担责任。

2.3.7　合伙企业的解散与清算

1．合伙企业的解散

（1）合伙企业解散的概念。合伙企业的解散是指合伙企业因某些法律事实的发生而使其民事主体资格归于消灭的行为。

（2）合伙企业解散的事由。合伙企业有下列情形之一时，应当解散：① 合伙期限届满，合伙人决定不再经营；② 合伙协议约定的解散事由出现；③ 全体合伙人决定解散；

④ 合伙人已不具备法定人数满三十天；⑤ 合伙协议约定的合伙目的已经实现或者无法实现；⑥ 依法被吊销营业执照、责令关闭或者被撤销；⑦ 法律、行政法规规定的其他原因。

2．合伙企业的清算

（1）清算人的确定。清算人由全体合伙人担任；经全体合伙人过半数同意，可以自合伙企业解散事由出现后十五日内指定一个或者数个合伙人，或者委托第三人担任清算人。自合伙企业解散事由出现之日起十五日内未确定清算人的，合伙人或者其他利害关系人可以向人民法院申请指定清算人。

（2）清算人的职责。清算人在清算期间执行下列事务：① 清理合伙企业财产，分别编制资产负债表和财产清单；② 处理与清算有关的合伙企业未了结的事务；③ 清缴所欠税款；④ 清理债权、债务；⑤ 处理合伙企业清偿债务后的剩余财产；⑥ 代表合伙企业参加诉讼或者仲裁活动。

（3）财产清偿。合伙企业财产在支付清算费用和职工工资、社会保险费用、法定补偿金以及缴纳所欠税款、清偿债务后的剩余财产的分配时，按照合伙协议的约定办理；合伙协议未约定或者约定不明确的，由合伙人协商决定；协商不成的，由合伙人按照实缴出资比例分配；无法确定出资比例的，由合伙人平均分配。

（4）清算结束。清算结束，清算人应当编制清算报告，经全体合伙人签名、盖章后，在十五日内向企业登记机关报送清算报告，申请办理合伙企业注销登记。合伙企业注销后，原普通合伙人对合伙企业存续期间的债务仍应承担无限连带责任。

案例分析

家住山东的张知于 2017 年 2 月 1 日夜间接到在北京读大学的儿子张小强的电话，请他赶紧到北京帮助处理债务纠纷。原来张小强在读大学二年级时就做起了计算机生意并注册了个人公司，生意较好，但 1 月一笔近 20 万元的生意因上当受骗，卖出的都是假冒伪劣产品。按合同约定张小强要赔偿全部损失，但张小强称自己的财产仅有 6 万元，无偿还能力。对方要求其家长负连带责任，声称若不偿还，就起诉到法院。张小强怕事态闹大，无奈请父母出面帮助解决。

问题：对方要求张小强的家长张知承担责任是否有法律依据？

分析：个人独资企业，是指依法在中国境内设立，由一个自然人投资，财产为投资人个人所有，投资人以其个人财产对企业债务承担无限责任的经营实体。个人独资企业的投资人作为债务人，要以其全部个人财产对其所投资的个人独资企业债务承担责任。因此，对方要求张小强的家长张知承担责任完全没有法律依据，是得不到法院支持的。

本章小结

重点概念

合伙企业　入伙　退伙　普通合伙企业　有限合伙企业　个人独资企业

知识点

（1）合伙企业法。合伙企业是指自然人、法人和其他组织依法在中国境内设立的，全体合伙人或部分合伙人对合伙企业债务承担无限连带责任的营利性组织。合伙企业法，是指调整合伙企业在设立、经营、变更、终止过程中形成的各种社会关系的法律规范的总称。我国《合伙企业法》规定的合伙企业的种类包括普通合伙企业和有限合伙企业。

（2）个人独资企业法。个人独资企业，是指依法在中国境内设立，由一个自然人投资，财产为投资人个人所有，投资人以其个人财产对企业债务承担无限责任的经营实体。个人独资企业法是调整个人独资企业经济关系的法律规范的总称。

复习思考题

（1）合伙企业具有哪些法律特征？

（2）合伙企业设立的条件有哪些？

（3）退伙的情形有哪些？

（4）合伙企业解散的情形有哪些？

（5）个人独资企业具有哪些法律特征？

（6）个人独资企业设立的条件有哪些？

（7）个人独资企业解散的情形有哪些？

第 3 章　公司法

本章学习目标

- 掌握公司的概念、特征，以及有限责任公司、股份有限公司的设立和组织机构；
- 了解公司的种类；
- 熟悉公司债券与公司财务、会计等法律规定；
- 熟悉公司的变更、解散与清算等法律规定。

3.1 公司法概述

3.1.1 公司的概念与特征

1. 公司的概念

公司是依照公司法设立的，以营利为目的的企业法人。

对于公司的概念，大陆法系与英美法系有着不同的表述。在大陆法系国家，公司是指依法设立的以营利为目的的社团法人。在英美法系国家，公司通常是指数人出于共同目的而进行的组合，常常是为了营利而经营业务，对于合伙难以胜任的联合，一般采用这种组织形式。

2. 公司的特征

（1）须依法设立。设立公司，须依据公司法及相关法律的规定。

（2）以营利为目的。公司设立及活动的目的在于通过营业来获取利润，并将所得利润分配给公司股东。

（3）具有法人资格。我国的法人可分为企业法人、机关法人、事业单位法人和社会团体法人 4 种。我国的公司必须符合我国法律所规定的企业法人条件。

3.1.2 公司的种类

1. 无限责任公司、有限责任公司、股份有限公司、两合公司、股份两合公司

这是以公司股东责任范围为标准进行划分的。① 无限责任公司亦称无限公司，是指

股东对公司债务负无限连带清偿责任的公司。② 有限责任公司简称有限公司，是指股东对公司债务仅以其出资额为限承担有限责任的公司。③ 股份有限公司简称股份公司，是指将公司的全部资本划分为等额股份，股东按其所认购的股份对公司债务承担责任的公司。④ 两合公司是指由一个以上的无限责任股东和一个以上的有限责任股东组成的公司。⑤ 股份两合公司是指股份有限公司与无限责任公司的组合，无限责任股东对公司债务负无限连带责任，有限责任部分的资本则划分为股份，可以发行股票，其股东仅以其认购的股份对公司债务承担责任的公司。

2．人合公司、资合公司、人合兼资合公司

这是以公司信用基础为标准进行划分的。人合公司是指公司的信用基础在于股东个人的信用，而不在于公司资本多少的公司。资合公司是指以公司的资本额为公司信用基础的公司。人合兼资合公司是指以股东的个人信用和公司的资本信用为公司信用基础的公司。

3．母公司、子公司

这是以一个公司对另一个公司的控制与支配关系为标准进行划分的。母公司是指因拥有其他公司一定比例股份或者根据协议可以控制或支配其他公司的公司。子公司是指全部股份或达到控股程度的股份被另一个公司控制，或者依照协议被另一个公司实际控制的公司。母公司和子公司都具有法人资格。

4．总公司、分公司

这是按公司的内部管辖系统进行划分的。总公司也称本公司，是指管辖公司全部组织的总机构。分公司是指被总公司所管辖的公司分支机构。分公司不具有法人资格，仅为总公司的附属机构。

3.1.3 公司法的概念与基本原则

1．公司法的概念

公司法是指规定公司的设立、组织、活动、解散及其他对内对外关系的法律规范的总称。

《中华人民共和国公司法》（以下简称《公司法》），1993 年 12 月 29 日在第八届全国人民代表大会常务委员会第五次会议上通过，自 1994 年 7 月 1 日起施行。1999 年 12 月 25 日第九届全国人民代表大会常务委员会第十三次会议对《公司法》做了修正。2004 年 8 月 28 日第十届全国人民代表大会常务委员会第十一次会议对《公司法》做了第二次修正。2005 年 10 月 27 日第十届全国人民代表大会常务委员会第十八次会议对《公司法》进行了修订，自 2006 年 1 月 1 日起施行。《公司法》共十三章，二百一十九条。《公司法》对于规范公司的组织和行为，保护公司、股东和债权人的合法权益，维护社会经济秩序，促进社会主义市场经济的发展，有着重要的意义。

2．公司法的基本原则

（1）保护公司、股东、债权人及职工的合法权益原则。

（2）投资者股权与公司法人财产权相分离原则。公司股东作为出资者，依法享有资产收益、参与重大决策和选择管理者等权利。公司有独立的法人财产，享有法人财产权，公司以其全部财产对公司的债务承担责任。

（3）依法经营原则。公司从事经营活动，必须遵守法律、行政法规，遵守社会公德、商业道德，诚实守信，接受政府和社会公众的监督，承担社会责任。

3.2 有限责任公司

3.2.1 有限责任公司的概念与特征

1．有限责任公司的概念

有限责任公司也称有限公司，是指股东以其认缴的出资额为限对公司承担有限责任，公司以其全部财产对公司债务承担责任的企业法人。

2．有限责任公司的特征

（1）股东承担有限责任

有限责任公司的股东仅以其出资额为限对公司的债务承担责任，此外，对公司的债权人不承担任何责任。这是有限责任公司与无限公司及合伙企业的根本区别。

根据《公司法》的规定，公司股东滥用公司法人独立地位和股东有限责任逃避债务，严重损害公司债权人利益的，应当对公司债务承担连带责任。

（2）股东人数受限制

因为有限责任公司是具有较强人合性的资合公司，股东须相互信任，这就决定了股东人数不可能太多，有必要规定上限，一般限制为50人。股东人数超过50人则要变更公司形式为股份有限公司。我国的《公司法》承认了一人公司，因此，有限责任公司的股东人数为1～50人。

（3）股东出资具有非股份性

有限责任公司的资本一般不分为等额股份，股东出资也不以股份为单位计算，而直接以出资额计算。这是有限责任公司与股份有限公司最重要的区别。

（4）机构设置具有灵活性

有限责任公司设立程序简便，只有发起设立，而无募集设立；组织机构也较简单、灵活，其股东会由全体股东组成，董事会由股东会选举产生；规模较小、股东人数较少的有限责任公司可以不设董事会和监事会，而由执行董事和执行监事来代替。

（5）公司资本具有封闭性

有限责任公司资本只能由全体股东认缴，不能向社会募集股份，也不能发行股票。公司发给股东出资数额的证明书称股单，股单也不能在证券市场上流通转让。另外，有限责任公司一般对股东出资的转让有严格的限制。

3.2.2　有限责任公司的设立

1. 有限责任公司设立的条件

（1）有符合公司章程规定的全体股东认缴的出资额

有限责任公司的注册资本为在公司登记机关登记的全体股东认缴的出资额。法律、行政法规以及国务院决定对有限责任公司注册资本实缴、注册资本最低限额另有规定的，从其规定。

（2）股东符合法定人数

有限责任公司由 1～50 个股东出资设立。国家可以单独出资，由国务院或者地方人民政府授权本级人民政府国有资产监督管理机构履行出资人职责设立有限责任公司，即国有独资公司。《公司法》也规定了一人有限责任公司，允许设立只有一个自然人股东或者一个法人股东的有限责任公司。

（3）股东共同制定公司章程

有限责任公司设立时，由全体股东共同制定公司章程，股东应当在公司章程上签名、盖章。公司章程应当载明下列事项：①公司名称和住所；②公司经营范围；③公司注册资本；④股东的姓名或者名称；⑤股东的出资方式、出资额和出资时间；⑥公司的机构及其产生办法、职权、议事规则；⑦公司法定代表人；⑧股东会会议认为需要规定的其他事项。

（4）有公司名称

公司名称是公司具有独立人格和对外经营活动的标志，也是公司的法定登记事项。公司在设定自己的名称时，必须符合法律、法规的规定，并经过工商行政管理部门进行预先核准登记。公司名称通常由行政区划、字号、所属行业、组织形式依次构成。设立有限责任公司，必须在公司名称中标明“有限责任公司”或者“有限公司”字样。

（5）建立符合有限责任公司要求的组织机构

根据《公司法》规定，有限责任公司的组织机构包括股东会、董事会和监事会，法律另有规定的除外。

（6）有公司住所

公司必须有自己的住所，其住所可以与其经营场所一致，也可以不一致。根据《公司法》的规定，有限责任公司以其主要办事机构所在地为住所。

2. 有限责任公司设立的程序

《公司法》及《公司登记管理条例》对有限责任公司设立的程序做了明确的规定。同股份有限公司相比，其设立程序较为简单。

（1）发起人发起

有限责任公司只能以发起设立方式设立，投资者通常首先签署发起设立协议，对公司的投资者、各方投资比例、公司名称等基本事项予以明确约定。

（2）办理公司名称的预先核准登记手续

预先核准的公司名称要符合法律对公司名称的构成要求，同时公司名称不得与他人的公司名称相同或相近。通过预先核准的公司名称可以保留 6 个月的优先使用权利。

（3）制定和通过公司章程

公司章程是对股东、董事、监事及公司高级管理人员具有约束力的调整公司内部组织关系和经营行为的自治规则，它是公司设立、运营过程中处理内外关系的重要文件，制定公司章程是公司设立的必经程序。《公司法》规定，公司章程需经全体股东同意并签名、盖章，报登记主管机关批准后，发生法律效力。

（4）设立审批

法律、行政法规规定设立公司必须报经批准的，还应当在公司登记前依法办理批准手续。

（5）缴纳出资

缴纳出资是股东在公司设立中履行设立协议或公司章程规定的出资义务的行为。

有限责任公司的注册资本为在公司登记机关登记的全体股东认缴的出资额。

股东可以用货币出资，也可以用实物、知识产权、土地使用权等可以用货币估价并可以依法转让的非货币财产作价出资，但是，法律、行政法规规定不得作为出资的财产除外。对作为出资的非货币财产应当评估作价，核实财产，不得高估或者低估作价。法律、行政法规对评估作价有规定的，从其规定。

（6）确立公司的组织机构

根据《公司法》的规定，除一人公司和国有独资公司外，有限责任公司应设立股东会作为公司的权力机构；除规模较小、股东人数较少的有限责任公司外，一般还应设立董事会和监事会。

（7）申请设立登记

股东的首次出资经依法设立的验资机构验资后，由全体股东指定的代表或者共同委托的代理人向公司登记机关报送公司登记申请书、公司章程、验资证明等文件，申请设立登记。

（8）登记发给营业执照

公司登记机关对申请登记时提供的材料进行审查后，认为符合法律规定的，将予以登记并发给营业执照。自此，有限责任公司宣告成立，并取得法人资格。

3.2.3　有限责任公司的组织机构

1. 股东会

（1）股东会的组成和职权。有限责任公司的股东会由公司全体股东组成，是公司的权力机构。股东会行使下列职权：决定公司的经营方针和投资计划；选举和更换非由职工代表担任的董事、监事，决定有关董事、监事的报酬事项；审议批准董事会的报告；审议批准监事会或者监事的报告；审议批准公司的年度财务预算方案、决算方案；审议批准公司的利润分配方案和弥补亏损方案；对公司增加或者减少注册资本做出决议；对发行公司债券做出决议；对公司合并、分立、解散、清算或者变更公司形式做出决议；修改公司章程；公司章程规定的其他职权。

（2）股东会会议的召开。股东会会议分为定期会议和临时会议。定期会议应当按照公司章程的规定按时召开。由代表 1/10 以上表决权的股东，1/3 以上的董事，监事会或者不设监事会的公司的监事提议召开临时会议的，应当召开临时会议。首次股东会会议由出资最多的股东召集和主持。有限责任公司设立董事会的，股东会会议由董事会召集，董事长主持；董事长不能履行职务或者不履行职务的，由副董事长主持；副董事长不能履行职务或者不履行职务的，由半数以上董事共同推举一名董事主持。有限责任公司不设董事会的，股东会会议由执行董事召集和主持。董事会或者执行董事不能履行或者不履行召集股东会会议职责的，由监事会或者不设监事会的公司的监事召集和主持；监事会或者监事不召集和主持的，代表 1/10 以上表决权的股东可以自行召集和主持。

（3）股东会的决议。召开股东会会议，应当于会议召开十五日以前通知全体股东。但是，公司章程另有规定或者全体股东另有约定的除外。股东会应当将所议事项的决定做成会议记录，出席会议的股东应当在会议记录上签名。股东会会议做出修改公司章程，增加或者减少注册资本的决议，以及公司合并、分立、解散或者变更公司形式的决议，必须经代表 2/3 以上表决权的股东通过。

2. 董事会（执行董事）及经理

（1）董事会的组成和职权。有限责任公司设董事会，其成员为 3~13 人。两个以上的国有企业或者其他两个以上的国有投资主体投资设立的有限责任公司，其董事会成员中应当有公司职工代表；其他有限责任公司董事会成员中也可以有公司职工代表。董事会中的职工代表由公司职工通过职工代表大会、职工大会或者其他形式民主选举产生。董事会设董事长一人，可以设副董事长。董事长、副董事长的产生办法由公司章程规定。董事任期由公司章程规定，但每届任期不得超过三年。董事任期届满，连选可以连任。董事会对股东会负责，行使下列职权：召集股东会会议，并向股东会报告工作；执行股东会的决议；决定公司的经营计划和投资方案；制订公司的年度财务预算方案、决算方案；制订公司的利润分配方案和弥补亏损方案；制订公司增加或者减少注册资本以及发行公司债券的方案；制订公司合并、分立、变更公司形式、解散的方案；决定公司内部管理机构的设置；决定聘任或者解聘公司经理及其报酬事项，并根据经理的提名决定聘任或者解聘公司副经理、财务负责人及其报酬事项；制定公司的基本管理制度；公司章程规定的其他职权。

（2）董事会会议。董事会会议由董事长召集和主持；董事长不能履行职务或者不履行职务的，由副董事长召集和主持；副董事长不能履行职务或者不履行职务的，由半数以上董事共同推举一名董事召集和主持。董事会应当将所议事项的决定做成会议记录，出席会议的董事应当在会议记录上签名。董事会决议的表决，实行一人一票。

（3）经理。有限责任公司可以设经理，由董事会决定聘任或者解聘。经理对董事会负责，行使下列职权：主持公司的生产经营管理工作，组织实施董事会决议；组织实施公司年度经营计划和投资方案；拟订公司内部管理机构设置方案；拟订公司的基本管理制度；制定公司的具体规章；提请聘任或者解聘公司副经理、财务负责人；决定聘任或者解聘除应由董事会决定聘任或者解聘以外的管理人员；董事会授予的其他职权。经理列席董事会会议。

（4）执行董事。股东人数较少或者规模较小的有限责任公司，可以设一名执行董事，不设董事会。执行董事可以兼任公司经理。执行董事的职权由公司章程规定。

3．监事会（监事）

（1）监事会的组成。有限责任公司设立监事会，其成员不得少于3人。股东人数较少或者规模较小的有限责任公司，可以设1~2名监事，不设立监事会。监事会应当包括股东代表和适当比例的公司职工代表，其中职工代表的比例不得低于1/3，具体比例由公司章程规定。监事会中的职工代表由公司职工通过职工代表大会、职工大会或者其他形式民主选举产生。监事会设主席一人，由全体监事过半数选举产生。监事会主席召集和主持监事会会议；监事会主席不能履行职务或者不履行职务的，由半数以上监事共同推举一名监事召集和主持监事会会议。董事、高级管理人员不得兼任监事。监事的任期每届为三年。监事任期届满，连选可以连任。

（2）监事会（监事）的职权。监事会、不设监事会的公司的监事行使下列职权：检查公司财务；对董事、高级管理人员执行公司职务的行为进行监督，对违反法律、行政法规、公司章程或者股东会决议的董事、高级管理人员提出罢免的建议；当董事、高级管理人员的行为损害公司的利益时，要求董事、高级管理人员予以纠正；提议召开临时股东会会议，在董事会不履行本法规定的召集和主持股东会会议职责时，召集和主持股东会会议；向股东会会议提出提案；依法对董事、高级管理人员提起诉讼；公司章程规定的其他职权。

4．董事、监事、高级管理人员的资格和义务

（1）董事、监事、高级管理人员的资格。有下列情形之一的，不得担任公司的董事、监事、高级管理人员：① 无民事行为能力或者限制民事行为能力；② 因贪污、贿赂、侵占财产、挪用财产或者破坏社会主义市场经济秩序，被判处刑罚，执行期满未逾五年，或者因犯罪被剥夺政治权利，执行期满未逾五年；③ 担任破产清算的公司、企业的董事或者厂长、经理，对该公司、企业的破产负有个人责任的，自该公司、企业破产清算完结之日起未逾三年；④ 担任因违法被吊销营业执照、责令关闭的公司、企业的法定代表人，并负有个人责任的，自该公司、企业被吊销营业执照之日起未逾三年；⑤ 个人所负数额较大的债务到期未清偿。

（2）董事、监事、高级管理人员的义务。董事、监事、高级管理人员应当遵守法律、行政法规和公司章程，对公司负有忠实义务和勤勉义务。董事、监事、高级管理人员不得利用职权收受贿赂或者其他非法收入，不得侵占公司的财产。董事、高级管理人员不得有下列行为：挪用公司资金；将公司资金以其个人名义或者以其他个人名义开立账户存储；违反公司章程的规定，未经股东会、股东大会或者董事会同意，将公司资金借贷给他人或者以公司财产为他人提供担保；违反公司章程的规定或者未经股东会、股东大会同意，与本公司订立合同或者进行交易；未经股东会或者股东大会同意，利用职务便利为自己或者他人谋取属于公司的商业机会，自营或者为他人经营与所任职公司同类的业务；接受他人与公司交易的佣金归为己有；擅自披露公司秘密；违反对公司忠实义务的其他行为。

3.2.4 一人有限责任公司

1. 一人有限责任公司的概念和特征

一人有限责任公司，是指只有一个自然人股东或者一个法人股东的有限责任公司。一人有限责任公司与一般的有限责任公司相比，具有如下法律特征：①公司仅有一个股东，且该唯一股东持有公司的全部出资额或股份。②一人有限责任公司的股东对公司的债务原则上承担有限责任，只要股东能将自己财产和公司财产分开，法律即可承认一人有限责任公司的独立地位。③内部结构相对简单。一人有限责任公司不设股东会，股东、董事、经理身份往往重合。④只能是有限责任公司。我国《公司法》只承认一人有限责任公司，即只有一个自然人股东或者一个法人股东的有限责任公司。

2.《公司法》对一人有限责任公司的特别规制

为了防止一人有限责任公司可能会引起的负面效果，《公司法》规定了诸多特殊规则：①明确公示其一人有限责任公司身份。在公司登记和营业执照中应载明自然人或法人独资的信息。②转投资受到很大限制。一个自然人只能设立一个一人有限责任公司，且该一人有限责任公司不能投资设立新的一人有限责任公司。此规定不适用于法人及其设立的一人有限责任公司。③财务会计要求严格。一人有限责任公司应当在每一会计年度终了时编制财务会计报告，并经会计事务所审计。④简化公司机关设置。一人有限责任公司不设股东会，公司章程和重大决策由股东做出，关于公司的经营方针和投资计划应以书面方式做出，并由股东签名后备置于公司。⑤确立一人公司的法人人格否认制度。一人有限责任公司股东不能证明公司财产独立于股东自己的财产的，应当对公司债务承担连带责任。

3.2.5 国有独资公司

1. 国有独资公司的概念

国有独资公司，是指国家单独出资、由国务院或者地方人民政府授权本级人民政府国有资产监督管理机构履行出资人职责的有限责任公司。

2. 国有独资公司的组织机构

（1）股东会职权的行使。国有独资公司不设股东会，由国有资产监督管理机构行使股东会职权。国有资产监督管理机构可以授权公司董事会行使股东会的部分职权，决定公司的重大事项，但公司的合并、分立、解散、增减注册资本和发行公司债券，必须由国有资产监督管理机构决定。重要的国有独资公司合并、分立、解散、申请破产的，应当由国有资产监督管理机构审核后，报本级人民政府批准。

（2）董事会、经理。国有独资公司设立董事会，依照公司法的规定及国有资产监督管理机构的授权来行使职权。董事每届任期不得超过三年。董事会成员中应当有公司职工代表。董事会成员由国有资产监督管理机构委派。但是，董事会成员中的职工代表由公司职工代表大会选举产生。董事会设董事长一人，可以设副董事长。董事长、副董事长由国有资产监督管理机构从董事会成员中指定。国有独资公司设经理，由董事会聘任或者解聘。经国有资产监督管理机构同意，董事会成员可以兼任经理。

（3）监事会。国有独资公司监事会成员不得少于五人，其中职工代表的比例不得低于1/3，具体比例由公司章程规定。监事会成员由国有资产监督管理机构委派。但是，监事会中的职工代表由公司职工代表大会选举产生。监事会主席由国有资产监督管理机构从监事会成员中指定。监事会行使下列职权：检查公司财务；对董事、高级管理人员执行公司职务的行为进行监督，对违反法律、行政法规、公司章程或者股东会决议的董事、高级管理人员提出罢免的建议；当董事、高级管理人员的行为损害公司的利益时，要求董事、高级管理人员予以纠正；国务院规定的其他职权。

3.3 股份有限公司

3.3.1 股份有限公司的概念与特征

1. 股份有限公司的概念

股份有限公司也称股份公司，是指全部资本分为等额股份，股东以其认购的股份为限对公司承担责任，公司以其全部资产对公司的债务承担责任的企业法人。

2．股份有限公司的特征

（1）典型的资合性。股份有限公司的信用基础为公司资本，而非股东个人信用。

（2）股东人数低限性。股份有限公司的股东人数为两人以上。

（3）公司资本股份性。股份有限公司的全部资本分为等额股份。

（4）股份转让自由性。股份有限公司股份转让的限制较少。

（5）股东责任有限性。股份有限公司的股东以其认购的股份为限对公司承担责任。

（6）典型的法人性。股份有限公司具有法人资格。

3.3.2　股份有限公司的设立

1．设立条件

（1）发起人符合法定人数。股份有限公司发起人承担公司筹办事务，发起人应当签订发起人协议，明确各自在公司设立过程中的权利和义务。设立股份有限公司，应当有 2 人以上 200 人以下为发起人，其中须有半数以上的发起人在中国境内有住所。

（2）有符合公司章程规定的全体发起人认购的股本总额或者募集的实收股本总额。股份有限公司采取发起设立方式设立的，注册资本为在公司登记机关登记的全体发起人认购的股本总额。在发起人认购的股份缴足前，不得向他人募集股份。股份有限公司采取募集方式设立的，注册资本为在公司登记机关登记的实收股本总额。法律、行政法规以及国务院决定对股份有限公司注册资本实缴、注册资本最低限额另有规定的，从其规定。

（3）股份发行、筹办事项符合法律规定。

（4）发起人制定公司章程，采用募集方式设立的经创立大会通过。股份有限公司章程应当载明下列事项：公司名称和住所；公司经营范围；公司设立方式；公司股份总数、每股金额和注册资本；发起人的姓名或者名称、认购的股份数、出资方式和出资时间；董事会的组成、职权、任期和议事规则；公司法定代表人；监事会的组成、职权、任期和议事规则；公司利润分配办法；公司的解散事由与清算办法；公司的通知和公告办法；股东大会会议认为需要规定的其他事项。

（5）有公司名称，建立符合股份有限公司要求的组织机构。公司名称必须标明“股份有限公司”或者“股份公司”字样，必须符合有关法律、行政法规的规定。公司须建立与法律规定相一致的组织机构。

（6）有公司住所。公司以其主要办事机构所在地为住所。

2．发起设立的程序

（1）发起人订立公司章程。

（2）发起人认足股份。以发起设立方式设立股份有限公司的，发起人应当书面认足公司章程规定其认购的股份，并按照公司章程规定缴纳出资。以非货币财产出资的，应当依法办理其财产权的转移手续。

（3）发起人缴纳股款。公司全体发起人的首次出资额不得低于注册资本的 20%，其余部分由发起人自公司成立之日起 2 年内缴足，投资公司可以在 5 年内缴足。在缴足前，不得向他人募集股份。

（4）发起人组建公司机构。发起人首次缴纳出资后，应当选举董事会和监事会。

（5）公司设立登记。董事会向公司登记机关报送公司章程，由依法设定的验资机构出具的验资证明以及法律、行政法规规定的其他文件，申请设立登记。

3．募集设立的程序

（1）发起人订立公司章程并认购股份。在募集设立中，发起人应该一次性足额认缴其股份，发起人认购的股份不得少于公司股份总数的 35%。法律、行政法规另有规定的，从其规定。

（2）认股人认股。发起人向社会公开募集股份，必须公告招股说明书，并制作认股书。发行股份的股款缴足后，必须经依法设立的验资机构验资并出具证明。

（3）召开创立大会。创立大会是在股份有限公司募集设立过程中由发起人、认股人所组成的决议机构。发起人应当自股款缴足之日起 30 日内主持召开公司创立大会。

（4）申请设立登记。董事会应于创立大会结束后 30 日内，向公司登记机关报送有关文件，申请设立登记。以募集方式设立股份有限公司公开发行股票的，还应当向公司登记机关报送国务院证券监督管理机构的核准文件。

4．发起人的责任

发起人对股份有限公司承担以下责任：①当公司不能成立时，发起人对设立行为所产生的债务和费用负连带责任，对认股人已缴纳的股款负返还股款并加算银行同期存款利息的连带责任。②在公司设立过程中，由于发起人的过失导致公司利益遭受损害的，发起人应当对公司承担赔偿责任。③股份有限公司成立后，发起人未按照公司章程的规定缴足出资的，应当补缴，其他发起人承担连带责任。发现作为设立公司出资的非货币财产的实际价格显着低于公司章程所定价额的，应当由缴纳该出资的发起人补足其差额，其他发起人承担连带责任。

3.3.3 股份有限公司的组织机构

1．股东大会

（1）股东大会的组成和职权。股份有限公司股东大会由全体股东组成，是公司的权力机构。其职权范围与有限责任公司股东会的职权范围相同。

（2）股东大会会议的召开。股东大会会议由董事会召集，董事长主持；董事长不能履行职务或者不履行职务的，由副董事长主持；副董事长不能履行职务或者不履行职务的，由半数以上董事共同推举一名董事主持。董事会不能履行或者不履行召集股东大会会议职责的，监事会应当及时召集和主持；监事会不召集和主持的，连续九十日以上，单独或者合计持有公司 10%以上股份的股东可以自行召集和主持。股东大会会议分为年会和临时会议。股东大会应当每年召开一次年会。有下列情形之一的，应当在两个月内召开临时股东大会：① 董事人数不足《公司法》规定人数，或者公司章程所定人数的 2/3 时；② 公司未弥补的亏损达实收股本总额 1/3 时；③ 单独或者合计持有公司 10%以上股份的股东请求时；④ 董事会认为必要时；⑤ 监事会提议召开时；⑥ 公司章程规定的其他情形。

（3）股东大会的表决。股东出席股东大会会议，所持每一股份有一表决权。股东可以委托代理人出席股东大会会议，代理人应当向公司提交股东授权委托书，并在授权范围内行使表决权。但是，公司持有的本公司股份没有表决权。股东大会做出决议，必须经出席会议的股东所持表决权过半数通过。但是，股东大会做出修改公司章程、增加或者减少注册资本的决议，以及公司合并、分立、解散或者变更公司形式的决议，必须经出席会议的股东所持表决权的 2/3 以上通过。股东大会选举董事、监事，可以根据公司章程的规定或者股东大会的决议，实行累积投票制。累积投票制是指股东大会选举董事或者监事时，每一股份拥有与应选董事或者监事人数相同的表决权，股东拥有的表决权可以集中使用。

2. 董事会及经理

（1）董事会的组成和职权。股份有限公司设董事会，其成员为 5~19 人。董事会成员中可以有公司职工代表。董事会中的职工代表由公司职工通过职工代表大会、职工大会或者其他形式民主选举产生。董事的任期、董事会的职权与有限责任公司的规定相同。董事会设董事长一人，可以设副董事长。董事长和副董事长由董事会以全体董事的过半数选举产生。董事长召集和主持董事会会议，检查董事会决议的实施情况。副董事长协助董事长工作，董事长不能履行职务或者不履行职务的，由副董事长履行职务；副董事长不能履行职务或者不履行职务的，由半数以上董事共同推举一名董事履行职务。

（2）董事会会议的召开。董事会每年度至少召开两次会议，每次会议应当于会议召开十日前通知全体董事和监事。代表 1/10 以上表决权的股东、1/3 以上董事或者监事会，可以提议召开董事会临时会议。董事长应当自接到提议后十日内，召集和主持董事会会议。董事会召开临时会议，可以另定召集董事会的通知方式和通知时限。

（3）董事会的表决。董事会会议应有过半数的董事出席方可举行。董事会做出决议，必须经全体董事过半数通过。董事会决议的表决，实行一人一票。董事会会议，应由董事本人出席；董事因故不能出席，可以书面委托其他董事代为出席，委托书中应载明授权范围。董事会应当将会议所议事项的决定做成会议记录，出席会议的董事应当在会议记录上签名。董事应当对董事会的决议承担责任。董事会的决议违反法律、行政法规或者公司章程、股东大会决议，致使公司遭受严重损失的，参与决议的董事对公司负赔偿责任。但经证明在表决时曾表明异议并记载于会议记录的，该董事可以免除责任。

（4）经理。股份有限公司设经理，由董事会决定聘任或者解聘。《公司法》关于有限责任公司经理职权的规定，适用于股份有限公司经理。公司董事会可以决定由董事会成员兼任经理。

3．监事会

股份有限公司设立监事会，其成员不得少于3人。监事的任期及监事会的职权与有限责任公司的规定相同。监事会应当包括股东代表和适当比例的公司职工代表，其中职工代表的比例不得低于1/3，具体比例由公司章程规定。监事会中的职工代表由公司职工通过职工代表大会、职工大会或者其他形式民主选举产生。监事会设主席一人，可以设副主席。监事会主席和副主席由全体监事过半数选举产生。监事会主席召集和主持监事会会议；监事会主席不能履行职务或者不履行职务的，由监事会副主席召集和主持监事会会议；监事会副主席不能履行职务或者不履行职务的，由半数以上监事共同推举一名监事召集和主持监事会会议。董事、高级管理人员不得兼任监事。

监事会每六个月至少召开一次会议。监事可以提议召开临时监事会会议。监事会应当对所议事项的决定做成会议记录，出席会议的监事应当在会议记录上签名。

4．董事、监事、高级管理人员的资格和义务

股份有限公司董事、监事、高级管理人员的资格和义务与有限责任公司的规定相同。

3.3.4 股份有限公司的股份发行与转让

1．股份有限公司的股份发行

股份有限公司的资本划分为股份，每一股的金额相等。公司的股份采取股票的形式，股票是公司签发的证明股东所持股份的凭证。股份的发行实行公平、公正的原则，同种类的每一股份应当具有同等权利。同次发行的同种类股票，每股的发行条件和价格应当相同；任何单位或者个人所认购的股份，每股应当支付相同价额。股票发行价格可以按票面金额，也可以超过票面金额，但不得低于票面金额。股票采用纸面形式或者国务院证券监督管理机构规定的其他形式。股份有限公司成立后，即向股东正式交付股票。公司成立前不得向股东交付股票。

股份发行按照发行阶段可以分为设立发行和新股发行。公司发行新股，依照公司章程的规定由股东大会或者董事会对下列事项做出决议：新股种类及数额；新股发行价格；新股发行的起止日期；向原有股东发行新股的种类及数额。公司经国务院证券监督管理机构核准公开发行新股时，必须公告新股招股说明书和财务会计报告，并制作认股书。同时，依法与证券公司签订股票承销协议、与银行签订代收股款协议。公司发行新股，可以根据公司经营情况和财务状况，确定其作价方案。公司发行新股募足股款后，必须向公司登记机关办理变更登记，并公告。

股份发行按照发行对象的不同可以分为记名股与无记名股。公司向发起人、法人发行的股票，应当为记名股票，并应当记载该发起人、法人的名称或者姓名，不得另立户名或者以代表人姓名记名。公司发行记名股票的，应当置备股东名册，记载下列事项：股东的姓名或者名称及住所；各股东所持股份数；各股东所持股票的编号；各股东取得股份的日期。

2. 股份有限公司的股份转让

（1）股份转让的限制。发起人持有的本公司股份，自公司成立之日起一年内不得转让。公司公开发行股份前已发行的股份，自公司股票在证券交易所上市交易之日起一年内不得转让。公司董事、监事、高级管理人员应当向公司申报所持有的本公司的股份及其变动情况，在任职期间每年转让的股份不得超过其所持有本公司股份总数的 25%；所持本公司股份自公司股票上市交易之日起一年内不得转让。上述人员离职后半年内，不得转让其所持有的本公司股份。公司章程可以对公司董事、监事、高级管理人员转让其所持有的本公司股份做出其他限制性规定。

（2）股份转让的场所。股东转让其股份，应当在依法设立的证券交易场所进行或者按照国务院规定的其他方式进行。

（3）股份转让的方式。记名股票由股东以背书方式或者法律、行政法规规定的其他方式转让。转让后由公司将受让人的姓名或者名称及住所记载于股东名册。无记名股票的转让，由股东将该股票交付给受让人后即发生转让的效力。

（4）公司股份的自行收购。公司不得收购本公司股份。但是，有下列情形之一的除外：① 减少公司注册资本；② 与持有本公司股份的其他公司合并；③ 将股份奖励给本公司职工；④ 股东因对股东大会做出的公司合并、分立决议持异议，要求公司收购其股份的。

3.3.5 上市公司

1. 上市公司的概念

上市公司是指其股票在证券交易所上市交易的股份有限公司。

2. 上市公司董事会秘书

上市公司设董事会秘书，负责公司股东大会和董事会会议的筹备、文件保管以及公司股东资料的管理，办理信息披露事务等事宜。

3. 上市公司独立董事制度

（1）独立董事的概念。上市公司独立董事是指不在公司担任除董事外的其他职务，并与其所受聘的上市公司及其主要股东不存在可能妨碍其进行独立客观判断的关系的董事。

（2）独立董事的任职条件。独立董事应当具备与其行使职权相适应的任职条件。担任独立董事应当符合下列基本条件：① 根据法律、行政法规及其他有关规定，具备担任上市公司董事的资格；② 具独立性；③ 具备上市公司运作的基本知识，熟悉相关法律、行政法规、规章及规则；④ 具有五年以上法律、经济或者其他履行独立董事职责所必需的工作经验；⑤ 公司章程规定的其他条件。

（3）独立董事任职资格的限制。独立董事必须具有独立性。下列人员不得担任独立董事：① 在上市公司或者其附属企业任职的人员及其直系亲属、主要社会关系（直系亲属是指配偶、父母、子女等；主要社会关系是指兄弟姐妹、岳父母、儿媳女婿、兄弟姐妹的配偶、配偶的兄弟姐妹等）；② 直接或间接持有上市公司已发行股份1%以上或者是上市公司前十名股东中的自然人股东及其直系亲属；③ 在直接或间接持有上市公司已发行股份5%以上的股东单位或者在上市公司前五名股东单位任职的人员及其直系亲属；④ 最近一年内曾经具有前三项所列举情形的人员；⑤ 为上市公司或者其附属企业提供财务、法律、咨询等服务的人员；⑥ 公司章程规定的其他人员；⑦ 中国证监会认定的其他人员。

（4）独立董事的任期。独立董事每届任期与该上市公司其他董事任期相同，任期届满，连选可以连任，但是连任时间不得超过六年。

（5）独立董事的特别职权。为了充分发挥独立董事的作用，独立董事除应当具有《公司法》和其他相关法律、法规赋予董事的职权外，上市公司还应当赋予独立董事以下特别职权：① 重大关联交易（指上市公司拟与关联人达成的总额高于300万元或高于上市公司最近经审计净资产值的5%的关联交易）应由独立董事认可后，提交董事会讨论；② 向董事会提议聘用或解聘会计师事务所；③ 向董事会提请召开临时股东大会；④ 提议召开董事会；⑤ 独立聘请外部审计机构和咨询机构；⑥ 可以在股东大会召开前公开向股东征集投票权。

3.4 公司债券与公司财务、会计

3.4.1 公司债券

1. 公司债券的概念

公司债券是指公司依照法定程序发行、约定在一定期限还本付息的有价证券。

2. 公司债券与股票的区别

（1）性质不同。股票表示的是股东权，是股权凭证；债券表示的是债权，是债权凭证。

（2）收益不同。股票持有人是从公司利润中分取股息、红利；债券持有人则不论公司是否赢利，都有权依事先约定的利率计取利息。

（3）承担的风险不同。债券持有人承担的风险小于股票持有人。

（4）对公司经营管理享有的权利不同。股票持有人可通过在股东大会上行使表决权参与公司的经营管理，而债券持有人则无权参与公司经营管理。

3．公司债券的种类

（1）记名公司债券、无记名公司债券。这是以公司债券上是否载明债券持有人的姓名或名称为标准来进行划分的。

（2）可转换公司债券、不可转换公司债券。这是以公司债券是否可转换成股票为标准来进行划分的。发行可转换为股票的公司债券的，公司应当按照其转换办法向债券持有人换发股票，但债券持有人对转换股票或者不转换股票有选择权。

3.4.2　公司财务、会计

1．财务、会计制度

公司应当依照法律、行政法规和国务院财政部门的规定建立本公司的财务、会计制度。公司应当在每一会计年度终了时编制财务会计报告，并依法经会计师事务所审计。财务会计报告应当依照法律、行政法规和国务院财政部门的规定制作。

有限责任公司应当按照公司章程规定的期限将财务会计报告送交各股东；股份有限公司的财务会计报告应当在召开股东大会年会的二十日前置备于本公司，供股东查阅；公开发行股票的股份有限公司必须公告其财务会计报告。

2．利润分配

利润是公司在一定时期内生产经营的财务成果。公司利润的分配按以下顺序进行：①弥补以前年度亏损，但不得超过税法规定的弥补年限；② 缴纳所得税；③ 弥补在税前利润弥补亏损之后仍存在的亏损；④ 提取法定公积金；⑤ 公司从税后利润中提取法定公积金后，经股东会或者股东大会决议，还可以从税后利润中提取任意公积金；⑥ 向股东分配股利。

3．公积金

公积金分为法定公积金、任意公积金和资本公积金。股份有限公司以超过股票票面金额的发行价格发行股份所得的溢价款，以及国务院财政部门规定列入资本公积金的其他收入，应当列为公司资本公积金。公司的公积金用于弥补公司的亏损、扩大公司生产经营或者转为增加公司资本。但是，资本公积金不得用于弥补公司的亏损。法定公积金转为资本时，所留存的该项公积金不得少于转增前公司注册资本的 25%。公司应提取税后利润的10%列入公司的法定公积金，公司法定公积金累计额为公司注册资本的 50%以上的，可不再提取。公司从税后利润中提取法定公积金后，经股东会或者股东大会决议，还可以从税后利润中提取任意公积金。

3.5 公司的变更、解散与清算

3.5.1 公司合并、分立

1. 公司的合并

公司的合并，是指两个以上的公司依照法定程序变为一个公司的行为。其形式有两种：一是吸收合并，二是新设合并。一个公司吸收其他公司为吸收合并，被吸收的公司解散。两个以上公司合并设立一个新的公司为新设合并，合并各方解散。公司合并时，合并各方的债权、债务，应当由合并后存续的公司或者新设的公司承继。

2. 公司的分立

公司的分立，是指一个公司依法分为两个以上的公司。公司分立前的债务由分立后的公司承担连带责任。但是，公司在分立前与债权人就债务清偿达成的书面协议另有约定的除外。

3. 公司合并与分立的程序

（1）公司合并应当由合并各方签订合并协议，并编制资产负债表及财产清单。公司应当自做出合并决议之日起十日内通知债权人，并于三十日内在报纸上公告。债权人自接到通知书之日起三十日内，未接到通知书的自公告之日起四十五日内，可以要求公司清偿债务或者提供相应的担保。

（2）公司分立，其财产应做相应的分割。公司分立，应当编制资产负债表及财产清单。公司应当自做出分立决议之日起十日内通知债权人，并于三十日内在报纸上公告。

公司合并或者分立，登记事项发生变更的，应当依法向公司登记机关办理变更登记；公司解散的，应当依法办理公司注销登记；设立新公司的，应当依法办理公司设立登记。

3.5.2 公司增资、减资

有限责任公司增加注册资本时，股东认缴新增资本的出资，按照《公司法》关于设立有限责任公司缴纳出资的有关规定执行。股份有限公司为增加注册资本发行新股时，股东认购新股应当按照《公司法》关于设立股份有限公司缴纳股款的有关规定执行。

公司需要减少注册资本时，必须编制资产负债表及财产清单。公司应当自做出减少注册资本决议之日起十日内通知债权人，并于三十日内在报纸上公告。债权人自接到通知书之日起三十日内，未接到通知书的自公告之日起四十五日内，有权要求公司清偿债务或者提供相应的担保。公司减资后的注册资本不得低于法定的最低限额。

公司增加或者减少注册资本，应当依法向公司登记机关办理变更登记。

3.5.3 公司解散、清算

1. 公司的解散

公司解散的原因有：① 公司章程规定的营业期限届满或者公司章程规定的其他解散事由出现；② 股东会或者股东大会决议解散；③ 因公司合并或者分立需要解散；④ 依法被吊销营业执照、责令关闭或者被撤销；⑤ 人民法院依持有公司全部股东表决权 10% 以上股东的请求对公司予以解散。

2. 公司的清算

（1）清算组的成立。公司解散（因合并或者分立需要解散的除外）应当在解散事由出现之日起十五日内成立清算组，开始清算。有限责任公司的清算组由股东组成，股份有限公司的清算组由董事或者股东大会确定的人员组成。逾期不成立清算组进行清算的，债权人可以申请人民法院指定有关人员组成清算组进行清算。人民法院应当受理该申请，并及时组织清算组进行清算。

（2）清算组的职权。清算组在清算期间行使下列职权：① 清理公司财产，分别编制资产负债表和财产清单；② 通知、公告债权人；③ 处理与清算有关的公司未了结的业务；④ 清缴所欠税款以及清算过程中产生的税款；⑤ 清理债权、债务；⑥ 处理公司清偿债务后的剩余财产；⑦ 代表公司参与民事诉讼活动。

（3）清算组的义务。清算组在清理公司财产、编制资产负债表和财产清单后，发现公司财产不足清偿债务的，应当依法向人民法院申请宣告破产。公司经人民法院裁定宣告破产后，清算组应当将清算事务移交给人民法院。公司清算结束后，清算组应当制作清算报告，报股东会、股东大会或者人民法院确认，并报送公司登记机关，申请注销公司登记，公告公司终止。清算组成员应当忠于职守，依法履行清算义务。清算组成员不得利用职权收受贿赂或者其他非法收入，不得侵占公司财产。清算组成员因故意或者重大过失给公司或者债权人造成损失的，应当承担赔偿责任。

（4）财产的分配。清算组在清理公司财产、编制资产负债表和财产清单后，应当制订清算方案，并报股东会、股东大会或者人民法院确认。公司财产在分别支付清算费用、职工的工资、社会保险费用和法定补偿金，缴纳所欠税款，清偿公司债务后的剩余财产，有限责任公司按照股东的出资比例分配，股份有限公司按照股东持有的股份比例分配。清算期间，公司存续，但不得开展与清算无关的经营活动。公司财产在未按前款规定清偿前，不得分配给股东。

案例分析

案例一

2017年12月，张三和李四两人共同投资设立两个企业，张三以现金出资，李四以实物和劳务出资。企业成立后，效益很好，2018年3月，张三和李四商议把企业改成股份有限公司，于是就在企业门口挂上了“披头士股份有限公司”的牌子。

问题：该企业的性质如何？他们的这一做法合法吗？

分析：该企业的性质应为合伙企业。根据公司法的有关规定，公司必须依法定条件、法定程序设立。因此，他们私自在企业门口挂披头士股份有限公司的牌子的做法是不合法的。

案例二

2017年，甲、乙、丙3人经协商，准备成立一家有限责任公司，主要从事服装生产。甲为公司提供厂房和设备，经评估作价25万元；乙从银行借款20万元现金作为出资；丙原为一家私营企业的服装厂厂长，具有丰富的管理经验，提出以管理能力出资，作价15万元。甲、乙、丙签订协议后，向工商局申请注册。

问题：

（1）本案包括哪几种出资形式？根据《公司法》的规定分析甲、乙、丙的出资效力。

（2）该公司的成立是否符合《公司法》的规定？为什么？

分析：

（1）本案例中有3种出资形式，即实物、现金、无形资产。甲的出资为实物出资，符合《公司法》的规定；乙虽然是从银行借的资金，但并不影响其出资能力，故属货币出资，符合《公司法》的规定；丙的出资是无形资产，但《公司法》只规定知识产权等可以用货币估价并可依法转让的非货币财产作价出资，以管理能力作为出资，因其难以估价并不可转让，不符合《公司法》的规定。

（2）该公司可以成立。按照我国新修订《公司法》的规定，有符合公司章程规定的全体股东认缴的出资额公司即可成立。有限责任公司的注册资本为在公司登记机关登记的全体股东认缴的出资额。股东人数也符合规定。

本章小结

重点概念

公司　有限责任公司　一人有限责任公司　国有独资公司　股份有限公司　上市公司　独立董事　公司债券

知识点

（1）公司法概述。公司是依照公司法设立的、以营利为目的的企业法人。公司法是指规定公司的设立、组织、活动、解散及其他对内对外关系的法律规范的总称。我国《公司法》规定的公司种类包括有限责任公司和股份有限公司。

（2）有限责任公司。有限责任公司也称有限公司，是指股东以其认缴的出资额为限对公司承担有限责任，公司以其全部财产对公司债务承担责任的企业法人。有限责任公司具有如下特征：① 股东人数限制性；② 股东责任有限性；③ 法人性；④ 公司资本非股份性；⑤ 相对的封闭性；⑥ 机构设置灵活性。

（3）股份有限公司。股份有限公司也称股份公司，是指全部资本分为等额股份，股东以其认购的股份为限对公司承担责任，公司以其全部资产对公司的债务承担责任的企业法人。股份有限公司具有如下特征：① 典型的资合性；② 股东人数低限性；③ 公司资本股份性；④ 股份转让自由性；⑤ 股东责任有限性；⑥ 典型的法人性。

（4）公司债券与公司财务、会计。公司债券，是指公司依照法定程序发行、约定在一定期限还本付息的有价证券。公司应当依照法律、行政法规和国务院财政部门的规定建立本公司的财务、会计制度。

（5）公司的变更、解散与清算。公司的合并，是指两个以上的公司依照法定程序变为一个公司的行为。其形式有两种：一是吸收合并，二是新设合并。公司合并时，合并各方的债权、债务，应当由合并后存续的公司或者新设的公司承继。公司的分立，是指一个公司依法分为两个以上的公司。公司分立前的债务由分立后的公司承担连带责任。公司增加或者减少注册资本，应当依法向公司登记机关办理变更登记。公司解散（因合并或分立需要解散的除外），应当在解散事由出现之日起十五日内成立清算组，开始清算。

复习思考题

（1）有限责任公司与股份有限公司的特征有哪些？

（2）设立有限责任公司和股份有限公司应当具备哪些条件？

（3）有限责任公司监事会的职权有哪些？

（4）公司董事、监事、高级管理人员的资格和义务有哪些？

（5）哪些人员不得担任独立董事？

（6）公司解散的原因有哪些？

（7）《公司法》对一人有限责任公司的特别规制是什么？

第 4 章　企业破产法

本章学习目标

- 掌握破产界限、破产申请的提出、破产申请的受理；
- 了解管理人制度，和解、重整程序；
- 掌握债权人会议的组成与召集、职权与决议；
- 掌握破产宣告及其法律效力，破产财产的概念、范围；
- 掌握破产债权，破产财产的处置与分配；
- 熟悉取回权、别除权与抵销权，熟悉破产救济与破产责任的法律政策规定。

4.1　破产法概述

4.1.1　破产的概念与特征

1．破产的概念

破产是指债务人不能清偿债务的事实状态。但是，在法律上所使用的“破产”一词，则有其特定的含义。法律意义上的破产是指债务人不能清偿到期债务时，在法院的指挥和监督之下，就债务人的总财产实行债务清理程序，债务人主体资格随清理终结而终止的法律制度。显然，法律意义上的“破产”等同于破产程序。

2．破产的特征

（1）破产是一种特殊的债务清理手段。这种清偿债务的方式是以债务人的全部财产作为偿债对象，对所有债权人的债务一并清偿。一般情况下，债务人清偿了全部债务后，其主体资格就随之消亡。债务人清偿全部债务对每个债权人而言并非实质意义上的完全清偿，而是按法定规则进行部分清偿，未得到清偿的部分债务以后不再清偿。这与一般债务的清偿是截然不同的。

（2）破产是在特定情况下，即债务人出现破产原因时才能运用的清偿程序。破产会导致债务人主体资格的消亡，只有由符合法定条件的债权人或债务人申请，且债务人出现破产原因时，才能适用。所以，在使用破产时要特别注意条件，而不得随便使用。

（3）破产程序进行的主要目的是为了公平地清偿所欠债权人的债务。对不能清偿到期债务的债务人宣告破产，可以利用破产程序合理地协调多数债权人之间就债务人的有限财产受偿的利益冲突，使债权人共同分担损失和共同享受利益，同一顺序的债权人地位平等、受偿机会均等。这就不会出现当债务人没有能力偿付到期债务时，捷足先登的债权人可以得到全部清偿，其他债权人根本得不到清偿或很少得到偿付的不公平的、混乱的经济秩序。

（4）破产是在法院的支持下实施的债务清偿程序。债务人不能清偿时，一旦选择了破产程序，就必须在法院的指挥和监督之下进行。非经破产程序或不在法院的指挥和监督之下，任何人或任何机构无权处分或执行债务人的财产。

4.1.2 破产法的概念与适用范围

1. 破产法的概念

破产法是关于债务人不能清偿到期债务时，宣告其破产，并在法院主持下对其全部财产进行清理、分配，或由法院进行和解等方面的法律规范的总称。破产法是市场经济最重要的一部法律，没有破产法也就不会有市场主体的退出机制、挽救机制。它与《公司法》《合伙企业法》《个人独资企业法》等法律共同构成我国市场主体的法律体系。

1986 年 12 月 2 日，第六届全国人民代表大会常务委员会第十八次会议颁布了《中华人民共和国企业破产法（试行）》，该法于 1988 年 11 月 1 日起正式施行。2006 年 8 月 27 日，标志着我国社会主义市场经济法治化进程的《中华人民共和国企业破产法》（以下简称《破产法》）获十届全国人民代表大会常务委员会第二十三次会议表决通过，并于 2007 年 6 月 1 日起施行。自全国人民代表大会 1994 年开始起草新的破产法草案，到这次全国人民代表大会常务委员会表决通过，这部企业破产法的出台整整经历了十三个年头。

2. 破产法的适用范围

1986 年我国颁布的《企业破产法（试行）》只适用于全民所有制企业。而新的《破产法》在第 2 条中规定："企业法人不能清偿到期债务，并且资产不足以清偿全部债务或者明显缺乏清偿能力的，依照本法规定清理债务。企业法人有前款规定情形，或者有明显丧失清偿能力可能的，可以依照本法规定进行重整。"

这就将破产法的适用范围扩大到所有的企业法人，包括国有企业与法人型私营企业、三资企业，上市公司与非上市公司，有限责任公司与股份有限公司，甚至金融机构。破产不再是国有企业的"专利"，国有企业的破产从行政破产走向市场化破产；政府由过去全面主导国企破产，到今后即使不是全部，至少也是绝大部分退出破产事务，只在有限时间、有限范围保留了它的作用（除了国企与金融机构破产事宜，基本上已没有政府的影子）。政府基本退出破产事务，意味着所有企业将受到同一"劣汰原则"的约束，国有企业的特殊地位不复存在。市场里的投资、交易将更为公平，优胜劣汰的竞争法则将有效发挥作用。市场中的利益格局和利益预期也将随之发生重大变化。

4.2 破产程序的开始

4.2.1 破产界限

破产界限即破产原因达到什么情况可以破产。新法对破产界限的规定是："企业法人不能清偿到期债务，并且资产不足以清偿全部债务或者明显缺乏清偿能力的……"（见新《破产法》第二条）

新旧《破产法》的规定差距非常大。《企业破产法（试行）》第三条规定："企业因经营管理不善造成严重亏损，不能清偿到期债务的，依照本法规定宣告破产。"实践证明，以"经营管理不善"或"严重亏损"作为破产的界限是不科学的。因为债权人所关心的是其权利是否能够实现以及如何实现，至于债务人因何种原因不能满足债权人的利益并不重要，法律不能强迫债权人理解和接受债务人不能清偿的原因。

新《破产法》第七条规定："债务人有本法第二条规定的情形，可以向人民法院提出重整、和解或者破产清算申请。债务人不能清偿到期债务的，债权人可以向人民法院提出对债务人进行重整或者破产清算的申请。企业法人已解散但未清算或者未清算完毕，资产不足以清偿债务的，依法负有清算责任的人应当向人民法院申请破产清算。"

只要债务人不能清偿到期债务，债权人就可以向人民法院提出对债务人进行破产清算的申请。这就极大地减轻了债权人在提出破产申请时的举证负担。

但是，"债务人不能清偿到期债务"只是债权人提出破产申请的条件，而作为破产界限，还需满足"资产不足以清偿全部债务或者明显缺乏清偿能力"的条件。

所谓"不能清偿到期债务"，是指债务人由于缺乏清偿能力，对到期的债务持续地不能偿还的客观状态。正确理解和把握"不能清偿到期债务"的含义，在理论上和实践中需注意以下几点。

（1）缺乏清偿能力。清偿能力应理解为资产和信用资本。债务人虽然资产不够清偿债务，但信用资本高，就拥有良好的信誉，凭借很高的信用资本可以合法筹集到资金，仍然有可能清偿债务。实践中，我们要把财产和信用有机地结合，综合判断债务人是否缺乏清偿能力。

（2）不能清偿的债务已经到期。只有对已到清偿期的债务而未偿还，才算是不能清偿债务。即使债权人预见到债务人对未到期的债务不能清偿，但在到期前，仍不能认为债务人不能清偿债务。

（3）持续地不能清偿债务。不能清偿债务必须具有持续性，是对金钱债务长久的不能支付，而不是一时的资金周转不开。不能说今天到期未还债，明天就要破产还债，而要根据不能清偿的客观事实、债务人财产及负债状况来综合判断。如果仅是短期不能给付，则不构成破产原因。

4.2.2　破产申请的提出

根据《破产法》的规定，当债务人不能清偿到期债务时，债权人和债务人均有权提出破产申请。向人民法院提出破产申请，应当提交破产申请书和有关证据。

破产申请书应当载明下列事项和形式要求：① 申请人、被申请人的基本情况；② 申请目的；③ 申请的事实和理由；④ 人民法院认为应当载明的其他事项。

破产申请应当采用书面形式，向对案件有管辖权的人民法院提出。

1．债务人提出破产申请

债务人提出破产申请时，还应当向人民法院提交财产状况说明、债务清册、债权清册、有关财务会计报告、职工安置预案，以及职工工资的支付和社会保险费用的缴纳情况。

2．债权人提出破产申请

债权人提出破产申请时，应当向人民法院提供以下证据材料：① 债权发生的事实及证据；② 债权的性质、数额，债权有财产担保的，应当提供相应证据；③ 债务人不能清偿到期债务，即停止支付到期债务并呈连续状态的有关证据。

3．金融监督管理机构提出破产申请

《企业破产法》第一百三十四条对金融机构破产事宜做出了规定："商业银行、证券公司、保险公司等金融机构有本法第二条规定情形的，国务院金融监督管理机构可以向人民法院提出对该金融机构进行重整或者破产清算的申请。国务院金融监督管理机构依法对出现重大经营风险的金融机构采取接管、托管等措施的，可以向人民法院申请中止以该金融机构为被告或者被执行人的民事诉讼程序或者执行程序。"

4.2.3　破产申请的受理

1．受理

人民法院接到破产申请后，要进行实质审查和形式审查。实质审查是看申请人是否有申请资格，被申请人是否达到破产界限，有无破产障碍。形式审查是看申请人提交的材料是否齐全，申请人是否缴纳了申请费用等。经审查认为申请符合条件的，人民法院应当受理；认为不符合法定条件的，人民法院应裁定驳回。

（1）债权人提出破产申请的，人民法院应当自收到申请之日起五日内通知债务人。债务人对申请有异议的，应当自收到人民法院的通知之日起七日内向人民法院提出。人民法院应当自异议提出之日起十日内裁定是否受理。

除此之外，人民法院应当自收到破产申请之日起十五日内裁定是否受理。

有特殊情况需要延长前两款规定的裁定受理期限的，经上一级人民法院批准，可以延长十五日。人民法院受理破产申请的，应当自裁定做出之日起五日内送达申请人。

（2）债权人提出申请的，人民法院应当自裁定做出之日起五日内送达债务人。债务人应当自裁定送达之日起十五日内，向人民法院提交财产状况说明、债务清册、债权清册、有关财务会计报告以及职工工资的支付和社会保险费用的缴纳情况。

人民法院裁定不受理破产申请的，应当自裁定做出之日起五日内送达申请人并说明理由。申请人对裁定不服的，可以自裁定送达之日起十日内向上一级人民法院提起上诉。

人民法院受理破产申请后至破产宣告前，经审查发现债务人不符合本法第二条规定情形的，可以裁定驳回申请。申请人对裁定不服的，可以自裁定送达之日起十日内向上一级人民法院提起上诉。

2．受理后的法律效力

（1）对债务人及债务人的债务人的行为的效力。债务人对个别债权人的债务清偿无效。债务人的债务人或者财产持有人应当向管理人清偿债务或者交付财产。债务人的债务人或者财产持有人故意违反规定向债务人清偿债务或者交付财产，使债权人受到损失的，不免除其清偿债务或者交付财产的义务。

（2）对司法程序的效力。有关债务人财产的保全措施应当解除，执行程序应当中止。已经开始而尚未终结的有关债务人的民事诉讼或者仲裁应当中止。在管理人接管债务人的财产后，该诉讼或者仲裁继续进行。

有关债务人的民事诉讼，只能向受理破产申请的人民法院提起。

（3）涉及债务人财产行为的效力。人民法院受理破产申请前一年内，涉及债务人财产的下列行为无效：

1）无偿转让财产的。

2）以明显不合理的价格进行交易的。

3）对没有财产担保的债务提供财产担保的。

4）对未到期的债务提前清偿的。

5）放弃债权的。

6）债务人的出资人尚未完全履行出资义务的，管理人应当要求该出资人缴纳所认缴的出资，而不受出资期限的限制。

4.3 管理人制度与债务人财产

4.3.1 管理人制度

1．管理人的概念

新《破产法》引入了国际通行的破产管理人制度。所谓管理人，是指法院受理破产案件后接管债务人财产并负责债务人财产管理和其他事务的专业人员。新《破产法》第二十四条规定：“管理人可以由有关部门、机构的人员组成的清算组或者依法设立的律师事务所、会计师事务所、破产清算事务所等社会中介机构担任。”

2. 管理人的产生

新《破产法》第十三条规定：“人民法院裁定受理破产申请的，应当同时指定管理人。债权人会议认为管理人不能依法、公正执行职务或者有其他不能胜任职务情形的，可以申请人民法院予以更换。指定管理人和确定管理人报酬的办法，由最高人民法院规定。”

3. 管理人的职责

应该明确在破产清算程序中管理人不是所有人利益的代表，而仅仅是债权人利益的总代表。管理人履行下列职责：① 接管债务人的财产、印章和账簿、文书等资料；② 调查债务人财产状况，制作财产状况报告；③ 决定债务人的内部管理事务；④ 决定债务人的日常开支和其他必要开支；⑤ 在第一次债权人会议召开之前，决定继续或者停止债务人的营业；⑥ 管理和处分债务人的财产；⑦ 代表债务人参加诉讼、仲裁或者其他法律程序；⑧ 提议召开债权人会议；⑨ 人民法院认为管理人应当履行的其他职责。

管理人依照本法规定执行职务，向人民法院报告工作，并接受债权人会议和债权人委员会的监督。管理人应当列席债权人会议，向债权人会议报告职务执行情况，并回答询问。

有下列情形之一的，不得担任管理人：① 因故意犯罪受过刑事处罚；② 曾被吊销相关专业执业证书；③ 与本案有利害关系；④ 人民法院认为不宜担任管理人的其他情形。

个人担任管理人的，应当参加执业责任保险。

4.3.2 债务人财产

新《破产法》第三十条规定：破产申请受理时属于债务人的全部财产，以及破产申请受理后至破产程序终结前债务人取得的财产，为债务人财产。

管理人对债务人财产有撤销权、追回权与取回权，债权人有对债务人财产的抵消权。

1. 管理人的撤销权

新《破产法》第三十一条规定，“人民法院受理破产申请前一年内，涉及债务人财产的下列行为，管理人有权请求人民法院予以撤销：① 无偿转让财产的；② 以明显不合理的价格进行交易的；③ 对没有财产担保的债务提供财产担保的；④ 对未到期的债务提前清偿的；⑤ 放弃债权的。”

新《破产法》第三十二条规定：“人民法院受理破产申请前六个月内，债务人有本法第二条第一款规定的情形，仍对个别债权人进行清偿的，管理人有权请求人民法院予以撤销。但是，个别清偿使债务人财产受益的除外。”

2．管理人的追回权

新《破产法》第三十四条规定："因本法第三十一条、第三十二条或者第三十三条规定的（为逃避债务而隐匿、转移财产的；虚构债务或者承认不真实的债务的）行为而取得的债务人的财产，管理人有权追回。"第三十六条规定："债务人的董事、监事和高级管理人员利用职权从企业获取的非正常收入和侵占的企业财产，管理人应当追回。"

3．管理人的取回权

新《破产法》第三十七条规定："人民法院受理破产申请后，管理人可以通过清偿债务或者提供为债权人接受的担保，取回质物、留置物。前款规定的债务清偿或者替代担保，在质物或者留置物的价值低于被担保的债权额时，以该质物或者留置物当时的市场价值为限。"

新《破产法》第三十八条规定："人民法院受理破产申请后，债务人占有的不属于债务人的财产，该财产的权利人可以通过管理人取回。但是，本法另有规定的除外。"

4．债权人的抵消权

新《破产法》第四十条规定，"债权人在破产申请受理前对债务人负有债务的，可以向管理人主张抵消。但是，有下列情形之一的，不得抵消：

（1）债务人的债务人在破产申请受理后取得他人对债务人的债权的。

（2）债权人已知债务人有不能清偿到期债务或者破产申请的事实，对债务人负担债务的；但是，债权人因为法律规定或者有破产申请一年前所发生的原因而负担债务的除外。

（3）债务人的债务人已知债务人有不能清偿到期债务或者破产申请的事实，对债务人取得债权的；但是，债务人的债务人因为法律规定或者有破产申请一年前所发生的原因而取得债权的除外。"

4.4 债权申报与债权人会议

4.4.1 债权申报

1．债权申报的概念与程序

债权申报是指破产案件受理后，债权人依法定程序主张并证明其债权，以便参加破产程序的法律行为。

债权申报期限自人民法院发布受理破产申请公告之日起计算，最短不得少于三十日，最长不得超过三个月未到期的债权，在破产申请受理时视为到期。

2．逾期未报的后果

在人民法院确定的债权申报期限内，债权人未申报债权的，可以在破产财产最后分配前补充申报。但是，此前已进行的分配，不再对其补充分配。为审查和确认补充申报债权所产生的费用，由补充申报人承担。债权人未依照本法规定申报债权的，不得依照本法规定的程序行使权力。

3．破产债权的概念

破产债权是指在破产宣告前成立的可能的破产财产公平受偿的请求权。认定是否属于破产债权需把握两个基本点：一是必须是在破产宣告前成立的债权；二是必须以财产给付为内容，且不享有优先受偿权。

4.4.2　债权人会议

1．债权人会议的概念

债权人会议是指在破产程序中为保障全体债权人利益，表达债权人意志和统一债权人行动而由全体登记在册的债权人组成的临时性决议机构和监管机构。依法申报债权的债权人为债权人会议的成员，有权参加债权人会议，享有表决权。

2．债权人会议的性质

债权人会议不是执行机关，其决议由清算组执行。它也不是民事权利主体，不能以其名义对外进行民事活动。

3．不同债权人的表决权

（1）有财产担保的债权人放弃优先受偿权的有表决权；未放弃优先受偿权的无表决权。

（2）无财产担保的债权人有表决权。

（3）兼有财产担保和无财产担保双重身份的债权人，其表决权仅限于无财产担保部分。

（4）有财产担保的债权人，在担保物价款不足以清偿其担保权力时，就未清偿的债权部分在债权人会议上享有表决权。

（5）债务人的保证人，在代替债务人清偿债务后，可以作为债权人享有表决权。

4．债权人会议的制度

（1）债权人会议主席由人民法院从有表决权的债权人中指定。债权人会议主席主持债权人会议。

（2）第一次债权人会议由人民法院召集，自债权申报期限届满之日起十五日内召开。

（3）以后的债权人会议，在人民法院认为必要时，或者管理人、债权人委员会、占债权总额 1/4 以上的债权人向债权人会议主席提议时召开。

召开债权人会议，管理人应当提前十五日通知已知的债权人。

5．债权人会议行使的职权

债权人会议主要行使以下职权：

① 核查债权；② 申请人民法院更换管理人，审查管理人的费用和报酬；③ 监督管理人；④ 选任和更换债权人委员会成员；⑤ 决定继续或者停止债务人的营业；⑥ 通过重整计划；⑦ 通过和解协议；⑧ 通过债务人财产的管理方案；⑨ 通过破产财产的变价方案；⑩ 通过破产财产的分配方案；⑪ 人民法院认为应当由债权人会议行使的其他职权。

债权人会议应当将所议事项的决议做成会议记录。

6．债权人会议的决议通过方式

（1）债权人会议的决议，由出席会议的有表决权的债权人过半数通过，并且其所代表的债权额占无财产担保债权总额的1/2以上。债权人认为债权人会议的决议违反法律规定，损害其利益的，可以自债权人会议做出决议之日起十五日内，请求人民法院裁定撤销该决议，责令债权人会议依法重新做出决议。

（2）通过债务人财产的管理方案和通过破产财产的变价方案。经债权人会议表决未通过的，由人民法院裁定。债权人对人民法院做出的裁定不服的，可以自裁定宣布之日或者收到通知之日起十五日内向该人民法院申请复议。复议期间不停止裁定的执行。

（3）通过破产财产的分配方案。经债权人会议二次表决仍未通过的，由人民法院裁定。债权额占无财产担保债权总额1/2以上的债权人对人民法院做出的裁定不服的，可以自裁定宣布之日或者收到通知之日起十五日内向该人民法院申请复议。复议期间不停止裁定的执行。

7．债权人委员会

债权人委员会由债权人会议决定设立。债权人委员会由债权人会议选任的债权人代表和一名债务人的职工代表或者工会代表组成。债权人委员会成员不得超过九人。债权人委员会成员应当经人民法院书面决定认可。债权人委员会行使下列职权：① 监督债务人财产的管理和处分；② 监督破产财产分配；③ 提议召开债权人会议；④ 债权人会议委托的其他职权。

8．对管理人及其有关人员的监督

债权人委员会执行职务时，有权要求管理人、债务人的有关人员对其职权范围内的事务做出说明或者提供有关文件。

管理人、债务人的有关人员违反本法规定拒绝接受监督的，债权人委员会有权就监督事项请求人民法院做出决定，人民法院应当在五日内做出决定。

管理人实施下列行为，应当及时报告债权人委员会：① 涉及土地、房屋等不动产权益的转让；② 探矿权、采矿权、知识产权等财产权的转让；③ 全部库存或者营业的转让；④ 借款；⑤ 设定财产担保；⑥ 债权和有价证券的转让；⑦ 履行债务人和对方当事人均未履行完毕的合同；⑧ 放弃权利；⑨ 担保物的取回；⑩ 对债权人利益有重大影响的其他财产处分行为。

未设立债权人委员会的，管理人实施前款规定的行为应当及时报告人民法院。

4.5　重整与和解

4.5.1　重整

1．重整的概念

重整制度是新《破产法》首次引入的制度。重整是指不对无偿付能力债务人的财产立即进行清算，而是在法院的主持下由债务人与债权人达成协议，制订重整计划，规定在一定的期限内，债务人按一定的方式全部或部分地清偿债务，同时债务人可以继续经营其业务的制度。

作为一种再建型的债务清偿程序，在“促进债务人复兴”的立法目的指导下构建的重整制度，它说明《破产法》不仅仅是一个市场退出法、企业死亡法、淘汰法，还是一个企业更生法、恢复生机法、拯救法。在提出破产申请后，陷入困境的企业依然有可能通过有效的重整避免破产。

2．重整申请

（1）债务人或者债权人可以依照本法规定，直接向人民法院申请对债务人进行重整。

（2）债务人或者出资额占债务人注册资本 1/10 以上的出资人，可以向人民法院申请重整，但必须是在债权人申请对债务人进行破产清算，人民法院受理破产申请后、宣告债务人破产前提出。

（3）人民法院经审查认为重整申请符合本法规定的，应当裁定债务人重整，并予以公告。

3．重整期间及其相关规定

自人民法院裁定债务人重整之日起至重整程序终止，为重整期间。

（1）关于重整期间企业管理的规定如下：

1）债务人可以在管理人的监督下自行管理财产和营业事务。但要经债务人申请，法院批准。

2）管理人负责管理财产和营业事务的，可以聘任债务人的经营管理人员负责营业事务。

（2）关于重整期间财产的规定如下：

1）对债务人的特定财产享有的担保权暂停行使。但是，担保物有损坏或者价值明显减少的可能，足以危害担保权人权利的，担保权人可以向人民法院请求恢复行使担保权。

2）债务人或者管理人为继续营业而借款的，可以为该借款设定担保。

3）债务人合法占有的他人财产，该财产的权利人在重整期间要求取回的，应当符合事先约定的条件。

4）债务人的出资人不得请求投资收益分配。

5）债务人的董事、监事、高级管理人员不得向第三人转让其持有的债务人的股权。但是，经人民法院同意的除外。

（3）重整期间破产宣告的条件。在重整期间有下列情形之一的，经管理人或者利害关系人请求，人民法院应当裁定终止重整程序，并宣告债务人破产。

1）债务人的经营状况和财产状况继续恶化，缺乏挽救的可能性。

2）债务人有欺诈、恶意减少债务人财产或者其他显着不利于债权人的行为。

3）由于债务人的行为致使管理人无法执行职务。

（4）关于重整计划和批准的规定如下。

1）重整计划的制作者。① 债务人制作重整计划草案（是债务人自行管理财产和营业事务的）；② 管理人制作重整计划草案（管理人负责管理财产和营业事务的）。

2）提交重整计划的法定时间。法院裁定债务人重整之日起六个月内，同时向人民法院和债权人会议提交重整计划草案。六个月满后，经债务人或者管理人请求，有正当理由的，人民法院可以裁定延期三个月。届时未按期提出重整计划草案的，人民法院应当裁定终止重整程序，并宣告债务人破产。

3）重整计划的内容。包括债务人的经营方案；债权分类；债权调整方案；债权受偿方案；重整计划的执行期限；重整计划执行的监督期限；有利于债务人重整的其他方案。

4）重整计划的表决。① 分组。按债权类别分成4组：对债务人的特定财产享有担保权的债权组；债务人拖欠的社保金等费用组；债务人所欠税款组；普通债权组。② 表决人民法院应当自收到重整计划草案之日起三十日内召开债权人会议，对重整计划草案进行表决。

出席会议的同一表决组的债权人过半数同意重整计划草案，并且其所代表的债权额占该组债权总额的2/3以上的，即视为该组通过重整计划草案。债务人或者管理人应当就重整计划草案向债权人会议做出说明，并回答询问。各表决组均通过重整计划草案时，重整计划即为通过。

5）重整计划的批准。自重整计划通过之日起十日内，债务人或者管理人应当向人民法院提出批准重整计划的申请。人民法院经审查认为符合本法规定的，应当自收到申请之日起三十日内裁定批准，终止重整程序，并予以公告。重整计划草案未获得通过且未依照下列规定获得批准，或者已通过的重整计划未获得批准的，人民法院应当裁定终止重整程序，并宣告债务人破产。重整计划未通过，但符合下列条件申请人可以申请人民法院批准。① 按照重整计划草案，对债务人的特定财产享有担保权的债权将获得全额清偿，其因延期清偿所受的损失将得到公平补偿，并且其担保权未受到实质性损害，或者该表决组已经通过重整计划草案。② 按照重整计划草案，债务人拖欠的社保金等费用和债务人所欠税款债权将获得全额清偿，或者相应表决组已经通过重整计划草案；③ 按照重整计划草案，普通债权所获得的清偿比例，不低于其在重整计划草案被提请批准时依照破产清算程序所能获得的清偿比例，或者该表决组已经通过重整计划草案。④ 重整计划草案对出资人权益的调整公平、公正，或者出资人组已经通过重整计划草案。⑤ 重整计划草案公平对待同一表决组的成员，并且所规定的债权清偿顺序不违反《破产法》第 113 条规定的清偿顺序。⑥ 债务人的经营方案具有可行性。人民法院经审查认为重整计划草案符合前款规定的，应当自收到申请之日起三十日内裁定批准，终止重整程序，并予以公告。

6）重整计划的执行。重整计划由债务人执行，管理人监督。监督期届满时，管理人应当向人民法院提交监督报告。自监督报告提交之日起，管理人的监督职责终止。管理人向人民法院提交的监督报告，重整计划的利害关系人有权查阅。经管理人申请，人民法院可以裁定延长重整计划执行的监督期限。债务人不能执行或者不执行重整计划的，人民法院经管理人或者利害关系人请求，应当裁定终止重整计划的执行，并宣告债务人破产。

4.5.2　和解

破产无论对债权人、债务人还是对社会，均是一种无奈的选择，是一种消极的债的清偿方式，应尽最大的努力避免。破产的和解正是为此而设置的。

和解是指人民法院审理债权人破产申请后，为预防和避免债务人被宣告破产，由债务人和债权人之间达成协议，中止破产程序，以图复苏的程序。

和解不是任何破产案件必经的程序。它对于债务人来说，只是一种复苏的机会，但是否能达到预期的效果，还取决于多种因素，债权人要对此承担较大风险。因此，和解能否达成，要坚持平等自愿的原则。如果债务人不申请和解，或者债权人不同意和解，那么就不会产生和解整顿程序。只有债务人申请和解，且与债权人达成和解协议，并经人民法院确认，才能达成和解。和解有优先于破产清算程序的相对效力。在破产程序中，一旦达成和解协议，则破产程序即告终止。当然，这种效力只是暂时的，而不是绝对意义的终结破产程序，在债务人不能执行和解协议时，法院仍应当裁定宣告债务人破产。

4.6　破产宣告与破产财产分配

4.6.1　破产宣告

破产宣告是受理破产案件的人民法院审查并宣告债务人破产的裁判行为。

人民法院依照《破产法》规定宣告债务人破产的，应当自裁定做出之日起五日内送达债务人和管理人，自裁定做出之日起十日内通知已知债权人，并予以公告。

债务人被宣告破产后，债务人称为破产人，债务人财产称为破产财产，人民法院受理破产申请时对债务人享有的债权称为破产债权。

破产宣告是重要的裁判行为，会对相关人员产生效力。

（1）对债权人的效力。破产宣告后，债权人未到期的债权，一律视为到期，但应减去未到期期间的利息；一般债权人于破产宣告之后成为破产债权人，其债权只能依破产程序清偿，不得在分配程序外行使权利。有财产担保的债权则不依破产程序，而是就担保标的物优先受偿，不足部分才按破产债权处理。

（2）对债务人的效力。破产宣告后，债务人成为破产人，企业仍在清算意义上存续而无实质意义上的主体资格，故应停止生产经营活动，人民法院认为确有必要继续生产经营的除外。破产宣告后，债务人的财产成为破产财产，企业或其上级主管部门丧失了对财产的所有权或经营管理权。

（3）对第三人的效力。第三人对破产财产的归属有争议或对破产财产主张权利时，应向管理人提出。第三人于破产宣告前一定期限内从破产中取得不当利益的，因破产宣告裁定的做出，其所得利益应返还破产企业。

破产宣告后，破产企业在其他民事诉讼中被查封、扣押、冻结的应予以解除，并向受理破产案件的人民法院办理移交手续。

4.6.2 破产财产的分配

1. 破产程序中的取回权、优先权、别除权

（1）取回权。破产企业内属于他人的财产，由财产的权利人通过债权委员会行使取回权取回。

（2）优先权。优先权是指有财产担保的债权人优先受偿的权利。

（3）别除权。对优先权在破产程序中构成别除权。别除权是指债权人可以不依破产程序而能从破产企业的特定财产上得到优先受偿的权利。也就是说有财产担保的债权人，不放弃优先受偿权，担保物不属于破产财产的应当从中区别出来。但是就抵押物优先受偿后不足清偿的部分剩余的债权额，只能作为破产债权。

2. 破产分配

（1）分配顺序。破产财产在优先清偿破产费用和共益债务后，依照下列顺序清偿。

1）破产人所欠职工的债权（工资和医疗、伤残补助、抚恤费用，所欠的应当划入职工个人账户的基本养老保险、基本医疗保险费用，以及法律、行政法规规定应当支付给职工的补偿金）。

2）破产人欠缴的除前项规定以外的社会保险费用和破产人所欠税款。

3）普通破产债权。破产财产不足以清偿同一顺序的清偿要求的，按照比例分配。

4）破产企业的董事、监事和高级管理人员的工资按照该企业职工的平均工资计算。

（2）新破产法的独创性规定。对于担保债权和职工债权的清偿顺序问题，新破产法采取了“新老划断”的办法，规定在新法公布以前出现的破产，职工债权优先于担保债权，破产人无担保财产不足清偿职工工资的，要从有担保的财产中清偿。在新破产法公布后，将优先清偿担保债权，职工工资和其他福利从未担保财产中清偿。这一独创性规定，和中国国情密切相关。

4.6.3　破产责任与后果

企业董事、监事或者高级管理人员违反忠实义务、勤勉义务，致使所在企业破产的，依法承担民事责任并自破产程序终结之日起三年内不得担任任何企业的董事、监事、高级管理人员。

债务人违反《破产法》规定，拒不向管理人移交财产、印章和账簿、文书等资料的，或者伪造、销毁有关财产证据材料而使财产状况不明的，人民法院可以对直接责任人员依法处以罚款。

管理人未依照《破产法》规定勤勉尽责，忠实执行职务的，人民法院可以依法处以罚款；给债权人、债务人或者第三人造成损失的，依法承担赔偿责任。

违反《破产法》规定，构成犯罪的，依法追究刑事责任。

案例分析

2018 年 3 月 19 日，因甲有限责任公司（简称甲公司）出现无法清偿到期债务的事实，人民法院受理了由债权人提出的对甲公司进行破产清算的申请。管理人接管甲公司后，对其债权债务进行了清理。其中，包括以下事实：

（1）2017 年 1 月 7 日，鉴于与乙公司之间的长期业务合作关系，甲公司向乙公司赠送复印机一台，价值 2.5 万元。

（2）2017 年 1 月 15 日，甲公司以其部分设备作抵押，为乙公司所欠丙公司 80 万元货款提供了担保，并办理了抵押登记。后乙公司未能在约定期限内清偿所欠丙公司货款。2017 年 3 月 30 日，经甲、乙、丙三方协商，甲公司将抵押设备依法变现 70 万元，价款全部用于偿还丙公司后，丙公司仍有 10 万元货款未得到清偿。

（3）2017 年 5 月 7 日，甲公司与丁公司订立合同，从丁公司处租赁机床一台，双方约定：租期 1 年；租金 5 万元。当日，甲公司向丁公司支付 5 万元租金，丁公司向甲公司交付机床。2018 年 3 月 8 日，甲公司故意隐瞒事实，以机床所有人的身份将该机床以 20 万元的市场价格卖给戊公司，双方约定，戊公司应于 2018 年 5 月 1 日前付清全部价款。当日，甲公司向戊公司交付了机床。人民法院受理甲公司破产清算申请后，丁公司向管理人要求返还其出租给甲公司的机床时，得知机床已被甲公司卖给戊公司而戊公司尚未支付 20 万元价款的事实。

（4）2017年12月1日，甲公司向A银行借款100万元，期限1年，庚公司为该笔借款向A银行提供了连带责任保证。

2018年4月5日，由于甲公司申请的一项国家一类新药获得批准证二持，经营出现转机，遂向人民法院申请和解，同时提交了和解协议草案。人民法院审查后受理了甲公司的和解申请，并裁定和解。2018年6月23日，债权人会议通过了和解协议，主要内容如下：除对甲公司特定财产享有担保物权的债权人外，其他债权人均按30%的比例减免甲公司债务；自和解协议执行完毕之日起，甲公司不再承担清偿责任；甲公司与主要债权人建立战略性合作安排等。2018年8月31日，和解协议执行完毕。A银行就甲公司所欠其100万元借款本息申报债权后，通过和解程序获偿70%。随后，A银行致函庚公司，要求其承担保证责任，清偿其剩余30%未获偿借款本息，庚公司回函拒绝，理由是：A银行等债权人已与甲公司达成减免债务的和解协议，主债务减免后，保证债务亦应按相应比例减免。

问题：

（1）管理人是否有权请求人民法院撤销甲公司向乙公司赠送复印机的行为?并说明理由。

（2）丙公司是否有权就其未获清偿的10万元货款向管理人申报债权，要求甲公司继续偿还?并说明理由。

（3）丁公司是否有权要求戊公司返还机床?并说明理由。

（4）丁公司是否有权要求管理人请求人民法院撤销甲公司与戊公司之间的机床买卖行为?并说明理由。

（5）丁公司是否有权要求戊公司将20万元机床价款直接支付给自己?并说明理由。

（6）庚公司拒绝对A银行未获清偿的30%借款本息承担保证责任的理由是否成立?并说明理由。

分析：

（1）管理人无权撤销甲公司向乙公司赠送复印机的行为。根据规定，人民法院受理破产申请前1年内，债务人无偿转让财产的，管理人有权请求人民法院予以撤销。在本题中，甲公司向乙公司赠送复印机的行为发生于破产受理1年之前。

（2）丙公司无权就其未获清偿的10万元货款向管理人申报债权。根据规定，破产人仅作为担保人为他人债务提供物权担保，担保债权人的债权虽然在破产程序中可以构成别除权，但因破产人不是主债务人，在担保物价款不足以清偿担保债额时，余债不得作为破产债权向破产人要求清偿，只能向原主债务人求偿。

（3）丁公司无权要求戊公司返还机床。因为戊公司受让财产时主观上为善意、以合理价格有偿受让，且机床已经交付，戊公司有权主张善意取得该机床的所有权。

（4）丁公司无权要求管理人请求人民法院撤销甲公司与戊公司之间的机床买卖行为。根据规定，人民法院受理破产申请前1年内，以明显不合理价格进行交易的，管理人有权请求人民法院予以撤销。在本题中，戊公司受让丁公司机床的价格合理。

（5）丁公司有权要求戊公司将 20 万元机床价款直接支付给自己。根据规定，如果转让其财产的对待给付财产尚未支付（如购买价款）或存在补偿金等，该财产的权利人有权取回代偿物。在本题中，戊公司购买机床的价款尚未支付，丁公司有权行使代偿取回权。

（6）庚公司的理由不成立。根据规定，和解债权人对债务人的保证人和其他连带债务人所享有的权利，不受和解协议的影响。

本章小结

重点概念

破产　债权人会议　管理人　别除权　撤销权　追回权　取回权　抵消权和优先权

知识点

（1）破产法概述。破产的特征。

（2）破产程序的开始。① 破产界限。② 破产申请的提出。③ 破产受理后的效力：债务人对个别债权人的债务清偿无效；有关债务人财产的保全措施应当解除，诉讼程序、执行程序应当中止。

（3）管理人制度与债务人财产。① 管理人制度。新破产法引入了国际通行的破产管理人制度。② 债务人财产。

（4）债权申报与债权人会议。① 债权申报（申报期限自法院受理破产申请公告之日起计算，最短于三十日，最长三个月。不申报的债权人无求偿权）。② 破产债权。③ 债权人会议。

（5）重整与和解制度。

（6）破产宣告与破产财产分配。① 清偿顺序：第一清偿职工债权；第二清偿社会保险费用和所欠税款；第三清偿普通破产债权；第四清偿高级管理人员的工资（按企业职工的平均工资计算）。在新法公布以前出现的破产，职工债权优先于担保债权。② 破产的责任与后果（行政、民事和刑事责任）。

复习思考题

（1）如何理解企业的破产界限？

（2）破产债权的范围是什么？

（3）如何理解破产财产的范围？

（4）简述破产案件的基本程序。

（5）简述债权人会议的职权。

（6）简述和解和整顿的程序。

（7）简述破产财产的清偿顺序。

第 5 章　合同法

本章学习目标

- 熟悉广义的合同法的概念；
- 了解合同的种类；
- 了解合同法的基本原则和调整范围；
- 掌握合同的订立、效力和履行；
- 掌握合同的变更、转让和终止；
- 掌握承担违约责任的形式及违约责任的免除。

5.1　合同法概述

5.1.1　合同的概念与特征

我国《合同法》第二条采用狭义的合同定义："本法所称合同是平等主体的自然人、法人、其他组织之间设立、变更、终止民事权利义务关系的协议。"

合同具有以下法律特征。

（1）合同的主体是经法律认可的自然人、法人和其他组织。自然人包括我国公民和外国自然人，其他组织包括个人独资企业、合伙企业等。

（2）合同当事人的法律地位平等。合同是当事人之间意思表示一致的法律行为。只有合同各方的法律地位平等，才能保证当事人真实地表达自己的意志。所谓平等，是指当事人在合同关系中法律地位是平等的，不存在谁领导谁的问题，也不允许任何一方将自己的意志强加于对方。

（3）合同是设立、变更、终止债权债务关系的协议。首先，合同是以设立、变更和终止债权债务关系为目的的；其次，合同只涉及债权债务关系；再次，合同之所以称为协议，是指当事人意思表示一致，即指当事人之间形成了合意。

5.1.2　合同的分类

合同的分类是指采用特定的标准将合同加以区别和划分。通过合同的分类，可以了解同一类合同的共同特征及其共同的成立、生效条件等，以便解决合同的管理、案件的管辖和法律适用。我国《合同法》根据合同的适用范围，规定了十五大类合同：买卖合同；供用电、水、气、热力合同；赠予合同；借款合同；租赁合同；融资租赁合同；承揽合同；建设工程合同；运输合同；技术合同；保管合同；仓储合同；委托合同；行纪合同；居间合同。此外，《合同法》第124条还规定："本法分则或者其他法律没有明文规定的合同，适用本法总则的规定，并可以参照本法分则或者其他法律最相类似的规定。"

5.1.3 合同法的概念

广义的合同法，是指由国家制定的，并由国家强制力保证实施的，调整合同关系的法律规范的总称。广义合同法是由宪法、民法通则、合同法（1999年3月15日全国人民代表大会通过，1999年10月1日起施行的《中华人民共和国合同法》）、合同法规、地方性合同法规、最高人民法院关于合同法规的司法解释以及中国缔结、参加或承认的国际条约和国际惯例组成的。

狭义的合同法仅指《中华人民共和国合同法》（以下简称《合同法》）。本书讲的合同法是狭义的。

《合同法》调整的范围是平等主体——法人、经济组织、自然人之间的买卖、借贷、租赁、赠与等合同关系。婚姻、收养、监护等有关身份关系的协议，适用其他法律的规定。这样就将这些非财产性契约从《合同法》中排除出去。据此，我们认为，合同是平等主体的自然人、法人、其他组织之间设立、变更和终止民事权利义务关系的法律行为。

《合同法》的基本原则是指贯穿整个合同法律制度之中的总的指导思想。它是指导立法机关制定合同法律、法规的基本准则，也是司法机关或仲裁机构处理合同纠纷应当遵循的基本准则及当事人订立合同、实施合同必须遵循的基本准则，即平等原则、自愿原则、公平原则、诚实信用原则，以及遵守法律和公共秩序原则。

我国《合同法》规定，依法成立的合同，对当事人具有法律约束力。当事人应当按照合同的约定履行自己的义务，不得擅自变更和解除合同。所以合同一旦依法成立，即对当事人产生约束力，合同的约束力表现为当事人必须遵守合同的约定，依法成立的合同是受法律保护的。

5.2 合同的订立

所谓合同的订立，是指当事人之间互为意思表示并趋于一致的过程。在人们的实际生活中，订立合同的行为是人们社会交往、协作劳动、从事商品交换以实现自己实际目的的最主要和最重要的法律手段。

5.2.1 合同的形式与内容

1. 合同的形式

合同的形式，又称合同的方式，是当事人合意的表现形式，是合同内容的外在表现，是合同内容的载体。在我国，合同形式主要有口头形式、书面形式和其他形式（推断和默示）。

2. 合同的内容

合同的内容即合同一般应具备的条款，包括如下项目。

（1）当事人的名称和住所。合同当事人包括自然人、法人、其他组织。合同当事人是自然人时，不写明当事人，就无法确定权利的享受者和义务的承担者，发生纠纷也无法解决。

（2）标的。标的是合同权利义务指向的对象。没有标的或标的不明确，权利义务就没有依托，所以标的是合同必备的内容。合同标的的种类有 4 种：有形财产、无形财产、劳务、工作成果，如建设工程、专利使用权、保管行为、有价证券等。但法律禁止的行为或禁止转让的物品，不得作为合同的标的。

（3）数量和质量。数量是标的的计量，在大多数合同中没有数量合同不能成立。对质量要有明确规定，国家有强制性标准的，必须按照规定的标准执行。

（4）价款或者报酬。报酬又称为价金，是一方取得标的所支付的代价。在以物为标的的合同中，这一代价叫价款，如货款、财产租赁的租金等；在以劳务和工作成果为标的的合同中，这种代价称报酬，如货物运输费、加工承揽费等。对于有偿合同来说，价金条款是关键条款之一。

（5）履行的期限、地点和方式。履行期限是指享有权利的一方要求对方履行义务的时间范围；履行地点是指合同当事人履行或接受履行合同规定义务的地点；履行方式是指当事人采取什么办法来履行合同规定的义务。

（6）违约责任。违约责任是当事人不履行或者不适当履行合同规定的义务所应承担的法律责任。

（7）解决争议的方法。当事人在合同订立、履行过程中发生争议如何解决，最好能在合同中订明，以便于合同争议的管辖和尽快解决。

3. 格式条款

格式条款是指当事人因重复使用而预先拟订的，并在订立合同时未与对方协商的条款。在日常生活中，格式条款都表现为一方具有绝对的经济优势地位，使其可以将预定的合同条款强加于对方。对于对方而言，只能接受或不接受，别无其他选择。

我国《合同法》对处于弱势的一方给予特殊的保护，以调整这种不平等。主要体现在对格式条款的限制。

（1）提供格式条款的一方有提示、说明的义务，应当采取合理的方式提请对方注意免除或者限制其责任的条款，并按照对方的要求，对该条款予以说明。

（2）提供格式条款一方免除其责任、加重对方责任、排除对方主要权利的条款无效。

（3）对格式条款有两种以上解释的应当做出不利于提供格式条款一方的解释。在格式条款和非格式条款不一致时，应当采用非格式条款。

5.2.2 订立合同的程序

订立合同的程序就是订立合同的步骤和阶段。一般而言，订立合同要经过要约和承诺两个阶段。

1. 要约

（1）要约的概念和构成要件。要约是希望和他人订立合同的意思表示。提出要约方为要约人，接受要约方为受要约人。要约必须具备两个条件：内容具体确定和表明经受要约人承诺；要约人受该意思表示的约束。要约可以撤销，但附期限的要约不可撤销；受要约人有理由认为需要为辙销付出代价的要约不能撤销。

（2）要约邀请。要约邀请又称要约引诱，是指一方希望他人向自己发出要约的意思表示。要约邀请与要约虽然最终目的都是为了订立合同，但两者最重要的区别就是法律约束力不同。要约邀请对行为人无法律约束力，在发出要约邀请后可随时撤回其邀请，只要没有造成相对人信赖利益损失，要约邀请人一般不承担法律责任。而要约一经受要约人承诺，合同便告成立。即使受要约人不承诺，要约人在一定时间内也应受到要约的约束，不得违反法律规定擅自撤回或撤销要约，不得随意变更要约的内容。

（3）要约生效的时间。要约生效的时间关系到要约何时对要约人产生约束力，也涉及承诺的期限问题。我国《合同法》规定："要约到达受要约人时生效。"因要约的送达方式不同，其到达时间的界定也不同。采用直接送达的方式发出要约的，记载要约的文件交给受要约人即为到达；采用普通邮寄方式送达要约的，以受要约人收到要约文件或要约送达到受要约人信箱的时间为到达时间；采用数据电文形式（包括电报、电传、传真、电子数据交换和电子邮件）发出要约的，数据电文进入收件人指定的特定系统的时间或者在未指定特定系统情况下数据电文进入收件人的任何系统的首次时间作为要约的到达时间。

（4）要约的撤回和撤销。要约的撤回是指要约在发生法律效力之前，要约人宣布收回发出的要约，使其不产生法律效力的行为。撤回要约的通知应当在要约到达受要约人之前或者与要约同时到达受要约人。要约的撤销是指要约在发生法律效力之后，要约人取消该要约，使该要约的效力归于消灭的行为。撤销要约的通知应当在受要约人发出承诺通知之前到达受要约人。但有下列情形之一的，要约不得撤销。

1）要约人确定了承诺期限或者以其他形式明示要约不可撤销。

2）受要约人有理由认为要约是不可撤销的，并已经为履行合同做了准备工作。

（5）要约的失效。要约失效也叫要约消灭，是指要约丧失了法律效力，要约人和受要约人均不再受其约束。要约在以下 4 种情况下失效。

1）受要约人拒绝要约。受要约人拒绝要约是因为受要约人不接受要约所确立的条件，或者没有与要约人订立合同的意愿。

2）要约人依法撤销要约。

3）承诺期限届满，受要约人未做承诺。

4）受要约人对要约的内容做出实质性变更。如果受要约人对要约的主要内容做出限制、更改或扩大，则构成反要约，即受要约人拒绝了要约，同时又向原要约人提出了新的要约。但如果受要约人只是更改了要约的非实质内容则不构成新要约，要约亦不会失效，除非要约人及时表示反对或要约表明承诺不得对要约内容做任何改变。

2．承诺

（1）承诺的概念和构成要件。承诺也称接受，是指受要约人同意要约的意思表示。受要约人无条件同意要约的承诺一经送达到要约人则发生法律效力。这是合同成立的必经程序。一项有效的承诺须具备以下条件。

1）承诺必须由受要约人做出。

2）承诺必须在规定的期限内到达要约人。如果要约确定了承诺期限，承诺应当在要约确定的期限内到达要约人。如果要约没有确定承诺期限，以对话方式做出的，应当即时做出承诺，但当事人另有约定除外；以非对话方式做出的，承诺应当在合理期限内到达。

3）承诺的内容应当与要约的内容一致。如果受要约人对要约的内容做出实质性变更，则为新要约，不能称为承诺。有关合同标的、数量、质量、价款或者报酬、履行期限、地点和方式、违约责任和解决争议方法等的变更，是对要约内容的实质性变更。承诺要取得成立合同的法律效果，必须在内容上与要约一致。

（2）承诺的方式。承诺的方式是指受要约人通过何种具体的表现形式将承诺的意思表示送达给要约人。我国《合同法》规定：“承诺应当以通知的方式做出，但根据交易习惯或者要约表明可以通过行为做出承诺的除外。”也就是说，承诺方式原则上是以通知的方式做出的，包括口头、书面等明示的形式。通知的方式是实践中最常见的方式。也有除外情况，即当事人可以根据交易习惯或者要约表明可以通过行为做出承诺的，则不需要以通知方式做出。行为本身包括作为和不作为。

（3）承诺的生效时间。承诺生效的时间，也就是合同成立的时间。承诺需要通知的，承诺通知到达要约人时生效；承诺不需要通知的，根据交易习惯或者要约的要求做出承诺的行为时生效。

（4）承诺的撤回。承诺撤回是指受要约人在发出承诺通知后，在承诺生效之前撤回其承诺的行为。撤回承诺的通知应当在承诺通知到达要约人之前或者与承诺通知同时到达要约人。承诺撤回，视为承诺未发出。

5.2.3 合同成立的时间和地点

1．合同成立的时间

《合同法》第二十五条规定：“承诺生效时合同成立。”合同订立的方式决定合同成立的时间。

（1）采用口头形式订立合同的，自口头承诺生效时成立。

（2）采用合同书形式订立合同的，自双方当事人签字或者盖章时合同成立。当事人签字或盖章的时间不一致的，应当以最后一方签字或盖章的时间作为合同成立的时间。

（3）采用信件、数据电文形式订立合同的，一方要求在合同成立之前签订确认书的，签订确认书时合同成立。如果双方都未提出签订确认书，则仍然是从承诺生效时合同成立。

（4）法定或约定采用书面形式订立合同的，当事人未采用书面形式，或者采用合同书形式订立合同，在签字或盖章之前，一方已履行主要义务且对方接受的，该合同成立。

2．合同成立的地点

合同成立的地点即承诺生效的地点。根据承诺的方式和承诺生效时间规定的不同，合同成立的地点也不同。

（1）承诺需要通知的，要约人所在地为合同成立地。

（2）承诺不需要通知的，受要约人根据交易习惯或者要约的要求做出承诺行为的地点为合同成立的地点。

（3）采用合同书形式订立合同的，双方当事人签字或者盖章的地点为合同成立的地点。

（4）采用数据电文形式订立合同的，收件人的主营业地为合同成立的地点；没有主营业地的，其经常居住地为合同成立的地点。当事人另有约定的，按照其约定。

5.2.4 缔约过失责任

1．缔约过失责任的概念和特点

缔约过失责任是指当事人于缔结合同之际，因故意或者过失违反先合同义务从而导致合同不成立、被确认无效或被撤销时，使对方当事人遭受损失而应承担的法律责任。

其具有以下特点：① 缔约过失责任发生在合同订立过程中；② 一方违背其依据诚实信用原则所应负的义务；③ 造成他人信赖利益的损失。

2．缔约过失责任的成立条件

（1）缔约一方违反了先合同义务

缔约过失责任发生在合同订立过程中，而合同尚未成立之前。缔约一方违反先合同义务主要表现为当事人一方有假借订立合同，恶意进行磋商的行为，或者故意隐瞒与订立合同有关的重要事实或提供虚假情况等违背诚实信用原则的行为。

（2）相对方受有损失

法律规定缔约过失责任的目的之一就是弥补缔约过程中由于一方违反先合同义务而给对方造成的信赖利益的损失，因此，相对方受有损失的事实是承担缔约过失责任的前提。这种损失既包括实际利益的损失，也包括可得利益的损失。

（3）违反先合同义务与相对方受有损失之间存在因果关系

当事人在缔结合同过程中，应遵守依据诚实信用原则而产生的协助、保密等附随义务。当事人一方如果不履行这种义务，就会给他方造成损害。因此，承担缔约过失责任要求相对方受有损失这一事实与一方当事人违反先合同义务之间存在因果关系。

（4）违反先合同义务的一方有过错

缔约的过错是指当事人违背了其负有的义务并破坏了缔约关系。这里的过错包括故意和过失，当事人在合同缔结过程中因不同程度的过错影响到其承担的不同责任后果。

3．缔约过失责任的类型

（1）假借订立合同，恶意进行磋商。主要是指当事人一方违背诚实信用原则，以损害对方利益为目的，在根本无意与之签订合同的情况下，与对方谈判造成对方损失。

（2）故意隐瞒与订立合同有关的重要事实或提供虚假情况。诚实信用原则要求，订立合同时当事人应提供真实的信息，如实向对方陈述有关重要的事实，诚实守信，不得欺诈对方，否则要承担损害赔偿的责任。

（3）泄露或者不正当使用在订立合同中知悉的对方的商业秘密，给对方造成损失。在订立合同过程中，当事人负有保守商业秘密的义务，无论合同是否成立，不得泄露或不正当使用。

（4）其他违背诚实信用原则的行为。

5.3 合同的效力

合同的效力，又称合同的法律效力，是法律赋予依法成立的合同具有约束当事人乃至第三人的强制力。

5.3.1 合同生效

合同生效是指合同符合法定生效要件，发生了当事人预期的法律后果。

1．合同生效的要件

（1）行为人具有民事权利能力和民事行为能力，即行为人合格。

（2）意思表示真实。

（3）合同不违法或违背社会公共利益。

（4）合同必须具备法律所要求的形式：口头形式、书面形式和视听资料形式。

2. 合同生效的时间

合同生效的一般原则是依法成立的合同，自成立时生效。附条件的合同，条件成就时生效；附期限的合同，期限届至时生效。《合同法》第四十五条规定，当事人为了自己的利益，不正当地阻止条件成就时，视为条件成就；不正当地促成条件成就时，视为条件不成就。此外，一些法律、行政法规规定应当办理批准、登记等手续的，但未规定登记后生效的，当事人未办理登记手续不影响合同效力。但合同标的物的所有权不能转移（如房屋买卖合同）。

5.3.2 代理

1. 无权代理

行为人在无权代理的情况下（无代理权、超越代理权或代理权终止）以被代理人订立的合同，未经被代理人追认，对被代理人不发生效力，由行为人承担责任。相对人可以催告被代理人在一个月内予以追认。被代理人表示同意的，由被代理人承担合同责任，被代理人未做表示的视为拒绝追认，合同对被代理人不发生效力。

2. 表见代理

行为人没有代理权、超越代理权或代理权终止后以被代理人的名义订立合同，相对人"有理由"相信行为人有代理权的，该代理行为有效。

3. 表见代表

法人的法定代表人超越权限订立的合同，除相对人知道或者应当知道超越权限的以外，该代表行为有效。

5.3.3 效力待定合同

1. 效力待定合同的概念

效力待定合同，是指合同欠缺有效要件，能否发生当事人预期的法律效力尚未确定，只有经过有权人的追认，才能将欠缺有效要件转为符合有效要件，发生当事人预期的法律效力。有权人在一定期间内不予追认，合同归于无效。

2. 效力待定合同的类型

（1）限制行为能力人订立的合同。限制行为能力人订立的合同，经法定代理人追认后，该合同有效，但纯获利益的合同或者与其年龄、智力、精神健康状况相适应而订立的合同，不必经法定代理人追认。相对人可以催告法定代理人在一个月内予以追认。法定代理人未做表示的，视为拒绝确认，合同被追认之前，善意相对人有撤销该合同的权利。撤销应当以通知的方式做出。

（2）无代理权人以他人名义订立的合同。行为人没有代理权、超越代理权或者代理权终止后以被代理人的名义订立的合同，未经被代理人追认，对被代理人不发生效力，由行为人承担责任。但相对人有理由相信行为人有代理权的，该代理行为有效。例如，相对人见到了行为人所持的有效的某法人的介绍信，则应认定行为人与该单位之间的代理关系有效。这样规定的目的在于保护善意第三人的利益，维护交易安全，但却增加了被代理人的风险。相对人可以催告被代理人在一个月内予以追认，被代理人未做表示的，视为拒绝追认。合同被追认之前，善意相对人有撤销的权利。撤销应当以通知的方式做出。

（3）无处分权人处分他人财产的合同。财产的处分权只能由享有处分权的人行使，无处分权的人不得擅自处分他人的财产。无处分权的人处分他人财产，经权利人追认或者无处分权的人订立合同后取得处分权的，该合同有效。

5.3.4　无效合同

1．无效合同的界定

无效合同的基本特征就是违反法律或者社会公共利益。其天生有缺陷，从一开始就不具有法律约束力，也称为绝对无效的合同。无效合同与可撤销合同的区别在于：在无效合同中一方以欺诈、胁迫的手段订立合同，损害国家利益；而未损害国家利益的属于可撤销的合同。

2．免责条款无效的情形

（1）造成对方人身伤害的。例如，用工合同上明确规定，“如发生工伤事故由自己负责，公司不负任何责任”。这就是无效合同条款。工人为公司干活而发生工伤，公司应当负责。再如，甲在街头卖艺，声称自己刀枪不入，并强拉乙用力刺其颈部，乙怕出事，甲称“若刺死了我，不用你负责”。乙刺甲，结果甲死亡。甲家属上诉到法院要求乙赔偿。此案中的免责条款无效，乙要依法赔偿。

（2）因故意或重大过失造成对方财产损失的。例如，停车场给停车主的收据中写着：“车辆发生损坏、丢失，本停车场概不负责。”这是无效条款，车主如果发现自己的车有重大损坏或丢失，有权要求制定免责条款方赔偿。

（3）当事人超越经营范围的，人民法院不因此认定合同无效，但违反国家限制经营、特许经营及法律、行政法规禁止经营规定的除外。例如，甲营业执照上登记的经营范围是“销售汽油”，甲于 2018 年 1 月和乙签订了 300 万元的电脑买卖合同。如果合同本身没问题，法院就不能认定其无效，但如果他们签订的是走私汽油的合同或者签订的是香烟买卖合同，则都是无效的。因为香烟属于特许经营，而走私则是违法行为。

5.3.5 可撤销合同

1．可撤销合同的变更、撤销

可撤销合同的变更、撤销需由人民法院或仲裁机构做出。可撤销的合同在未被撤销前是有效的合同，但被撤销后，自“合同成立之日起无效”。

2．撤销权的行使和消灭

对于可变更或可撤销的合同，当事人应通过诉讼或仲裁的方式，请求人民法院或仲裁机构予以变更或撤销。当事人请求变更的，人民法院或仲裁机构不得撤销。具有撤销权的当事人如果自知道或应当知道撤销事由之日起一年内不行使撤销权的，该撤销权消灭。具有撤销权的当事人知道撤销事由后可以明确表示或者以自己的行为放弃撤销权。

3．合同无效或被撤销的法律后果

（1）返还财产或折价赔偿。返还财产是指合同无效或被撤销后，因该合同取得的财产，应当予以返还。如果财产已不存在，无法返还的应当折价赔偿。

（2）赔偿损失。合同被确认无效或宣布撤销后，有过错的一方应当赔偿对方因此所受到的损失。如果双方都有过错，应当按照责任的主次、轻重，分别承担经济损失中与其责任相当的份额。

（3）财产收归国家所有或者返还集体、第三人。对于当事人恶意串通，故意订立损害国家、集体或者第三人利益的合同，因此取得的财产应收归国家所有或者返还集体、第三人。

5.4 合同的履行

合同的履行是指合同当事人按照合同的约定完成各自应尽的全部义务。例如，买卖合同中的出卖人交付标的物，买受人支付货款；货物运输合同的承运方将托运货物运送到约定地点，托运方为此支付运费等。当事人订立合同的目的是为了实现一定的经济利益，而经济利益能否实现以及实现的程度如何，则完全取决于合同履行的质量。

5.4.1 合同履行的原则

合同履行的原则，是指当事人在履行合同义务时必须遵守的基本准则。它是合同法的基本原则在合同履行中的具体体现。

1. 全面履行原则

履行主体适当，即当事人亲自履行，在保证债权人利益的前提下，有条件地允许第三人履行也是可以的。履行标的适当，即按合同标的履行。同时，履行期限、履行方式、履行地点都应适当。

2. 协作履行的原则

合同当事人对合同的有关事项，有通知、协助、保密以及随附义务（提供必要条件防止损失扩大的义务）。

5.4.2 合同履行的基本规则

1. 对于合同内容约定不明确的法律规定

《合同法》规定，合同生效后，当事人就质量、价款或者报酬、履行地点等内容没有约定或者约定不明确的，可以协议补充；不能达成补充协议的，按照合同有关条款或者交易习惯确定。依照上述规定仍不能确定的，适用下列规定。

（1）质量要求不明确的，按照国家标准、行业标准履行；没有国家标准、行业标准的，按照通常标准或者符合合同目的的特定标准履行。

（2）价款或者报酬不明确的，按照订立合同时履行地的市场价格履行；依法应当执行政府定价或者政府指导价的，按照规定履行。

（3）履行地点不明确的，给付货币的，在接受货币一方所在地履行；交付不动产的，在不动产所在地履行；其他标的，在履行义务一方所在地履行。

（4）履行期限不明确的，债务人可以随时履行，债权人也可以随时要求履行，但应当给对方必要的准备时间。

（5）履行方式不明确的，按照有利于实现合同目的的方式履行。

（6）履行费用的负担不明确的，由履行义务一方负担。

2. 对于执行政府定价的合同的法律规定

执行政府定价或者政府指导价的合同，在合同约定的交付期限内政府价格调整时，按照交付时的价格计价。逾期交付标的物的，遇到价格上涨时，按照原价格执行；价格下降时，按照新价格执行。逾期提取标的物或者逾期付款的，遇到价格上涨时，按照新价格执行；价格下降时，按照原价格执行。

5.4.3 合同履行中的抗辩权

抗辩权又称异议权，是指对抗请求权或者否认他人权利主张的权利，其作用是使对方的权利受到阻碍或者消灭。

1. 同时履行抗辩权

当事人互负债务，没有先后履行顺序的，应当同时履行。一方在对方履行之前有权拒绝其履行要求；一方在对方履行债务不符合约定时，有权拒绝其相应的履行要求。同时履行抗辩权的适用条件如下：

（1）由同一商务合同产生互负的债务。

（2）在合同中未约定履行顺序。

（3）对方当事人未履行债务或未按照约定正确履行债务。

（4）对方的对待给付是可能履行的义务。这种情形就是常说的“一手交钱，一手交货”。

例如，甲公司与乙饮料厂签订一份买卖纯净水的合同，约定提货时付款。甲公司提货时称公司出纳员突发急病，支票一时拿不出来，要求先提货，过两天再把货款送来，乙饮料厂拒绝了甲公司的要求。乙饮料厂行使的这种权利在法律上称为同时履行抗辩权。

2. 后履行抗辩权

当事人互负债务，有先后履行顺序，先履行一方未履行的，后履行一方有权拒绝其履行要求；先履行一方履行债务不符合约定的，后履行一方有权拒绝其相应的履行要求。后履行抗辩权的适用条件如下：

（1）由同一双务合同产生互负的债务。

（2）债务的履行有先后顺序。

（3）应该先履行的一方未履行或者履行债务不符合约定。

（4）应该先履行的债务有履行的可能。

3. 不安抗辩权

应当先履行义务的当事人，有确切证据证明后履行一方有未来不履行或者无力履行合同的情形时，可以中止履行。先履行一方可以中止履行的情形如下：

（1）对方经营状况严重恶化。

（2）对方转移财产、抽逃资金以逃避债务。

（3）对方丧失商业信誉。

（4）对方有丧失或者可能丧失履行债务能力的其他情形。

不安抗辩权行使后，可能有以下3种后果产生。

（1）中止履行。先履行义务人暂时停止履行自己承担的合同义务，但必须及时通知对方当事人。

（2）复履行。先履行义务人通知对方中止履行后，如果对方提供了适当的担保或在合理期限内恢复了履行能力，则先履行义务人应当恢复履行。

（3）解除合同。如果对方既无法在合理期限内恢复履行能力，又不能提供适当的担保，中止履行的一方可以解除合同。

例如，甲与乙订立电器买卖合同，规定甲应于 8 月 1 日交货，乙应于同年 8 月 7 日付款。7 月底，甲发现乙经营状况恶化，没有支付货款之能力，并有确切证据，遂要求乙提供担保，但乙不同意。甲于 8 月 1 日未按约定交货。依据《合同法》的有关规定，甲行使了不安抗辩权。

5.4.4　债权人的代位权和撤销权

1. 债权人的代位权

债权人的代位权，是指债务人怠于行使其到期债权，而危害到债权人的权利时，债权人可以取代债务人的地位，行使债务人的权利。债权人以自己的名义行使代位权时，应向人民法院请求以自己的名义代位行使债务人的债权。债权人行使该项权利时应以债务人的债权为限。债权人行使代位权的必要费用，由债务人负担。但是，债权人对专属于债务人自身的债权不能行使代位权。

2. 债权人的撤销权

债权人的撤销权，是指债务人及第三人有损害债权人债权的行为时，债权人享有撤销该行为的权利。如果债务人放弃其到期债权或无偿转让财产，对债权人造成损害的，以及债务人以明显不合理的低价转让财产，对债权人造成损害的，债权人可以请求人民法院撤销债务人的行为。撤销权的范围仅限于债权人的债权。

债权人的撤销权自债权人知道或者应当知道撤销事由之日起一年内行使。自债务人的行为发生之日起五年内未行使撤销权的，该撤销权消灭。债权人行使撤销权的必要费用，由债务人负担。

5.5　合同的变更、转让和终止

5.5.1　合同变更

1. 合同变更的概念和法律特征

合同变更包括广义的变更和狭义的变更。广义的合同变更包括合同内容的变更和合同的变更，而狭义的合同变更只包括合同内容的变更。我国《合同法》中的合同变更是指狭义的合同变更，即指合同成立后，没有履行或没有完全履行以前，合同当事人就合同的内容进行修改或补充的行为。

合同变更的法律特征包括：① 合同变更需当事人协商一致；② 合同变更需在原合同履行完毕之前进行；③ 合同变更只是部分变更而不是全部变更。

2. 合同变更的条件

合同变更的条件包括以下几方面：① 必须有原合同关系的存在；② 须有双方当事人的变更协议；③ 须有内容的变化，即合同当事人对合同内容进行了修改或补充；④ 须遵循法定的形式。

一般而言，当事人变更合同采用何种形式，由当事人自行选择，但如果法律、行政法规规定变更合同应当办理批准、登记等手续的，依法律规定办理。

3. 合同变更的法律效力

（1）变更合同的协议生效后，原合同的效力即终止。

（2）合同的变更只对合同未履行的部分有效，但当事人另有约定的，从其约定。

（3）合同的变更不影响当事人请求损害赔偿的权利，即合同的变更并不能免除当事人的损害赔偿责任。

（4）当事人对合同变更的内容约定不明确的，推定为未变更。

5.5.2 合同转让

1. 合同转让的概念和法律特征

合同转让，是指合同当事人一方将其合同的权利和义务全部或部分转让给第三人的行为。其法律特征包括：① 合同转让不改变原合同的内容；② 合同转让的结果是合同主体发生了变更；③ 合同转让包含两个法律关系。

合同转让的特殊形式是指当事人合并、分立引起的债权债务的转移，它不是当事人之间协商的结果，而是由法律规定来确定的。我国《合同法》第90条规定："当事人订立合同后合并的，由合并后的法人或者其他组织行使合同权利，履行合同义务。当事人订立合同后分立的，除债权人和债务人另有约定的以外，由分立的法人或者其他组织对合同的权利和义务享有连带债权，承担连带债务。"

合同转让分为合同权利的转让、合同义务的转移以及合同权利义务的一并转让。

2. 合同权利的转让

（1）合同权利转让的概念及构成要件。合同权利的转让，又称债权转让，是指合同的债权人通过协议将债权转移给第三人的行为。债权人可以转让全部债权，也可以转让部分债权。债权转让的要件包括：① 有有效的合同存在；② 债权人与受让人达成转让协议；③ 债权人转让权利应通知债务人，未经通知，该转让对债务人不发生法律效力。如果法律、行政法规规定债权转让应当办理批准、登记等手续，需依法办理。

（2）对债权转让的限制。合同债权人可以不经债务人的同意转让合同权利，但并非所有合同债权人都可以转让债权。我国《合同法》规定，债权人可以将合同的权利全部或者部分转让给第三人，但有下列情形之一的除外：① 根据合同性质不得转让；② 按照当事人约定不得转让；③ 依照法律规定不得转让。

3．合同义务的转移

合同义务转移又称债务承担，是指债务人将其在合同中的义务全部或部分转移给第三人的行为。在债务全部转移的情况下，债务人脱离原来的合同关系而由第三人取代原债务人，原债务人不再承担原合同中的责任。在债务部分转移的情况下，原债务人并没有脱离债的关系，而第三人加入债的关系，并与债务人共同向同一债权人承担责任。

债务承担的构成要件包括：① 有有效的债务存在；② 债务可以转移；③ 债务人转移债务应取得债权人的同意。如果法律、行政法规定债务转移应当办理批准、登记等手续，需依法办理。

4．合同权利义务的一并转让

当事人一方经对方同意，可以将自己在合同中的权利和义务一并转让给第三人。一般是由合同的一方当事人与第三人签订转让协议，约定由第三人享有合同转让人的一切权利并承担转让人在合同中的所有义务。由于合同权利义务的一并转让，既有权利的转让，又有义务的转移，所以法律规定，该转让必须经对方当事人同意，否则转让协议无效。另外，合同权利义务一并转让还需符合合同权利转让和合同义务转移的有关法律规定。

5.5.3　合同的终止

合同的终止，又称合同的消灭，是指合同当事人之间的权利义务关系因一定法律事实的出现而不复存在。我国《合同法》规定了合同终止的6种情形。

1．债务已经按照约定履行

债务按照约定履行，即合同因履行而终止，当事人订立合同的目的得以实现。这是合同终止最主要的形式。

2．合同解除

合同解除是指提前消灭合同设立的权利和义务关系，是一种非自然的合同终止。

（1）合同解除的方式有以下两种。

1）协议解除即双方当事人通过协商一致的方式终止原有的债权债务关系，包括事先约定合同解除条件和事后协商解除合同。前者是指当事人在订立合同时就在合同中约定了可以解除合同的条件，一旦解除合同的条件成就时，当事人便有权解除合同；后者是指合同履行过程中双方当事人经协商一致，合议解除合同。

2）法定解除又称单方面解除，是指合同一方基于法律规定的情形，可以依法单方面解除合同。《合同法》规定，有下列情形之一的，当事人可依法解除合同：① 因不可抗力使不能实现合同目的；② 在合同履行期限届满之前，当事人一方明确表示或者以自己的行为表明不履行主要债务的；③ 当事人一方迟延履行主要债务，经催告后在合理期限内仍未履行的；④ 当事人一方迟延履行债务或有其他违约行为致使不能实现合同目的，以及法律规定的其他情形。

（2）合同解除权的行使和消灭。合同当事人一方依法主张解除合同的，应当通知对方，合同自通知到达对方时解除。对方有异议的，可以请求人民法院或仲裁机构确认解除合同的效力。法律、行政法规规定解除合同应当办理批准、登记等手续的，依照其规定。

合同当事人约定或者法律规定有解除权行使期限的，期限届满当事人不行使的，该权利消灭；如果当事人没有约定，又无法律规定解除权行使期限的，经过对方当事人催告后在合理期限内不行使解除权的，该权利也消灭。

（3）合同解除的法律后果如下：

1）合同解除后，尚未履行的，终止履行。

2）合同解除后，已经履行的，根据履行情况和合同性质，当事人可以要求恢复原状，采取其他补救措施，并有权要求赔偿损失。

3．债务相互抵消

债务相互抵消，是指合同双方当事人互负到期债务，而依照一定的规则，同时消灭各自的债权。债务相互抵消有两种形式。

（1）法定抵消。法定抵消是指当事人互负到期债务，该债务的标的物种类、品种相同的，任何一方可以将自己的债务与对方的债务抵消。法定抵消的限制为：① 依照法律规定或者按照合同性质不得抵消的，则不能行使抵消权；② 当事人主张抵消的，应当通知对方，通知自到达对方时生效；③ 抵消的通知不得附条件或者附期限。

（2）协议抵消。协议抵消是指当事人互负到期债务，该债务的标的物种类、品质不相同的，经双方协商一致，也可抵消。可见，对不同种类、品质的债务，当事人不能单方面主张债务抵消，只能通过双方协商一致方可抵消。

4．债务人依法将标的物提存

提存是指由于债权人的原因致使债务人无法向债权人清偿其所负债务时，债务人将合同标的物交给提存机关，从而使债权债务归于消灭。

（1）提存的原因。提存的原因有 4 个方面：① 债权人无正当理由拒绝受领标的物；② 债权人下落不明；③ 债权人死亡未确定继承人或者丧失民事行为能力未确定监护人；④ 法律规定的其他情形。

但并非所有符合上述条件的标的物都可以提存，如果标的物不适于提存或提存费用过高的，债务人可以拍卖或者变卖标的物，提存所得的价款。债务人可以从所得价款中扣除拍卖或变卖费、提存费等费用。

（2）提存通知。债务人提存标的物后，应及时通知债权人或者债权人的继承人、监护人，债权人下落不明的除外。债务人履行及时通知的义务也是为了促使债权人及时行使权力。

5．债权人免除债务

债权人免除债务是债权人放弃债权而使得债权债务关系终止。债权人可以免除债务人的全部债务，也可以只免除债务人的部分债务。免除全部债务的，合同权利义务全部终止；免除部分债务的，合同的权利义务部分终止。

6．债权债务同归于一人

债权债务同归于一人，又称债的混合，是指合同的债权主体和债务主体合为一体。引起债权债务混同的事由主要有两种：① 当事人合并；② 债权债务的转让。

5.6 违约责任

5.6.1 违约行为

违约行为即违反合同的行为，是指合同当事人不履行合同义务或者履行合同义务不符合约定的行为。

1．不履行合同义务

(1) 不能履行又称给付不能，是指债务人由于某种情形，在客观上已经没有履行能力，导致事实上已经不可能再履行债务。

(2) 拒绝履行是指当事人一方明确表示或者以自己的行为表明不履行合同义务。拒绝履行与不能履行有着明显不同，前者强调当事人有履行能力而不履行，后者则主要强调客观上不能履行。《合同法》规定，当事人一方明确表示或者以自己的行为表明不履行合同义务的，对方可以在履行期限届满之前要求其承担违约责任。

2．履行合同义务不符合约定

履行合同义务不符合约定，也称为不适当履行，包括不履行合同义务以外的一切违反合同义务的情形。其构成要件是：① 债务虽已履行，但履行没有完全按照债务的内容进行；② 不适当履行是债务人方面的原因引起的。

5.6.2 违约责任的概念和归责原则

1．违约责任的概念

违约责任是指合同当事人违反合同义务依法应承担的民事责任。违约责任以有效合同为前提。合同依法成立并生效后，当事人必须全面地履行合同规定的义务，并享有合同规定的权利。如果当事人没有遵循全面履行的原则，造成合同不履行或履行不符合约定的后果，就应当按约定或依法承担相应的民事责任。《合同法》第一百零七条规定：“当事人一方不履行合同义务或者履行合同义务不符合约定的，应当承担继续履行、采取补救措施或者赔偿损失等违约责任。”

2．违约责任的归责原则

合同违约的归责原则有两种：一种是过错责任原则；另一种是严格责任原则。

过错责任原则是指一方违反合同的义务，不履行或不适当履行合同时，应以过错作为确定责任的要件和确定责任范围的依据。过错责任原则包括两层含义：过错是违约责任的构成要件，只有合同当事人不履行合同是基于自己的过错时才承担责任；当事人过错程度决定其应承担的责任范围。故意违反合同承担的责任较过失违反合同承担的责任要重。

严格责任原则是指不论违约方主观上有无过错，只要其有不履行合同义务的行为，就应当承担违约责任。从我国《合同法》的规定来看，已经确立违约责任主要以严格责任为归责原则，除非有法定或约定的免责事由，只要当事人一方有违约行为，不管是否具有过错，都应当承担违约责任。但不可抗力导致不能履行合同的另有规定。

5.6.3 违约责任的种类和免除

1．违约责任的种类

（1）继续履行。继续履行也称强制履行或者强制实际履行，是指在当事人一方不履行合同时，由人民法院或者仲裁机构根据对方当事人的要求，强制违约方继续按合同规定的标的履行义务。此种情况多适用于标的物是特定的、必须履行的、不得替代履行的情况。

（2）支付违约金。违约金是指由法律规定或合同约定的，在当事人一方不履行合同或履行合同不符合约定时，给付对方当事人的一定数额的货币。违约金的数额是由当事人在合同中预先确定的，有两种确定方法：一是事先确定违约金的具体数额；二是确定违约金的计算方法。但约定的违约金数额应与不履行合同或履行合同不符合约定所造成的损失大致相当。如果约定的违约金低于造成的损失的，当事人可以请求人民法院或仲裁机构予以增加；如果约定的违约金过分高于造成的损失的，当事人可以请求人民法院或仲裁机构予以适当减少。同一合同中，既有定金条款，又有违约金条款的，只能由非违约方选择行使，不能同时并用。

（3）赔偿损失。赔偿损失是指当事人一方不履行合同义务或履行合同义务不符合约定，给对方造成损失时，应向对方支付的一定数额的货币。一般来说，赔偿额的确定以违约方所造成的实际损失为依据。如果当事人约定了损失赔偿额的计算方法，即按其约定的方法计算；如果当事人没有约定损失赔偿额的计算方法，则依据《合同法》第一百一十三条的规定处理，即损失赔偿额应相当于因违约所造成的损失，包括合同履行后可以获得的利益，但不得超过违反合同一方订立合同时预见到或者应当预见到的因违反合同可能造成的损失。

（4）承担侵权责任。因当事人的一方违约行为，侵害对方人身、财产权益的，受害方有权依法选择要求其承担违约责任或承担侵权责任。实践中，经常会出现同一行为既表现为违约行为，又表现为侵权行为的情形，因而会产生责任的问题。当事人既可以请求对方承担违约责任，又可以请求对方承担侵权责任，选择何种形式由受害方决定，但受害方不能提出双重要求。

（5）采取补救措施。采取补救措施是指一方当事人违约后，为防止损失的发生或扩大，另一方要求违约方按照法定或约定采取退货、减少价款等措施以弥补或者减少另一方损失的责任形式。《合同法》规定，质量不符合约定的，应当按照当事人的约定承担违约责任。对违约责任没有约定或者约定不明确的，如果不能达成补充协议，受损害方根据标的的性质以及损失的大小，可以合理选择要求对方承担修理、更换、重做、退货、减少价款或者报酬等违约责任。

2. 违约责任的免除

违约责任的免除，是指没有履行或者没有完全履行合同义务的当事人，依法可以免除承担的违约责任。合同当事人在履行合同过程中如遇不可抗力，根据该不可抗力的影响，可免除全部或部分的责任。

（1）不可抗力的概念。所谓不可抗力，是指不能预见、不能避免并不能克服的客观情况。这种客观情况既包括自然现象，如地震、水灾、火灾、雷击、海啸等，又包括社会现象，如战争、动乱、罢工等。对于不可抗力的范围，当事人可以在合同中以列举方式做出明确约定。

（2）不可抗力的法律效力。不可抗力可以导致合同责任的免除，免除的责任包括实际履行、支付违约金、赔偿损失等。具体免责范围如下：

1）全部免除合同不履行的责任，指不可抗力导致当事人无法履行合同的，免除全部责任。

2）部分免除合同不履行的责任，指不可抗力只是部分地影响当事人履行合同的能力，则只免除不可抗力因素所影响的部分责任。

3）免除合同当事人迟延履行的责任。由于不可抗力的原因致使合同当事人无法在合同约定的履行期限内履行合同的，免除其迟延履行的责任。

（3）因不可抗力不能履行合同一方的义务。合同当事人一方因不可抗力不能履行合同时，虽然可以免除履行的责任，但仍有义务减少损失，通知对方并提供证明。

1）通知义务。不可抗力发生后，不能履行合同的一方当事人应及时通知对方，使对方能及时处理因合同得不到履行可能带来的问题，以减少损失。

2）减少损失的义务。遇到不可抗力一方当事人应尽可能克服困难，努力清除不可抗力的影响，把给对方造成的损失减少到最低限度。

3）证明的义务。当事人一方因不可抗力不能履行合同的，应当在合理期限内提供证明。

3. 违约对方的责任

当事人一方违约后，对方应当采取适当措施防止损失扩大。因防止损失扩大而支付的合理费用，由违约方承担，但要求违约对方采取的措施是合理的，费用是必要的。如果违约对方没有采取适当措施致使损失扩大的，不得就扩大的损失要求赔偿。

案例分析

2018年3月28日，甲图书发行公司以书面形式向南京作家朱某发出“约稿”一份，请朱某创作以下图书：

1. 青少年辅学广智丛书

（1）中国古代思想家的故事

（2）中国古代政治家的故事

（3）中国古代军事家的故事

（4）中国古代科学家的故事

（5）中国古代文学家的故事

（6）中国古代艺术家的故事

2.“中华四圣”系列长篇历史小说

（1）孔子

（2）老子

（3）墨子

（4）庄子

2018年9月，朱某持所写上述10本书的书稿到甲图书发行公司处，与甲图书发行公司协商出版相关事宜未果，于是，朱某向法院提起诉讼，要求甲图书发行公司赔偿误工费、交通费等合计人民币85 648元。

法院经审理后认为，当事人行使权利、履行义务应当遵循诚实信用原则。当事人在订立合同过程中，一方违背诚实信用原则和法律规定的义务，致另一方的信赖利益损失，应当承担损害赔偿责任。缔约过失责任产生于特定的时间，即要约生效后，合同成立前。

问题：结合本章所学内容，进一步说明法院判决的理由。

分析：本案中，甲图书发行公司向朱某发出的“约稿”虽然只是达成出版合同的合意，但甲图书发行公司这一要约行为足以使朱某产生合理信赖。此外，甲图书发行公司作为图书出版发行单位，在向朱某发出“约稿”要约时，应该考虑对朱某获得的稿酬应该有明确的约定而未约定，甲图书发行公司具有缔约上的过失。综上，朱某基于合理信赖而撰写了甲图书发行公司所约定作品交付甲图书发行公司，甲图书发行公司却违背诚实信用原则和法律规定的义务，撤销要约，而给朱某造成经济损失，甲图书发行公司应当承担损害赔偿责任。

本章小结

重点概念

合同　合同法　格式条款　合同主体　合同客体　标的物　合同生效　无效合同　合同履行　第三方履行　抗辩权　代位权　撤销权　合同担保　合同变更　合同转让　合同终止　违约责任　不可抗力

知识点

（1）合同法概述。合同的概念、调整对象（平等主体间民事权利义务关系的协议）和基本原则（平等、自愿、公平、诚实信用、合法）。

（2）合同的订立。合同订立需要经过要约和承诺两个阶段。要约可以撤销，但附期限的要约和受要约人有理由认为要约不可撤销并为此付出代价的要约，不能撤销。

合同的形式有 3 种。合同的主要内容有 7 项：① 当事人的名称和住所；② 标的；③ 数量和质量；④ 价款或报酬；⑤ 履行的期限、地点和方式；⑥ 违约责任；⑦ 解决争议的方法。

（3）合同的效力。依法成立的合同，自成立时生效；附条件的合同，条件成就时生效。

① 无效合同。② 可撤销的合同（3 种）。③ 效力待定合同。④ 免责条款无效。

（4）合同的履行。全面履行原则（5 个适当）、协作履行原则（4 个义务）和“6 个不明确”的规则。

合同履行中的抗辩权、 代位权与撤销权。合同的担保方式：担保、抵押、质押、留置、定金共 5 种。

（5）合同变更、转让和终止。

（6）违约责任与纠纷的处理。

复习思考题

（1）什么是合同？我国《合同法》将合同分为哪些类型？

（2）《合同法》的基本原则有哪些？

（3）合同的内容包括哪些？

（4）什么是要约？其有效要件有哪些？

（5）什么是承诺？其有效要件有哪些？

（6）在哪些情形下合同无效？

（7）效力待定的合同包括哪些？

（8）哪些合同属于可变更或可撤销的合同？

（9）当对合同内容约定不明确时，合同应如何履行？

（10）什么是合同的解除？在哪些情形下合同可以解除？

（11）表见代理与表见代表的区别是什么？

第 6 章　工业产权法

本章学习目标

- 了解工业产权的概念和法律特征；
- 熟悉商标注册的原则及商标注册的审查和核准；
- 掌握专利权的主体与客体、职务发明的概念；
- 掌握授予专利权的条件；
- 掌握授予专利权的原则、专利权的无效；
- 掌握强制许可及专利侵权诉讼时效。

6.1　工业产权法概述

6.1.1　工业产权的概念和法律特征

1. 工业产权的概念

工业产权是指人们依照法律对应用于商品生产和流通中的创造发明和显着标记等智力成果，在一定期限和地区内享有的专有权。根据《保护工业产权巴黎公约》（以下简称《巴黎公约》）第一条第二款的规定，工业产权所保护的对象包括：发明、实用新型、工业品外观设计、商标、服务标记、厂商名称、货源标记或原产地名称和制止不正当竞争等。在我国，工业产权主要是指专利权和商标专用权。

2. 工业产权的法律特征

（1）专有性。工业产权的专有性又称独占性，即工业产权的唯一和垄断性。它是指法律赋予专利权人和商标权人独占、使用、收益、处分其专利权和商标权，其他人未经权利人许可不得使用；对一项专利、一个商标，国家也只能授予一次专利权和商标权。

（2）地域性。指一国法律确认和保护的工业产权，只在该国境内有效，超出范围后并不受到保护。要使工业产权在域外发生效力，可以通过两种途径：一是加入保护工业产权的国际公约组织；二是按照他国法律规定履行法定程序。

（3）时间性。指工业产权具有一定的有效期限，当法律规定的保护期限届满后，权利便不再受保护。对专利权而言表现为进入公用状态，对商标权而言表现为权利的终止。

6.1.2 工业产权法的概念和立法概况

1. 工业产权法的概念

工业产权法是调整因确认、保护、转让和使用工业产权而发生的各种社会关系的法律规范的总称。我国1984年颁布了《中华人民共和国专利法》（以下简称《专利法》），并于1992年、2000年、2008年对《专利法》进行了修订，与《专利法》配套实施的法规有国务院于2001年颁布的《中华人民共和国专利法实施细则》（2010年修订）。我国1982年颁布了《中华人民共和国商标法》（以下简称《商标法》），并于1993年、2001年和2003年对《商标法》进行了修订，与《商标法》配套实施的法规有国务院于2002年颁布的《中华人民共和国商标法实施条例》（2014年修订）。

2. 工业产权法的国际立法概况

工业产权法律制度在发达国家早已成为一项重要的法律制度。1883年，为寻求工业产权的国际保护秩序，比利时、西班牙、巴西、法国、危地马拉、意大利、荷兰、葡萄牙、萨尔瓦多、塞尔维亚、瑞士11个国家发起，在法国首都巴黎缔结《巴黎公约》，于1884年生效。1967年，《巴黎公约》保护工业产权国际联盟事务局与世界知识产权组织的国际局合并，组成统一的世界知识产权保护组织。它不仅是知识产权领域的第一个世界性多边公约，还是成员国最为广泛，对其他世界性和地区性工业产权公约影响最大的公约。它主要规定了各成员国在工业产权保护方面应当遵循的基本原则以及工业产权立法的最低要求，确立了工业产权国际保护制度的主要原则是国民待遇原则、优先权原则、独立性原则。另外，在商标权保护方面，还有保护缔约国的服务商标和集体商标的原则；在保护专利权方面，有强制许可原则。我国已经加入的有关工业产权的国际公约有：《成立世界知识产权组织公约》（1980年加入）；《巴黎公约》（1985年加入）；《商标注册马德里协定有关协定书》（1989年加入）；《专利合作条约》（1993年加入）；《关于供商标注册用的商品和服务的国际分类的尼斯协定》（1994年加入）；《国际植物新品种保护公约》（1999年加入）。

我国1984年颁布了《中华人民共和国专利法》（以下简称《专利法》），并于1992年、2000年、2008年对《专利法》进行了修订，与《专利法》配套实施的法规有国务院于2001年颁布的《中华人民共和国专利法实施细则》（2010年修订）。我国1982年颁布了《中华人民共和国商标法》（以下简称《商标法》），并于1993年、2001年和2003年对《商标法》进行了修订，与《商标法》配套实施的法规有国务院于2002年颁布的《中华人民共和国商标法实施条例》（2014年修订）。

6.2 商标法

6.2.1 商标的概念与分类

1. 商标的概念

商标，是指商品的生产者、经营者或者商业服务的提供者用以标明自己所生产、经营的产品或者所提供的服务，与他人生产、经营的产品或者提供的服务相区别的标记。商标是随着商品经济的发展而逐渐形成的产物。它作为一种标记，能够使商品生产者、经营者或者商业服务的提供者所生产、经营的产品或者所提供的服务，与他人生产、经营的产品或者提供的服务相区别，便于消费者选购。商标具有如下特征：

（1）商标主要是由文字、图形、字母、数字、三维标志、颜色组合和声音等要素组合而成的标记。商标的构成具有多样性，是能够将一企业的商品或者服务与另一企业的商品或者服务加以区别的任何标志或者标志的组合。

（2）商标是用于商品或者服务上的显着标记。商标依附于商品或者服务而存在，其使用具有商业意义和商业价值。

（3）商标是代表特定商品生产者、经销者或者服务提供者的专用符号。商标具有识别性和表彰性功能。

（4）商标是依附于商品表面或包装，或标于与所提供的服务相关的物品上的具有显着特征的简洁符号。

2. 商标的分类

在商品经济的发展过程中，商标的形式各式各样。为了研究和使用的方便，可以根据不同的标准对商标进行分类。

（1）按商标是否经过注册，可将商标分为注册商标和未注册商标

1）注册商标，是指由当事人申请，经商标注册机构核准注册的商标。注册商标是《商标法》的保护对象。

2）未注册商标，是指未经商标注册机构核准注册的商标。未注册商标一般不受法律保护。未注册商标可以使用，但其使用人不享有商标专用权。当他人就相同商标取得注册后，未注册商标应当停止使用，否则构成侵权。

（2）按照商标的构成不同，可将商标分为文字商标、图形商标、组合商标

1）文字商标，是指由文字构成的商标。文字既可以是汉字，也可以是少数民族文字、阿拉伯数字以及外文。我国的文字商标以汉字为主，有的还附有汉语拼音字母或者外国文字。

2）图形商标，是指由平面图形构成的商标。

3）组合商标，是指由文字和图形组成的商标。组合商标图文并茂、引人注目，便于

记忆和识别。

（3）按商标的识别对象不同，可将商标分为商品商标和服务商标

1）商品商标，是指生产者在生产、制造、加工、拣选或者销售的商品上使用的商标。这类商标的使用者主要是商品的生产者、经营者。我们平时见到的商标大部分是商品商标。

2）服务商标，是指商业服务的提供者用以区别自己所提供的服务不同于他人所提供的服务的一种标记，也是表明服务提供者服务质量的一种标记。

（4）按商标的特殊性质和用途的不同，可将商标分为证明商标和集体商标

1）证明商标，是指由对某种商品或者服务具有监督能力的组织所控制，而由该组织以外的单位或者个人使用于其商品或者服务，用以证明该商品或者服务的原产地、原料、制造方法、质量或者其他特定品质的标记。经营者提供的商品或者服务符合证明商标使用条件的，注册人不得拒绝使用。证明商标注册人不得在经营活动中使用其证明商标。

2）集体商标，是指以团体、协会或者其他组织名义注册，供该组织成员在商事活动中使用，以表明使用者在该组织中的成员资格的标记。集体商标的作用就在于表明商品的经营者或服务的提供者属于同一组织，其生产的商品或提供的服务具有共同的特征。

6.2.2 商标注册

1．商标注册的概念

商标注册是指商标使用人将其使用的商标按照法律规定的条件和程序，向商标管理机关提出注册申请，以取得商标专用权的行为。《商标法》第三条规定："经商标局核准注册的商标为注册商标，商标注册人享有商标专用权，受法律保护。"

2．商标注册的原则

（1）自愿注册和强制注册相结合的原则。在我国，以自愿注册为主，但《商标法》第六条规定："国家规定必须使用注册商标的商品，必须申请商标注册，未经核准注册的，不得在市场销售。"所谓必须注册，就是强制注册，主要针对与人民生活关系比较密切，直接涉及人身安全与健康的极少数商品，如人用药品和烟草制品，以及由国家工商行政管理局公布的必须使用注册商标的其他商品。

（2）申请在先原则。当两个或两个以上申请人，在同一种或类似商品和服务上，以相同或近似的商标申请注册的，初步审定并公告申请在先的商标；同一天申请的，初步审定并公告使用在先的商标，驳回其他人的申请，不予公告。

（3）一类商品、一件商标、一份申请原则。一份商标注册申请只能请求一件商标，并且是在一个类别的商品上申请注册，不能跨类申请。

（4）优先权原则。商标注册申请人自其商标在外国第一次提出商标注册申请之日起六个月内，又在中国就相同商品以同一商标提出商标注册申请的，依照该外国同中国签订的

协议或者共同参加的国际条约，或按照相互承认优先权的原则，可以享有优先权。商标在中国政府主办的或者承认的国际展览会展出的商品上首次使用的，自该商品展出之日起六个月内，该商标的注册申请人可以享有优先权。

3. 商标注册的条件

商标只有符合法定条件，才能获得注册。商标注册条件可以分为绝对注册条件和相对注册条件两个部分。绝对注册条件包括 4 项内容：① 商标必须具备法定的构成要素；② 商标必须具有显着特征；③ 商标的文字、图案等不在法律禁止之列；④ 商标注册人的资格合法。相对条件是指不允许出现注册商标之间的相同或者混淆。

（1）商标必须具备法定的构成要素。这一条件是指商标是文字、图形、字母、数字、三维标志和颜色的组合，以及上述要素的组合。在我国目前尚不承认气味商标、音响商标。

（2）商标必须具有显着特征。这一条件强调的是商标的独特性或者可识别性，商标具有显着特征是商标起到区分作用的前提，因而也是商标审查时的关键内容。何为有显着特征，法律上并没有给出明确答案，不同商品的识别性标准是不一样的，商标评审实践中参照性标准有：① 区别于极为简单的符号；② 区别于人们及行业通用、共享的标志；③ 区别于特定商品的标志。

（3）商标的文字、图案不在法律禁止之列。《商标法》第十条规定，下列标志不得作为商标使用。

1）同中华人民共和国的国家名称、国旗、国徽、国歌、军旗、军徽、军歌、勋章等相同或者近似的，以及同中央国家机关的名称、标志、所在地特定地点的名称或者标志性建筑物的名称、图形相同的。

2）同外国的国家名称、国旗、国徽、军旗等相同或者近似的，但经该国政府同意的除外。

3）同政府间国际组织的名称、旗帜、徽记等相同或者近似的，但经该组织同意或者不易误导公众的除外。

4）与表明实施控制、予以保证的官方标志、检验印记相同或者近似的，但经授权的除外。

5）同“红十字”“红新月”的名称、标志相同或者近似的。

6）带有民族歧视性的。

7）带有欺骗性，容易使公众对商品的质量等特点或者产地产生误认的。

8）有害于社会主义道德风尚或者有其他不良影响的。

县级以上行政区划的地名或者公众知晓的外国地名，不得作为商标。但是，地名具有其他含义或者作为集体商标、证明商标组成部分的除外；已经注册的使用地名的商标继续有效。

《商标法》第十一条、十二条规定，下列标志不得作为商标注册。

1）仅有本商品的通用名称、图形、型号的。

2）仅直接表示商品的质量、主要原料、功能、用途、重量、数量及其他特点的。

3）其他缺乏显着特征的。

前款所列标志经过使用取得显着特征，并便于识别的，可以作为商标注册。

4）以三维标志申请注册商标的，仅由商品自身的性质产生的形状、为获得技术效果而需有的商品形状或者使商品具有实质性价值的形状，不得注册。

（4）商标注册人的资格合法。

自然人、法人或者其他组织在生产经营活动中，对其商品或者服务需要取得商标专用权的，应当向商标局申请商标注册。

商标法有关商品商标的规定，适用于服务商标。

两个以上的自然人、法人或者其他组织可以共同向商标局申请注册同一商标，共同享有和行使该商标专用权。

法律、行政法规规定必须使用注册商标的商品，必须申请商标注册，未经核准注册的，不得在市场销售。

4．商标注册的程序

商标权的取得须经过申请、审查、公告和核准4个程序。

（1）商标注册的审查

《商标法》对商标注册的审查实行形式审查和实质审查。形式审查是对商标注册申请的文件、手续是否符合法律规定的审查。形式审查的内容主要包括：申请人是否具备申请资格；申请书的填写是否属实、准确、清晰；有关手续是否完备等。通过形式审查，商标局可以决定商标注册申请能否受理。实质审查是对申请注册的商标是否具备注册商标条件的审查。实质审查主要包括审查申请注册的商标是否违背《商标法》禁用条款；是否具备法定构成要素，是否具有显着特征，是否与他人在同一种或类似商品上注册的商标相混同等。

（2）初步审定和公告

对申请注册的商标，商标局应当自收到商标注册申请文件之日起9个月内审查完毕，符合《商标法》有关规定的，予以初步审定公告。申请注册的商标，凡不符合《商标法》的有关规定，或者同他人在同一种商品或者类似商品上已经注册的，或者同初步审定的商标相同或者近似的，由商标局驳回申请，不予公告。商标局对驳回申请、不予公告的商标，应当书面通知商标注册申请人。商标注册申请人对商标局驳回申请、不予公告的决定不服的，可以自收到通知之日起15日内向商标评审委员会申请复审，由商标评审委员会做出决定，并书面通知申请人。当事人对商标评审委员会的决定不服的，可以自收到通知之日起30日内向人民法院起诉。

（3）商标异议

商标异议是指对初步审定公告的商标提出反对意见，要求撤销初步审定，不予注册。

对初步审定公告的商标，自公告之日起 3 个月内，在先权利人、利害关系人或者任何人认为违反商标法相关规定的，可以向商标局提出异议。对初步审定公告的商标提出异议的，商标局应当听取异议人和被异议人陈述事实和理由，经调查核实后，自公告期满之日起 12 个月内做出是否准予注册的决定，并书面通知异议人和被异议人。商标局做出不予注册决定，被异议人不服的，可以自收到通知之日起 15 日内向商标评审委员会申请复审。商标评审委员会应当自收到申请之日起 12 个月内做出复审决定，并书面通知异议人和被异议人。被异议人对商标评审委员会的决定不服的，可以自收到通知之日起 30 日内向人民法院起诉。人民法院应当通知异议人作为第三人参加诉讼。商标评审委员会在依照《商标法》的规定进行复审的过程中，所涉及的在先权利的确定必须以人民法院正在审理或者行政机关正在处理的另一案件的结果为依据的，可以中止审查。中止原因消除后，应当恢复审查程序。

（4）准注册

经过初步审定的商标，自公告之日起 3 个月内没有异议的，或者虽然有异议但经商标局裁定异议不能成立的，予以核准注册，发给商标注册证，并予公告。核准注册标志着商标注册申请人取得商标专用权。

5．注册商标的期限、变更和注销

（1）注册商标的期限。指注册商标具有法律效力的持续期间。《商标法》规定，注册商标的有效期为十年，自核准注册之日起计算。这是指商标专用权的有效期限，在有效期限内商标专用权受到法律保护。

注册商标有效期满，需要继续使用的，商标注册人应当在期满前十二个月内按照规定办理续展手续；在此期间未能办理的，可以给予六个月的宽展期。每次续展注册的有效期为十年，自该商标上一届有效期满次日起计算。期满未办理续展手续的，注销其注册商标。

商标局应当对续展注册的商标予以公告。从可以续展的含义上来讲，商标专有权人可以经续展，永远享有该商标专用权。

（2）注册商标的变更。即注册商标要变更注册人的名义、地址或者其他事项。如果注册商标需要改变文字、图案或者扩大注册商标所使用的商品范围，则需要重新提出注册申请，而不属变更的范畴。注册商标的变更由注册人向商标局递交申请书和证明文件，经商标局核准并予以公告。变更注册人名义或者地址的，注册人必须将全部注册商标一并办理，否则商标局不予受理。

（3）注册商标的注销。即注册商标所有人放弃注册商标权，并由商标局予以确认。注销是商标权灭失的一种形式。注册商标的注销主要有以下原因。

1）注册商标有效期满，六个月宽展期已过，仍未提出宽展申请的，或者虽提出申请，但未被核准的。

2）注册商标权所有人因停产、转产、停业或者其他原因不再使用注册商标自愿放弃的。

3）因注册商标所有人死亡，在法定期限内无人要求继承的。

6．注册商标的转让和许可使用

（1）注册商标的转让。即商标注册人在商标权有效期限内，依法定程序将商标专用权转让给他人的行为。转让的法律后果是商标所有权的转让。转让注册商标的，转让人和受让人应当签订转让协议，并共同向商标局提出申请。受让人应当保证使用该注册商标的商品质量。

转让注册商标的，商标注册人对其在同一种商品上注册的近似的商标，或者在类似商品上注册的相同或者近似的商标，应当一并转让。

对容易导致混淆或者有其他不良影响的转让，商标局不予核准，书面通知申请人并说明理由。

转让注册商标经核准后，予以公告。受让人自公告之日起享有商标专用权。

（2）注册商标的许可使用。即商标注册人通过签订使用许可合同，许可他人使用其注册商标的行为。许可使用的法律后果是一定期限内允许他人使用注册商标。

商标注册人可以通过签订商标使用许可合同，许可他人使用其注册商标。许可人应当监督被许可人使用其注册商标的商品质量。被许可人应当保证使用该注册商标的商品质量。

经许可使用他人注册商标的，必须在使用该注册商标的商品上标明被许可人的名称和商品产地。

许可他人使用其注册商标的，许可人应当将其商标使用许可报商标局备案，由商标局公告。商标使用许可未经备案不得对抗善意第三人。

6.2.3 商标权人的权利与义务

1．商标权人的权利

（1）独占使用权。商标一经核准注册，商标权人即享有在注册商标核定使用的范围内完全独占使用其商标的权利。

（2）禁止权。商标所有人有权禁止任何第三人未经其许可在相同或类似商品上使用与其注册商标相同或近似的商标。

（3）许可使用权。商标权人有权许可他人使用其注册商标，但应签订注册商标使用许可合同，报商标局备案。

（4）转让权。商标权人可依照《商标法》规定的程序将注册商标所有权转让给他人。商标权转让需经商标局核准并公告。商标权转让后，原商标权人的一切权利义务均转让给新的商标权人。

2. 商标权人的义务

（1）按规定使用注册商标。商标权人应使用其注册商标。如果连续三年停止使用注册商标，商标局可撤销其注册商标。使用注册商标应当标明“注册商标”字样或者标明注册标记“®”等。在商品上不便标明的，应当在商品包装或者说明书以及其他附着物上标明。

（2）保证使用注册商标的商品的质量。使用注册商标的商品不得粗制滥造，以次充好欺骗消费者。

（3）申请商标注册和办理其他商标事宜时，应缴纳费用。

3. 商标专用权的法律保护

（1）商标侵权行为。商标侵权行为是指侵犯他人有效的注册商标专用权的行为。《商标法》第五十七条规定，有下列行为之一的，均属侵犯注册商标专用权的行为。

1）未经注册商标人的许可，在同一种商品或者类似商品上使用与其注册商标相同或者近似的商标的。

2）销售侵犯注册商标专用权的商品的。

3）伪造、擅自制造他人注册商标标志或者销售伪造、擅自制造的注册商标标志的。

4）未经商标注册人同意，更换其注册商标并将该更换商标的商品又投入市场的。

5）给他人的注册商标专用权造成其他损害的。

6）未经商标注册人的许可，在同一种商品上使用与其注册商标相同的商标的。

7）未经商标注册人的许可，在同一种商品上使用与其注册商标近似的商标，或者在类似商品上使用与其注册商标相同或者近似的商标，容易导致混淆的。

8）销售侵犯注册商标专用权的商品的。

9）伪造、擅自制造他人注册商标标识或者销售伪造、擅自制造的注册商标标识的。

10）未经商标注册人同意，更换其注册商标并将该更换商标的商品又投入市场的。

11）故意为侵犯他人商标专用权行为提供便利条件，帮助他人实施侵犯商标专用权行为的。

12）给他人的注册商标专用权造成其他损害的。

（2）对商标侵权行为的处理。

侵犯注册商标专用权行为引起纠纷的，由当事人协商解决；不愿协商或者协商不成的，商标注册人或者利害关系人可以向人民法院起诉，也可以请求工商行政管理部门处理。

工商行政管理部门处理时，认定侵权行为成立的，责令立即停止侵权行为，没收、销毁侵权商品和主要用于制造侵权商品、伪造注册商标标识的工具，违法经营额五万元以上的，可以处违法经营额五倍以下的罚款，没有违法经营额或者违法经营额不足五万元的，可以处二十五万元以下的罚款。对五年内实施两次以上商标侵权行为或者有其他严重情节的，应当从重处罚。销售不知道是侵犯注册商标专用权的商品，能证明该商品是自己合法取得并说明提供者的，由工商行政管理部门责令停止销售。

对侵犯商标专用权的赔偿数额的争议，当事人可以请求进行处理的工商行政管理部门调解，也可以依照《中华人民共和国民事诉讼法》向人民法院起诉。经工商行政管理部门调解，当事人未达成协议或者调解书生效后不履行的，当事人可以依照《中华人民共和国民事诉讼法》向人民法院起诉。

6.2.4 商标管理

商标管理，是指国家商标管理机关依法对注册商标和未注册商标的使用进行的管理活动。商标管理对于监督商标的正确使用，保证商品和服务质量，维护商标信誉，保障消费者和生产、经营者的利益都有着重要的作用。

1. 注册商标的使用管理

注册商标的使用管理是商标管理的重要内容，主要包括以下几个方面：使用注册商标时，商标注册人自行改变注册商标、注册人名义、地址或者其他注册事项的，由地方工商行政管理部门责令限期改正；期满不改正的，由商标局撤销其注册商标。注册商标成为其核定使用的商品的通用名称或者没有正当理由连续3年不使用的，任何单位或者个人可以向商标局申请撤销该注册商标，商标局应当自收到申请之日起9个月内做出决定。

注册商标被撤销、被宣告无效或者期满不再续展的，自撤销、宣告无效或者注销之日起1年内，商标局对与该商标相同或者近似的商标注册申请，不予核准。

2. 对未注册商标的使用管理

将未注册商标冒充注册商标使用的，或者使用未注册商标违反《商标法》规定的，由地方工商行政管理部门予以制止，限期改正，并可以予以通报。违法经营额5万元以上的，可以处违法经营额20%以下的罚款；没有违法经营额或者违法经营额不足5万元的，可以处1万元以下的罚款。

对商标局撤销或者不予撤销注册商标的决定，当事人不服的，可以自收到通知之日起15日内向商标评审委员会申请复审。商标评审委员会应当自收到申请之日起9个月内做出决定，并书面通知当事人。当事人对商标评审委员会的决定不服的，可以自收到通知之日起30日内向人民法院起诉。

法定期限届满，当事人对商标局做出的撤销注册商标的决定不申请复审或者对商标评审委员会做出的复审决定不向人民法院起诉的，撤销注册商标的决定、复审决定生效。被撤销的注册商标，由商标局予以公告，该注册商标专用权自公告之日起终止。

6.2.5 注册商标专用权的保护

注册商标专用权的保护，是指运用法律手段制裁商标侵权行为，以确保商标权人对其注册商标所享有的商标权得以实现的法律机制。只有建立完善的注册商标专用权的保护制度，商标权人的权利才能够实现。《商标法》规定了注册商标的专用权保护范围，应当以核准注册的商标和核定使用的商品为限。

1. 侵犯商标专用权的行为

商标侵权行为是指侵犯他人注册商标专用权的行为。《商标法》规定了侵犯注册商标专用权的 7 种行为：①未经商标注册人许可，在同一种商品上使用与其注册商标相同的商标的；②未经商标注册人许可，在同一种商品上使用与其注册商标近似的商标，或者在类似商品上使用与其注册商标相同或者近似的商标，容易导致混淆的；③销售侵犯注册商标专用权的商品的；④伪造、擅自制造他人注册商标标识或者销售伪造、擅自制造的注册商标标识的；⑤未经商标注册人同意，更换其注册商标并将该更换商标的商品又投入市场的；⑥故意为侵犯他人商标专用权行为提供便利条件，帮助他人实施侵犯商标专用权行为的；⑦给他人的注册商标专用权造成其他损害的；（8）将他人注册商标、未注册的驰名商标作为企业名称中的字号使用，误导公众，构成不正当竞争行为的，依照《中华人民共和国反不正当竞争法》处理。

2. 侵犯注册商标专用权的法律责任

（1）民事责任

对侵犯注册商标专用权的行为，引起纠纷的，由当事人协商解决；不愿协商或者协商不成的，商标注册人或者利害关系人可以请求工商行政管理部门处理，也可以直接向人民法院起诉，要求侵权人承担民事责任，主要包括停止侵害、消除影响、赔偿损失等。侵犯商标专用权的赔偿数额，为侵权人在侵权期间因侵权所获得的利益，或者被侵权人在被侵权期间因被侵权所受到的损失，包括被侵权人为制止侵权行为所支付的合理开支。对侵犯商标专用权的赔偿数额的争议，当事人可以请求进行处理的工商行政管理部门调解，也可以依照《民事诉讼法》向人民法院起诉。经工商行政管理部门调解，当事人未达成协议或者调解书生效后不履行的，当事人可以依照《民事诉讼法》向人民法院起诉。

（2）行政责任

对侵犯注册商标专用权的行为，工商行政管理部门有权依法查处；涉嫌犯罪的，应当及时移送司法机关依法处理。工商行政管理部门处理时，认定侵权行为成立的，责令立即停止侵权行为，没收、销毁侵权商品和主要用于制造侵权商品、伪造注册商标标识的工具。违法经营额 5 万元以上的，可以处违法经营额 5 倍以下的罚款；没有违法经营额或者违法经营额不足 5 万元的，可以处 25 万元以下的罚款。对 5 年内实施两次以上商标侵权行为或者有其他严重情节的，应当从重处罚。销售不知道是侵犯注册商标专用权的商品，能证明该商品是自己合法取得并说明提供者的，由工商行政管理部门责令停止销售。

（3）刑事责任

根据《商标法》的规定，以下行为构成侵犯注册商标专用权的犯罪行为：未经商标注册人许可，在同一种商品上使用与其注册商标相同的商标，构成犯罪的，除赔偿被侵权人的损失外，依法追究刑事责任。伪造、擅自制造他人注册商标标识或者销售伪造、擅自制造的注册商标标识，构成犯罪的，除赔偿被侵权人的损失外，依法追究刑事责任。销售明知是假冒注册商标的商品，构成犯罪的，除赔偿被侵权人的损失外，依法追究刑事责任。

6.3 专利法

6.3.1 专利与专利法的概念

1. 专利的概念

专利是指经主管机关依照法定程序审查批准的符合专利条件的发明创造。

2. 专利法的概念

专利法是调整在确认和保护专利权以及在专利使用过程中产生的各种社会关系的法律规范的总称。《专利法》和《专利法实施细则》是我国专利法的主体部分。

6.3.2 专利权的主体与客体

1. 专利权的主体

专利权的主体是指可以申请并取得专利权的单位和个人，即专利权人。

职务发明人是指对执行本单位的任务或者主要是利用本单位的物质技术条件执行本单位的任务或者主要是利用本单位的物质技术条件所完成的发明创造为职务发明创造。职务发明创造申请专利的权利属于该单位；申请被批准后，该单位为专利权人。

非职务发明创造，申请专利的权利属于发明人或者设计人；申请被批准后，该发明人或者设计人为专利权人。

用本单位的物质技术条件所完成的发明创造，单位与发明人或者设计人订有合同，对申请专利的权利和专利权的归属做出约定的，从其约定。

对发明人或者设计人的非职务发明创造专利申请，任何单位或者个人不得压制做出创造性贡献的人。

2. 专利权的客体

专利权的客体是指《专利法》保护的发明创造。我国《专利法》所称的发明创造，是指发明、实用新型和外观设计。

3. 不能授予专利权的对象

（1）科学发现。

（2）智力活动的规则和方法。进行智力活动的设备、装置或者根据智力活动的规则和方法而设计制造的仪器，可以授予专利权。

（3）疾病的诊断和治疗方法。对于脱离人体的物质（血液、毛发等）的化验方法可以授予专利权；用于诊断或者治疗疾病的仪器设备可以授予专利权。

（4）动植物品种。对动植物品种的生产方法，可以授予专利权。

（5）用原子核变换方法获得的物质。

（6）对平面印刷品的图案、色彩或者二者的结合做出的主要起标识作用的设计。

6.3.3 专利权的取得

1．授予专利权的条件

授予专利权的发明和实用新型，应当具备新颖性、创造性和实用性。

（1）新颖性。新颖性是指在申请日以前没有同样的发明或者实用新型在国内外出版物上公开发表过、在国内公开使用过或者以其他方式为公众所知，也没有同样的发明或者实用新型由他人向国务院专利行政部门提出过申请并且记载在申请日以后公布的专利申请文件中。

（2）创造性。创造性是指同申请日以前已有的技术相比，该发明有突出的实质性特点和显着的进步，该实用新型有实质性特点和进步。“已有的技术”是指专利申请日前在国内外出版物上公开发表，在国内公开使用或者以其他方式为公众所知的技术，即现有的技术；“实质性特点”是指申请专利保护的发明或实用新型与已有技术相比有本质性的突破，不是已有技术中类似的或推导的东西，而是创造性构思的结果；“进步”是指在技术上前进了一步，即有可以注意到的距离。

（3）实用性。实用性是指该发明或者实用新型能够制造或者使用，并且能够产生积极效果。《专利法》要求发明创造具有的实用性，只是表示一种可能性，并不要求已在产业上制造或使用，或者立即能在产业上制造或使用。

授予专利权的外观设计，应当同申请日以前在国内外出版物上公开发表过或者国内公开使用过的外观设计不相同或者不相近似，并不得与他人在先取得的合法权利相冲突。

2．授予专利权的原则与程序

（1）授予专利权的原则如下：

1）单一原则。单一性原则是指一件发明或者实用新型专利申请应当限于一项发明或实用新型。一件外观设计专利申请应当限于一种产品所使用的一项外观设计。

2）先申请原则。先申请原则是指两个或两个以上的申请人分别就同样的发明创造申请专利的，专利权授给最先申请的人。先申请的判断标准是专利申请日。如果两个申请人在同一日就相同的发明创造申请专利的，由当事人自行协商确定申请人。国务院专利行政部门收到专利申请文件之日为申请日。如果申请文件是邮寄的，以寄出的邮戳日为申请日。

3）优先权原则。优先权有国际优先和国内优先之分。国际优先是指申请人自发明或者实用新型在外国第一次提出专利申请日起十二个月内，或者自外观设计在外国第一次提出专利申请之日起六个月内，又在中国就相同主题提出专利申请的，依照该外国同中国签订的协议或者共同参加的国际条约，或者依照相互承认优先权的原则，可以享有优先权。国内优先是指申请人自发明或者实用新型在中国第一次提出专利申请之日起十二个月内，又向国务院专利行政部门就相同主题提出专利申请的，可以享有优先权。法律同时规定，申请人要求优先权的，应当提出书面声明和有关证明文件，优先权的实际意义在于把申请日提前了，这样对专利新颖性的认定更加有利于申请人。

（2）专利申请的程序如下：

1）初步审查。国务院专利行政部门收到发明专利申请后，应当进行初步审查。

2）公布。经初步审查合格的，自申请之日起满十八个月，即行公布。

3）实质审查。自申请之日起三年内，国务院专利行政部门可以根据申请人提出的要求，随时对其进行实质审查。

4）授予。经实质审查合格的，由国务院专利行政部门做出授予发明专利权的决定，同时予以登记和公告。发明专利权自公告之日起生效。发明专利权的保护期限为二十年，实用新型专利权和外观设计专利权的期限为十年，自申请日起计算。

5）复审。专利申请人对驳回申请的决定不服的，可以自收到通知之日起三个月内，向专利复审委员会请求复审。对复审决定还不服的，可以自收到通知之日起三个月内，向人民法院起诉。

3．专利权的无效

专利权的无效是指在专利权授予以后，宣告有关的发明创造不应取得专利权。《专利法》规定，自国务院专利行政部门公告授予专利权之日起，任何单位或者个人认为该专利权的授予不符合本法有关规定的，可以请求专利复审委员会宣告该专利无效。专利复审委员会应当及时审查和做出决定，并通知请求人和专利权人。

（1）宣告无效的专利权视为自始即不存在。

（2）宣告专利权无效的决定，对在宣告前人民法院做出并已经执行的专利侵权的判决、裁定，已经履行或者强制执行的专利侵权纠纷的处理决定，以及已经履行的专利实施许可合同和专利权转让合同，不具有溯及力。

6.3.4 专利权人的权利与义务

1．专利权人的权利

（1）独占实施权。发明和实用新型专利权被授予后，任何单位或者个人未经专利权人许可，都不得实施其专利。

（2）实施许可权。实施许可权是指专利权人通过实施许可合同的方式，许可他人实施其专利并收取专利使用费的权利。许可他人实施专利的，当事人应当订立书面实施许可合同。

（3）转让权。转让是指专利权人将其专利权转移给他人所有。转让专利权的，当事人应当订立书面合同，并向国务院专利行政部门登记，由国务院专利行政部门予以公告。专利权的转让自登记之日起生效。

（4）标记权。标记权是指专利权人享有在其专利产品或者该产品的包装、容器、说明书上以及产品广告中上做专利标记和专利号的权利。

（5）追究专利侵权行为的权利。对专利侵权行为，专利权人可以向法院起诉，也可以请求专利管理机关处理。

2．专利权人的义务

（1）专利权人的基本义务是缴纳专利年费。

（2）充分公开其发明创造是专利权人必须承担的义务。

（3）正确行使专利权、不滥用专利权也是专利权人应当承担的义务。

3．专利权的保护期限和终止

（1）专利权的保护期限。指专利权自生效时起到失效时止的期间。我国《专利法》规定，发明专利权的期限为二十年，实用新型和外观设计专利权的期限为十年，均自申请日起计算。

（2）专利权的终止。指专利权因某种法律事实的发生而导致其效力消失的情形。导致专利权终止的法律事实有：① 保护期届满；② 在保护期届满前，专利权人没有按照规定缴纳年费；③ 在保护期届满前，专利权人以书面形式声明放弃其专利权的。

4．强制许可

为了促进获得专利的发明创造得以实施，防止专利权人滥用专利权，维护国家利益和社会公共利益。我国《专利法》将强制许可分为如下 3 类。

（1）对滥用专利权的强制许可。具备实施条件的单位以合理的条件请求发明或者实用新型专利权人许可实施其专利，而未能在合理长的时间内获得这种许可时，国务院专利行政部门根据该单位的申请，可以给予实施该发明专利或者实用新型专利的强制许可。

（2）紧急状态的强制许可。在国家出现紧急状态或者非常情况时，或者为了公共利益的目的，国务院专利行政部门可以给予实施发明专利或者实用新型专利的强制许可。

（3）从属专利的强制许可。一项取得专利权的发明或者实用新型比前已经取得专利权的发明或者实用新型具有显着经济意义的重大技术进步，其实施又有赖于前一发明或者实用新型的实施的，国务院专利行政部门根据后一专利权人的申请，可以给予实施前一发明或者实用新型的强制许可。在依照前款规定给予实施强制许可的情形下，国务院专利行政部门根据前一专利权人的申请，也可以给予实施后一发明或者实用新型的强制许可。

取得实施强制许可的单位或者个人不享有独占的实施权，并且无权许可他人实施。强制许可实施是有偿的，被许可人应当向专利权人支付合理的使用费，其数额由双方协商，双方不能达成协议的，由国务院专利行政部门裁决。

6.3.5 专利权的法律保护

1. 专利权的保护范围

《专利法》规定："发明或者实用新型专利权的保护范围以其权利要求的内容为准，说明书及附图可以用于解释权利要求。""外观设计专利权的保护范围以表示在图片或者照片中的该外观设计专利产品为准。"

2. 专利侵权行为

专利侵权行为是指在专利权有效期内，未经专利权人许可，为了生产经营目的，实施侵害专利权人的实施权和标记权的行为。专利侵权行为分为直接侵权行为和间接侵权行为两类。

（1）直接侵权行为。直接侵权行为是指直接由行为人实施的侵犯他人专利权的行为。其表现形式有：① 制造专利产品的行为；② 使用专利产品的行为；③ 许诺销售专利产品的行为；④ 销售专利产品的行为；⑤ 进口专利产品的行为；⑥ 使用专利方法以及使用依照该专利方法直接获得的产品的行为；⑦ 假冒他人专利的行为。

为生产经营目的使用或者销售不知道是未经专利权人许可而制造并售出的专利产品或者依照专利方法直接获得的产品，能证明其产品合法来源的，仍然属于侵犯专利权的行为，需要停止侵害但不承担赔偿责任。

（2）间接侵权行为。间接侵权行为是指行为人本身的行为并不直接构成对专利权的侵害，但实施了诱导、怂恿、教唆、帮助他人侵害专利权的行为。这种侵权行为通常是为直接侵权行为制造条件，常见的表现形式有：① 行为人销售专利产品的零部件、专门用于实施专利产品的模具或者用于实施专利方法的机械设备；② 行为人未经专利权人授权或者委托，擅自转让其专利技术的行为等。

3. 不视为侵犯专利权的行为

根据《专利法》的规定，下列情形不视为侵犯专利权的行为。

（1）专利权用尽。由专利权人自己或者许可他人制造、进口的专利产品售出后，任何人使用、许诺销售或者销售该产品的，不再需要经过专利权人的许可。

（2）先用权人的实施。在专利申请日前已经制造相同产品、使用相同方法或者已经做好制造、使用的必要准备的，并且仅在原有范围内继续制造、使用的。

（3）临时过境。临时通过中国领陆、领水、领空的外国运输工具，依照其所属国同中国签订的协议或者共同参加的国际条约，或者依照互惠原则，因运输工具自身需要而在其装置和设备中使用有关专利的。

（4）为科学研究而使用。专为科学研究和实验目的，而使用有关专利产品和专利方法的。

4．专利侵权诉讼时效

侵犯专利权的诉讼时效是二年，自当事人得知或者应当得知侵权行为之日起计算。

发明专利申请公布后至专利权授予前使用该发明未支付应当使用费的，专利权人要求支付使用费的诉讼时效是二年，自专利权人得知或者应当得知他人使用其发明之日起计算。但是，专利权人于专利权授予之日前即已得知或者应当得知的，自专利权授予之日起计算。

5．专利侵权行为的法律责任

专利权人发现侵权行为后，可以与对方当事人协商解决，不愿协商或者协商不成的，可以请求专利管理机关处理。专利管理机关有权责令侵权人停止其侵权行为。对于专利管理机关的处理决定不服的，可以在收到处理通知之日起十五日内向人民法院起诉。专利权人发现侵权行为后，也可以直接向人民法院起诉。

（1）民事责任包括以下内容。

1）停止侵权。即侵权人根据行政处理决定或法院生效判决，立即停止正在实施的制造、使用、销售等侵犯专利权的行为。为了有效地阻止专利侵权行为，人民法院可以根据专利权人的请求，采取扣押、查封、冻结等保全措施。

2）赔偿损失。当侵权行为给专利权人造成实际损失时，侵权人应当向专利权人赔偿损失。赔偿数额可按以下方法计算：① 按照专利权人因被侵权所受到的损失作为赔偿额；② 按照侵权人因侵权行为获得的利益作为赔偿额；③ 参照该专利许可使用费的倍数合理确定。

以上 3 种计算方法，由人民法院根据案情或专利权人的意愿，选择使用其中的一种。

（2）行政责任。专利管理机关处理专利侵权纠纷，可对侵权人做出责令停止侵权行为、没收违法所得、罚款的行政处罚。

（3）刑事责任。假冒他人专利，情节严重的，依照《刑法》第二百一十六条的规定，对直接责任人员追究刑事责任，处以三年以下有期徒刑或者拘役，并处或单处罚金。侵犯专利权的诉讼时效为二年，自专利权人或利害关系人得知或者应当得知侵权行为之日起计算。

案例分析

某数码相机厂（甲厂）生产的“蓝颜”牌数码相机，物美价廉，售后服务好，深受广大用户欢迎。后该厂的一名工程师受聘于一家生产“红燕”牌数码相机的工厂（乙厂），担任了乙厂的技术副厂长。为扭转乙厂亏损落后的生产局面，乙厂一方面在技术上加大力度进行革新改造，另一方面利用产品名称打开销路。在得知甲厂的商标还未注册的情况下，于2015年10月9日向商标局申请注册了“蓝颜”牌商标。此后，产品销路大有好转。甲厂得知这一情况后，以该品牌是自己首先创出、先使用为由，要求乙厂停止使用该商标。而乙厂则认为该商标自己已经注册，享有商标专用权，要求甲厂停止使用。为此，双方发生纠纷。

问题：在本案中谁是侵权人？

分析：甲厂是侵权人，侵犯了乙厂的注册商标专用权。理由如下：商标只有经过注册，商标权人才依法享有商标专用权。依据我国《商标法》的规定，我国采用自愿注册与强制注册相结合的原则，除人用药品和烟草制品必须使用注册商标外，其他商品的商标不注册亦可使用，但只有注册商标才有商标专用权，依法受《商标法》的保护。本案中，甲厂虽然使用“蓝颜”牌商标在先，但未注册，所以不享有商标专用权，其他厂家亦可使用。而乙厂将其注册后，即取得了该商标的专用权。未经其同意，其他任何人不得使用该注册商标，否则即构成侵权。我国《商标法》第52条规定，未经商标注册人的许可，在同一种商品或类似的商品上使用与其注册商标相同或近似的商标的，为侵犯注册商标专用权的行为。因此，在乙厂将“蓝颜”牌商标注册后，甲厂虽使用自己首创的品牌，也构成对乙厂注册商标专用权的侵犯，应依法承担法律责任。

（资料来源：徐州市九里区人民法院）

本章小结

重点概念

工业产权　商标权　专利权　专利权主体　专利权客体　职务发明　优先权

强制许可　专利法　商标法　商标注册

知识点

（1）工业产权法概述。工业产权的法律特征：① 专有性；② 地域性；③ 时间性。

（2）商标法。① 商标注册的原则。② 商标注册的条件。③ 商标注册的程序：申请→审查→公告→核准。④ 注册商标的变更。⑤ 注册商标的注销（3种原因）。⑥ 注册商标的撤销。注册无效的撤销和违法使用商标的撤销。⑦ 注册商标所有人的权利和义务。⑧ 注册商标的管理：对注册商标的管理、对未注册商标的管理，以及对商标印制的管理。

（3）专利法。① 授予专利权的条件。② 专利权人的权利和义务。③ 不授予专利权的对象。④ 专利申请的原则。⑤ 专利权的无效。⑥ 专利侵权的诉讼时效。

复习思考题

（1）什么是工业产权？它有哪些法律特征？

（2）简述商标注册的原则。

（3）简述商标注册的程序。

（4）如何从法律上认定商标侵权行为？应如何处理？

（5）简述专利权人的权利和义务。

（6）申请专利应具备哪些法律条件？

（7）专利权保护的范围是什么？

（8）如何从法律上认定专利侵权行为？应如何处理？

第7章　反不正当竞争法与反垄断法

本章学习目标

- 掌握法律界定的11种不正当竞争行为；
- 掌握侵犯商业秘密的法律界定；
- 掌握不当有奖销售行为；
- 掌握违法的垄断行为；
- 了解不正当竞争行为的法律责任；
- 熟悉对不正当竞争行为的监督检查。

7.1　公平竞争的法律规制

7.1.1　竞争与垄断

竞争和垄断是一对孪生兄弟。有竞争的地方，必然有垄断。有垄断的地方，也必然有竞争。对垄断的限制是对公平竞争的维护。经济领域内的竞争是指商品生产者、经营者在市场经营活动中，为了取得有利的条件和地位，争取收益最大化而进行的相互争胜的活动，是竞争者把自己生产经营的商品或提供的服务投入市场，接受价值规律和消费者的检验的优胜劣汰的活动。

竞争是市场经济的本质特征，是市场经济的活力源泉和生命基础。没有竞争就不可能充分发挥市场机制的作用。竞争对社会发展所起的作用主要表现在：① 竞争可以促进有限社会资源的合理流动，实现资源的优化配置；② 竞争能够调节国民收入的分配和再分配，有利于合理市场价格的确定和均衡利润的形成；③ 竞争可以作为经济发展的动力和压力，优胜劣汰的竞争结果，迫使市场主体改善经营管理，提高劳动生产率，提高产品和服务质量，提高经济效益，借此促进社会经济的繁荣与进步。

但是，竞争并不总是能促进经济发展，它也有破坏社会经济秩序的消极一面。一方面，竞争会导致垄断，处于竞争压力下的企业为了摆脱竞争，总是想通过联合或者外部扩张的手段谋取垄断地位。在竞争中取得优势地位者难免要利用其实力，有形无形地迫使交易对手接受其交易条件，或单方面实施某种市场行为而损害中小企业和消费者的利益，最终导致某一生产经营领域由一个或少数几个企业控制的垄断状态。这种垄断往往限制、扼杀竞争，使企业失去竞争能力，从而形成很大的社会成本，阻碍经济的发展。另一方面，市场竞争天然地具有损害竞争的倾向，在竞争的压力和赢利动机的驱使下，市场上的不正当竞争行为大量存在，市场竞争中的这些不公平、不公正行为，是反竞争或限制竞争的因素和力量，严重影响竞争机制作用的发挥。

7.1.2　竞争与垄断的法律调整

对于竞争存在的缺陷，市场本身是无力消除的，需要借助于某种外在的强制力量，才能发挥竞争的双极功能。竞争法就是适应这种需要而产生的。

竞争法是以市场竞争关系和竞争管理关系为调整对象，以反垄断和反不正当竞争为核心内容的法律规范的总和。竞争法的宗旨是确立和维护竞争秩序，保护合法、正当的竞争，维护合法竞争者、消费者的利益和社会公共利益。

1．竞争法调整的经济关系

（1）市场竞争关系。这是平等的市场主体之间在竞争过程中形成的社会关系，表现为市场主体以利害关系方为对手，相互争夺资金、技术、劳动力、市场份额以获取利润最大化的经济关系。这种竞争关系形成的前提是市场主体具有平等的法律地位和经营资格，是平等性的竞争关系。这是竞争法调整的最广泛的对象。竞争法通过创设平等、公正的竞争条件，确认和保护正当、合法的竞争关系，制止非法垄断和不正当竞争，以维护合法竞争者的利益，促进市场竞争和市场经济的健康发展。

（2）管理关系。这是国家经济职能管理部门依照职权对市场竞争进行监督管理的过程中形成的社会关系，表现为具有管理职权的国家职能部门为了维护公平竞争、消除竞争限制，依法对市场主体进行监督管理而产生的经济管理关系。这是国家对市场经济进行干预、协调的具体表现，其根本目的不是为了直接参与竞争，而是在公平竞争环境和秩序遭到破坏，发生了限制公平竞争和不正当竞争行为时，依法采取相关措施，维护公平的竞争秩序。竞争法对竞争管理关系的调整，主要通过以下方式进行：① 明确监督管理体制和管理职权；② 规定监督管理程序以及违法的法律责任等。

2．竞争法调整的竞争行为

竞争法对市场竞争关系和竞争管理关系的调整，是通过对市场主体的不正当竞争行为进行规制来展开的。不正当竞争行为有广义、狭义之分。广义的不正当竞争行为是指一切违反商业道德和善良风俗、有碍和有损正当竞争的行为，包括狭义的不正当竞争，以及垄断行为和限制竞争行为。垄断行为或者限制竞争行为，包括市场主体对市场的控制或独占、滥用经济优势等行为，其实质是破坏自由竞争。狭义的不正当竞争行为，包括市场主体采用违背诚实守信和公平商业惯例的手段从事市场交易的行为，其实质是破坏公平竞争。狭义上的不正当竞争行为与垄断行为的关系如下：

（1）不正当竞争是一种竞争行为，垄断则属一种排除竞争或限制竞争的行为。垄断是指一个或一个以上主体利用其优势，独占控制或通过协议联合独占、控制一定的市场、生产、购销行业、部门，排除或限制竞争以获取高额垄断利润的行为。

（2）不正当竞争行为是法律绝对禁止的，而在法律上并非完全禁止垄断，而且有的垄断还是由法律认可和维护的，如国家垄断、自然垄断，这是社会整体利益所必须确认的。这样看来，垄断并非完全的贬义词。

（3）行为主体不同。不正当竞争行为主体都是经营者，而法律反对的垄断行为的主体不仅是各类经营者，还可能包括某些政府机关（如行政垄断）。

（4）行为后果不同。不正当竞争行为直接损害竞争对手经营者的利益，对消费者利益则不直接（甚至不）损害，而法律所反对的垄断则往往直接影响消费者利益，还会影响中小企业经营者利益，严重破坏社会经济发展。

7.1.3 竞争法的立法

我国的竞争立法将反垄断法和反不正当竞争法分别立法。1993 年 9 月 2 日，第八届全国人大常委会第三次会议通过了《中华人民共和国反不正当竞争法》（以下简称《反不正当竞争法》）。《中华人民共和国反垄断法》已由中华人民共和国第十届全国人民代表大会常务委员会第二十九次会议于 2007 年 8 月 30 日通过，现予公布，自 2008 年 8 月 1 日起施行。

需要指出的是，由于竞争涉及的部门和领域非常广泛，除了反垄断法和反不正当竞争法外，维护公平竞争行为的规范内容也在其他不同的法律法规中有所体现。例如，《专利法》《商标法》《证券法》《消费者权益保护法》《价格法》《计量法》《产品质量责任法》《广告法》《对外贸易法》等都有竞争法规的存在，构成整个竞争法体系中的不可缺少的组成部分。竞争法与市场主体在市场活动中的比赛规则有关，是维护市场经济公平竞争秩序最重要的法律，在市场经济法律体系中占有极其重要的地位。在美国，竞争法被称为“自由企业的大宪章”，在德国被称为“经济宪法”，在日本被称为“经济法的核心”。我国要建立社会主义市场经济体制，就要充分发挥市场和竞争在资源配置中的基础性作用，竞争法在维护公平竞争秩序，促进社会主义市场经济健康发展方面，同样发挥着重要的作用。在规范市场秩序的各种法律制度中，竞争法居于核心的地位，起着基本法的作用。

7.2 反不正当竞争法概述

7.2.1 反不正当竞争法的概念与立法目的

1. 不正当竞争

《中华人民共和国反不正当竞争法》第二条第二款规定：“不正当竞争行为，是指经营者在生产经营活动中，违反本法规定，扰乱市场竞争秩序，损害其他经营者或者消费者的合法权益的行为”。第二章专章列举规定了 11 类不正当竞争行为。

2．反不正当竞争法的概念

反不正当竞争法有狭义和广义之分。狭义的反不正当竞争法是指全国人大常委会于 1993 年 9 月 2 日通过的《中华人民共和国反不正当竞争法》，于 1993 年 12 月 1 日起施行，2017 年 11 月 4 日第十二届全国人民代表大会常务委员会第三十次会议修订，自 2018 年 1 月 1 日起施行。广义的反不正当竞争法是调整在制止不正当竞争行为过程中发生的经济关系的法律规范的总称。

3．反不正当竞争法的立法目的

我国《反不正当竞争法》的立法目的是为了保障社会主义市场经济健康发展，鼓励和保护正当竞争，制止不正当竞争，保护经营者和消费者的合法权益。《反不正当竞争法》的立法目的就是为了最大限度地让各经营主体在市场经济环境下平等地参与经济活动，以实现社会资源的优化配置，达到最佳效益。

7.2.2　反不正当竞争法的基本原则

1．平等保护原则

市场经济的一个基本原则，就是市场中各种经济主体在市场经济规律面前一律平等。在市场交易中应平等协商，任何一方不能把自己的意志强加于人。

2．有利竞争原则

司法机关和执法机关在处理有关不正当竞争行为的案件时应有利于促进健康正当的竞争。反不正当竞争，其目的是为了确立正常的竞争秩序，鼓励和推进正当竞争。反不正当竞争法在终极目的上，一定要归结为有利于促进这种局面的形成。

3．诚实信用原则

经营者在市场交易中，应当严格依据法律的规定和合同的约定行事，要尊重实际情况，讲究商业信誉，诚实待人，不得弄虚作假，欺骗竞争对手和社会公众，不得损人利己。这一原则是人们对市场交易安全的起码要求，同时也是对法律具体规定不足的补救。

7.3　不正当竞争行为

7.3.1　不正当竞争行为的概念与特征

1．不正当竞争行为的概念

1883 年的《保护工业产权巴黎公约》对不正当竞争行为的定义是：“凡在工业、商业中违反诚实信用的竞争行为即构成不正当竞争行为。”1896 年德国《反不正当竞争法》则将其定义为：“在营业中为竞争目的采取非善良风俗’的行为。”

《中华人民共和国反不正当竞争法》将不正当竞争行为定义为："经营者违反本法规定，损害其他经营者的合法权益，扰乱社会经济秩序的行为。"

2．不正当竞争行为的特征

（1）不正当竞争的主体是经营者。

（2）不正当竞争行为是违反公认的商业道德的违法行为。

（3）不正当竞争行为是损害其他经营者合法权益的行为。

（4）不正当经济行为是扰乱社会经济秩序的行为。

7.3.2 不正当竞争行为的种类

我国《反不正当竞争法》第二章规定了 12 类不正当竞争行为。

1．假冒或仿冒行为

假冒或仿冒行为，是指盗用他人的商业信誉、商品或服务声誉，使其商品或服务发生混淆，从中牟取非法利益的行为。根据《反不正当竞争法》的规定，经营者不得实施下列混淆行为，引人误认为是他人商品或者与他人存在特定联系。

（1）擅自使用与对他人有一定影响的商品名称、包装、装潢等相同或者近似的标识；

（2）擅自使用对他人有一定影响的企业名称（包括简称、字号等）、社会组织名称（包括简称等）、姓名（包括笔名、艺名、译名等）；

（3）擅自使用对他人有一定影响的域名主体部分、网站名称、网页等；

（4）其他足以引人误认为是他人商品或者与他人存在特定联系的混淆行为。

2．经济垄断行为

经济垄断行为，是指公用企业或其他依法具有独占地位的经营者，限定他人购买其指定的经营者的商品，以排挤其他经营者公平竞争的行为。所谓公用企业，通常指电力、自来水、煤气、通信、公共交通运输等领域的企业。所谓依法具有独占地位的经营者，是指在特定领域或特定市场上，经营者处于无竞争状态或取得了压倒性的排除竞争的能力。

3．行政垄断行为

行政垄断行为，是指政府及其所属部门滥用行政权力，限定他人购买其指定的经营者的商品，或限制商品的区域流通的行为。根据我国《反不正当竞争法》第七条的规定，政府及其所属部门滥用行政权力限制竞争的行为如下。

（1）限定他人购买其指定的经营者的商品。

（2）限制其他经营者正当的经营活动。

（3）限制外地商品进入本地市场。

（4）限制本地商品流向外地市场。

前两类行为被称为超经济强制交易行为，后两类行为被称为地区封锁行为，这两类限制竞争行为都严重地破坏了公平竞争，是被法律严厉制止的滥用行政权力的行为。

4. 商业贿赂行为

商业贿赂行为，是指经营者在市场交易活动中，通过暗中给付财物或采取其他手段收买交易对象或有关人员，以获得交易机会或占据市场优势的行为。我国《反不正当竞争法》规定：经营者不得采用财物或者其他手段贿赂下列单位或者个人，以谋取交易机会或者竞争优势。

（1）交易相对方的工作人员；

（2）受交易相对方委托办理相关事务的单位或者个人；

（3）利用职权或者影响力影响交易的单位或者个人。

经营者在交易活动中，可以以明示方式向交易相对方支付折扣，或者向中间人支付佣金。经营者向交易相对方支付折扣、向中间人支付佣金的，应当如实入账。接受折扣、佣金的经营者也应当如实入账。

经营者的工作人员进行贿赂的，应当认定为经营者的行为；但是，经营者有证据证明该工作人员的行为与为经营者谋取交易机会或者竞争优势无关的除外。

5. 虚假宣传行为

虚假宣传行为，是指经营者利用广告或者其他方法，对商品质量、制作成分、性能、用途、生产者、有效期限、产地等做引人误解的虚假宣传。《反不正当竞争法》规定：经营者不得对其商品的性能、功能、质量、销售状况、用户评价、曾获荣誉等作虚假或者引人误解的商业宣传，欺骗、误导消费者。

经营者不得通过组织虚假交易等方式，帮助其他经营者进行虚假或者引人误解的商业宣传。

6. 侵犯商业秘密行为

侵犯商业秘密行为，是指以盗窃、利诱、胁迫或其他不正当的手段获取、披露、使用其他人的商业秘密的行为。所谓的商业秘密，是指不为公众所知悉、具有商业价值并经权利人采取相应保密措施的技术信息和经营信息。根据《反不正当竞争法》第十条的规定，侵犯商业秘密的行为主要有以下 3 种。

（1）以盗窃、贿赂、欺诈、胁迫或者其他不正当手段获取权利人的商业秘密；

（2）披露、使用或者允许他人使用以前项手段获取的权利人的商业秘密；

（3）违反约定或者违反权利人有关保守商业秘密的要求，披露、使用或者允许他人使用其所掌握的商业秘密。

第三人明知或者应知商业秘密权利人的员工、前员工或者其他单位、个人实施前款所列违法行为，仍获取、披露、使用或者允许他人使用该商业秘密的，视为侵犯商业秘密。

7. 不当低价销售行为

不当低价销售行为是指经营者以排挤竞争对手为目的，以低于成本的价格销售商品的行为。其行为的表现，就是以低于成本的价格销售商品。但并非所有以低于成本的价格销售商品的行为都构成不正当竞争行为，根据《反不正当竞争法》第十一条的规定，下列情形不属于不正当竞争行为：① 销售鲜活商品；② 处理有效期限即将到期的商品或其他积压的商品；③ 季节性降价；④ 因清偿债务、转产、歇业降价销售商品。

8. 不当搭售行为

不当搭售行为是指经营者在销售商品时，违背购买者的意愿搭售商品或者附加其他不合理的条件的行为。搭售商品或者附加不合理条件，通常是指经营者利用其经济优势或便利条件违背购买者的意愿，在销售某种商品或提供某种服务时，要求购买者购买另一种商品或接受另一种服务，或者就商品或服务的价格、销售条件、销售地区等进行不合理的限制。

9. 不当有奖销售行为

不当有奖销售行为，是指经营者利用金钱、物质或其他利益引诱购买者与之发生交易关系，以排挤竞争对手的行为。有奖销售行为有正当和不正当之分。根据《反不正当竞争法》规定，下列有奖销售行为是不正当竞争行为。

（1）所设奖的种类、兑奖条件、奖金金额或者奖品等有奖销售信息不明确，影响兑奖；

（2）采用谎称有奖或者故意让内定人员中奖的欺骗方式进行有奖销售；

（3）抽奖式的有奖销售，最高奖的金额超过五万元。

10. 商业诽谤行为

商业诽谤行为是指经营者捏造、散布虚伪事实，损害竞争对手的商业信誉或商品声誉的行为。经营者采取商业诋毁的行为，目的是为了削弱竞争对手的竞争能力，破坏竞争对手的正常经营活动。这种行为是为我国《反不正当竞争法》所禁止的。

《反不正当竞争法》规定，经营者不得编造、传播虚假信息或者误导性信息，损害竞争对手的商业信誉、商品声誉。

11. 妨碍、破坏其他经营者合法提供的网络产品或者服务正常运行的行为

经营者利用网络从事生产经营活动，应当遵守本法的各项规定。

经营者不得利用技术手段，通过影响用户选择或者其他方式，实施下列妨碍、破坏其他经营者合法提供的网络产品或者服务正常运行的行为。

（1）未经其他经营者同意，在其合法提供的网络产品或者服务中，插入链接、强制进行目标跳转；

（2）误导、欺骗、强迫用户修改、关闭、卸载其他经营者合法提供的网络产品或者服务；

（3）恶意对其他经营者合法提供的网络产品或者服务实施不兼容；

（4）其他妨碍、破坏其他经营者合法提供的网络产品或者服务正常运行的行为。

12．串通招标、投标行为

串通招标、投标行为是指在招标、投标活动中，两个以上的行为人以提议形式或共同行动限制竞争的共谋行为。它表现为：投标者串通投标；投标者与招标者之间的共谋行为。

我国《反不正当竞争法》第十五条规定："投标者不得串通投标，抬高标价或压低标价。投标者不得相互勾结以排挤竞争对手的公平竞争。"所谓招标，是指买方通过公告或借招标单的形式，说明交易条件，邀请供货人或承包人供货或承包工程的行为。所谓投标，是指卖方（供货人或承包人）按招标人的要求，报出竞争条件，争取达成交易的行为。

7.4 对不正当竞争行为的法律规制

7.4.1 对不正当竞争行为的监督检查

1．监督检查部门

县级以上人民政府工商行政管理部门是监督检查不正当竞争行为的主管机关。法律、行政法规规定的有权监督检查不正当竞争行为的其他部门，也是不正当竞争行为的监督检查机关。

2．监督检查部门的职权

监督检查部门在监督检查不正当竞争行为时，有权行使下列职权。

（1）询问权。按照规定程序询问被检查的经营者、利害关系人、证明人，并要求其提供证明材料或者与不正当竞争行为有关的其他资料。

（2）查询、复制权。查询、复制与不正当竞争行为有关的协议、账册、单据、文件、记录、业务函电和其他资料。

（3）检查权。检查与假冒或仿冒行为有关的财物，必要时可以责令被检查的经营者说明该商品的来源和数量，暂停销售，听候检查，不得转移、隐匿、销毁该财物。

监督检查部门工作人员在监督检查不正当竞争行为时，应当出示检查证件。监督检查部门在监督检查不正当竞争行为时，被检查的经营者、利害关系人和证明人应当如实提供有关资料或情况。

7.4.2 不正当竞争行为的法律责任

根据《反不正当竞争法》的规定，不正当竞争行为的法律责任包括民事责任、行政责任和刑事责任。

1．民事责任

经营者违反《反不正当竞争法》的规定，实施了不正当竞争行为，给被侵害的经营者造成损害，应当承担民事责任。

（1）经营者违反法律规定，给他人造成损害的，应当依法承担民事责任。经营者的合法权益受到不正当竞争行为损害的，可以向人民法院提起诉讼。

因不正当竞争行为受到损害的经营者的赔偿数额，按照其因被侵权所受到的实际损失确定；实际损失难以计算的，按照侵权人因侵权所获得的利益确定。赔偿数额还应当包括经营者为制止侵权行为所支付的合理开支。

（2）经营者违反《反不正当竞争法》第六条、第九条规定，权利人因被侵权所受到的实际损失、侵权人因侵权所获得的利益难以确定的，由人民法院根据侵权行为的情节判决给予权利人三百万元以下的赔偿。

（3）经营者实施混淆行为的，由监督检查部门责令停止违法行为，没收违法商品。违法经营额五万元以上的，可以并处违法经营额五倍以下的罚款；没有违法经营额或者违法经营额不足五万元的，可以并处二十五万元以下的罚款。情节严重的，吊销营业执照。

经营者登记的企业名称违反本法第六条规定的，应当及时办理名称变更登记；名称变更前，由原企业登记机关以统一社会信用代码代替其名称。

（4）经营者贿赂他人的，由监督检查部门没收违法所得，处十万元以上三百万元以下的罚款。情节严重的，吊销营业执照。

（5）经营者对其商品作虚假或者引人误解的商业宣传，或者通过组织虚假交易等方式帮助其他经营者进行虚假或者引人误解的商业宣传的，由监督检查部门责令停止违法行为，处二十万元以上一百万元以下的罚款；情节严重的，处一百万元以上二百万元以下的罚款，可以吊销营业执照。

经营者违反本法第八条规定，属于发布虚假广告的，依照《中华人民共和国广告法》的规定处罚。

（6）经营者侵犯商业秘密的，由监督检查部门责令停止违法行为，处十万元以上五十万元以下的罚款；情节严重的，处五十万元以上三百万元以下的罚款。

（7）经营者进行有奖销售的，由监督检查部门责令停止违法行为，处五万元以上五十万元以下的罚款。

2．行政责任

（1）经营者假冒他人的注册商标，擅自使用他人的企业名称或姓名，伪造或者冒用认证标志、名优标志等质量标志，伪造产地，对商品质量做引人误解的虚假表示的，依照《商标法》《产品质量法》的规定处罚。

对于经营者擅自使用知名商品特有的名称、包装、装潢，或者使用与知名商品近似的名称、包装、装潢，造成和他人的知名商品相混淆，使购买者误认为是该知名商品的，监督检查部门应当责令停止违法行为，没收违法所得，可以根据情节处以违法所得 1 倍以上 3 倍以下的罚款；情节严重的，可以吊销营业执照。

（2）经营者的商业贿赂行为未构成犯罪的，监督检查部门可以根据情节处以 1 万元以上 20 万元以下罚款，有违法所得的，予以没收。

（3）对于经营者的虚假宣传行为，监督检查部门应当责令其停止违法行为，消除影响，可以根据情节处以 1 万元以上 20 万元以下的罚款。

广告的经营者，在明知或应知的情况下，代理、设计、制作、发布虚假广告的，监督检查部门应当责令其停止违法行为，没收违法所得，并依法处以罚款。

（4）对于侵犯他人商业秘密的，监督检查部门应当责令停止违法行为，可以根据情节处以 1 万元以上 20 万元以下的罚款。

（5）对于经营者的不正当有奖销售行为，监督检查部门应当责令停止违法行为，可以根据情节处以 1 万元以上 10 万元以下的罚款。

（6）经营者损害竞争对手商业信誉、商品声誉的，由监督检查部门责令停止违法行为、消除影响，处十万元以上五十万元以下的罚款；情节严重的，处五十万元以上三百万元以下的罚款。

（7）经营者妨碍、破坏其他经营者合法提供的网络产品或者服务正常运行的，由监督检查部门责令停止违法行为，处十万元以上五十万元以下的罚款；情节严重的，处五十万元以上三百万元以下的罚款。

（8）经营者有主动消除或者减轻违法行为危害后果等法定情形的，依法从轻或者减轻行政处罚；违法行为轻微并及时纠正，没有造成危害后果的，不予行政处罚。

（9）经营者违反本法规定，应当承担民事责任、行政责任和刑事责任，其财产不足以支付的，优先用于承担民事责任。

（10）妨害监督检查部门依照本法履行职责，拒绝、阻碍调查的，由监督检查部门责令改正，对个人可以处五千元以下的罚款，对单位可以处五万元以下的罚款，并可以由公安机关依法给予治安管理处罚。

3. 刑事责任

违反反不正当竞争法规定，构成犯罪的，依法追究刑事责任。

7.5 反垄断法

7.5.1 反垄断法的概念和特征

1. 反垄断法的概念

反垄断法是指通过规范市场经营主体的垄断和限制竞争行为来调整市场经营主体之间的竞争关系的法律规范的总称。从内涵上讲，反垄断法是禁止行为人排除或者限制市场竞争行为的法律部门或法律规范的总称；从外延上讲，反垄断法是禁止反竞争的购并、联合行为或者滥用市场力量行为的法律部门或者法律规范的总称。反垄断法是通过国家的干预来实现经济秩序的正常运转，寻求实质的公平正义。

2．反垄断法的特征

反垄断法的特征有：①体现国家对经济的干预；②以捍卫整体利益为本位；③具有明显的经济政策性；④实体法与程序法相统一。

7.5.2 垄断行为

1．协议垄断

协议垄断是指市场经营主体之间通过协议、合同等方式对同类或者可替代性商品达成一致，共同划分市场、限制商品价格和数量等，进而排除或限制竞争的行为。协议垄断具有排除市场竞争、阻碍行业发展和排挤中小企业发展等危害，是反垄断法规制的主要行为之一。协议垄断依据其形态的不同，可分为横向垄断和纵向垄断。

（1）横向垄断

横向垄断是指法律上具有独立法律地位的市场经营主体，为了排除或者限制其他处于相同交易水平的市场经营主体在市场上的竞争，通过协商达成一致，对产品销售价格、数量、市场销售份额等做出约定，获得无竞争市场或较弱竞争市场的行为。

（2）纵向垄断

纵向垄断是指处于不同交易水平的市场经营主体通过订立协议，限制或者排除市场竞争的行为。其主要表现形式有纵向价格限制、纵向非价格限制。

2．滥用市场支配地位

《中华人民共和国反垄断法》（以下简称《反垄断法》）规定了反垄断规制的第二类垄断行为，即滥用市场支配地位。滥用市场支配地位需要具备以下两个条件。

（1）经营者具有市场支配地位

《反垄断法》明确规定，市场支配地位是指经营者在相关市场内具有能够控制商品价格、数量或者其他交易条件，或者能够阻碍、影响其他经营者进入相关市场的市场地位。具体而言，这表现为以下两种情况：一是具有能够控制商品价格、数量或其他交易条件的实力和地位。二是具有能够阻碍、影响其他经营者进入市场竞争的能力。因此，经营者具备市场支配地位就表现为控制或者影响市场公平竞争的能力。

（2）经营者滥用了所具有的市场支配地位

经营者具有市场支配地位并不违法，反而具有市场竞争优势，引领行业发展和创新，这是法律所鼓励的，亦是法律价值之导向。但是基于其具有的市场支配地位谋求不正当的利益，则是法律所不允许的。

对于滥用市场支配的认定应严格遵循以下要件。

第一，滥用了市场支配地位。经营者利用市场的支配地位，采取合法的方式推进行业技术革新、推动行业的发展、占领市场份额等行为不是法律所规制的，然而，其依靠自身的支配地位，牟取不正当的竞争利益，以非法的方式进行竞争，则具有滥用市场支配地位的主观故意。

第二，滥用行为对市场的竞争秩序产生了危害。滥用市场支配地位的客观表现就是破坏了应有的公平竞争的市场经济秩序，严重地损害了消费者的合法权利，侵害了同业经营者的合法权利。

企业在拥有市场支配地位的前提下，存在滥用市场支配地位的主观故意并造成市场公平竞争秩序的破坏时，就可以判定其具有滥用市场支配地位的不正当竞争行为。

3. 经营者集中

市场经济的本质就是竞争，通过市场竞争能够推动行业的创新和发展，鼓励经营者做大、做强，增强企业的竞争力，产生规模效益。但是，经营者的集中是把双刃剑，一方面带来市场的活力，另一方面会造成垄断的局面，使行业遭受损害。因此，国家对于经营者的集中要积极干预，使其保持在一定的限度内，发挥其积极作用，抑制其消极作用。

经营者集中主要是指通过合并、资产购买、股份购买、合同约定、人事安排、技术控制等方式取得对其他经营者的控制权或者能够对其他经营者施加决定性影响的情形。它主要表现为：①经济力量过度集中。经济力量过度集中，是指在一个特定的市场或行业中，生产集中超过一定的“度”，过分集中在少数大企业手中。②消除潜在竞争。经营者集中可以扩大自身的市场份额，增强经济实力，从而进入另一市场，使得市场竞争不充分。③增加进入市场的障碍。经营者一旦通过其集中地位形成占有优势，后进入者将无法正常进入已被严格控制的市场参与竞争。

4. 滥用行政权力排除、限制竞争

《反垄断法》明确规定，行政机关和法律、法规授权的具有管理公共事务职能的组织不得滥用行政权力排除、限制竞争。该法列举了滥用行政权力排除、限制竞争的垄断行为，主要有：①以任何方式限定或者变相限定单位和个人只能经营、购买、使用指定的经营者提供的商品；②妨碍商品在地区之间自由流通和充分竞争；③以设定歧视性资质要求、评审标准或者不依法发布信息等方式，排斥或者限制外地经营者参加本地的招标投标活动；④以采取同本地经营者不平等待遇等方式排斥或者限制外地经营者在本地投资或者设立分支机构；⑤强制经营者从事本法规定的垄断行为以及制定含有排除、限制竞争内容的规定。

案例分析

某市正兴百货公司因经营不善，连年亏损。公司经理刘良决定采取有奖销售的办法推销商品，具体方法为：凡购买该公司100元以上物品者即可得到一张兑奖票，设1～10等奖和特等奖。其中：特等奖1名，奖品为高尔夫轿车；1等奖2名，奖品为一套42英寸液晶的家庭影院；2等奖6名，奖品为登福禄冰箱1台；3等奖10名，奖品为凤凰自行车1辆……奖级越低，得奖人数越多，奖品价值也越低。自从设奖后，该公司的销售额与日俱增，最高一天销售额竟达500万元。该公司不断采取同样的办法进行销售，但是始终未见特等奖及1、2等奖出现，于是有人投诉到工商行政管理部门。工商行政管理部门接到投诉后进行了调查，查明正兴百货公司根本没有设特等奖及1、2等奖的奖项，所谓的有奖销售实为一场骗局。最后，工商行政管理局做出对兴隆公司予以罚款的决定。

问题：工商行政管理部门的处理是否正确？是否有法律依据？

分析：工商行政管理部门的处理是正确的。我国《反不正当竞争法》第十三条规定，经营者不得从事下列有奖销售：采用谎称有奖或者故意让内定人员中奖的欺骗方式进行有奖销售；利用有奖销售的手段推销质次价高的商品；抽奖式的有奖销售，最高奖的金额超过5 000元。本案中，正兴百货公司谎称有奖而实际无奖，且有奖销售的最高金额显然超过了法定最高限额，其行为属于不正当竞争行为。而且我国《反不正当竞争法》第二十六条还规定："经营者违反本法第十三条的规定进行有奖销售的，监督检查部门应当责令停止违法行为，可以根据情节处以1万元以上10万元以下的罚款。"

（资料来源：徐州市九里区人民法院）

本章小结

重点概念

不正当竞争　反不正当竞争法　不正当竞争行为　商业秘密　商业贿赂

知识点

（1）反不正当竞争法概述。① 反不正当竞争法的基本原则。② 不正当竞争行为的特征。③ 不正当经济行为是扰乱社会经济秩序的行为。

（2）不正当竞争行为。① 假冒或仿冒行为；② 经济垄断行为；③ 行政垄断行为；④ 商业贿赂行为；⑤ 虚假宣传行为；⑥ 侵犯商业秘密行为；⑦ 不当低价销售行为；⑧ 不当搭售行为；⑨ 不当有奖销售行为；⑩ 商业诽谤行为；⑪ 串通招标、投标行为。

（3）不正当竞争行为的法律责任。① 民事责任；② 行政责任；③ 刑事责任。

（4）国内外法律法规认定的垄断行为。① 独占垄断；② 企业结合；③ 限制竞争协议；④ 独家经销；⑤ 滥用市场优势行为。

复习思考题

（1）不正当竞争的含义是什么？

（2）如何理解反不正当竞争法的基本原则？

（3）不正当竞争行为的种类有哪些？

（4）不正当竞争行为的监督检查部门及其职权是什么？

（5）经营者承担不正当竞争行为的民事责任的条件是什么？

（6）简述不正当竞争行为的法律责任。

（7）什么是垄断？垄断的行为有哪些？

（8）什么是违法的垄断行为？

第 8 章　消费者权益保护法

本章学习目标

- 掌握消费者权益保护法的基本原则；
- 掌握消费者的权利和经营者的义务；
- 掌握损害消费者权益的法律责任；
- 掌握经营者的义务及权益争议的解决；
- 了解消费者协会的职能；
- 熟悉消费者组织。

8.1　消费者权益保护法概述

8.1.1　消费者与消费者权益保护法的概念

1．消费者的概念

消费是指人类生活领域的一切物质消耗和花费。消费者也就是消耗和花费的人，既包括生产消费者，又包括生活消费者。从这个意义上讲，人人都是消费者。

这里所指的消费者，是法律意义上的消费者，即为了满足个人或家庭生活消费的需要，而购买、使用商品或者接受服务的人。

2．消费者权益保护法的概念

消费者权益保护法是调整在保护消费者权益过程中发生的经济关系的法律规范的总称。它有狭义和广义之分。狭义的消费者权益保护法是指 1993 年 10 月 31 日第八届全国人大常委会第四次会议通过，并于 1994 年 1 月 1 日起施行的《中华人民共和国消费者权益保护法》（以下简称《消费者权益保护法》）。该法分别于 2009 年 8 月 27 日和 2016 年 10 月 25 日进行了修订。广义的消费者权益保护法，除《消费者权益保护法》之外，还包括其他法律、法规中的保护消费者权益的法律规范，如《产品质量法》《食品安全法》等法律法规中有关保护消费者权益的内容。

8.1.2　消费者权益保护法的基本原则

消费者权益保护法的基本原则，是指贯穿于消费者权益保护立法、司法以及消费活动的基本准则。它集中反映了在市场经济条件下，国家保护消费者权益的指导思想。

消费者权益保护法有以下 3 个基本原则。

（1）自愿、平等、公平、诚实信用原则。

（2）国家保护消费者的合法权益不受侵害的原则。

（3）国家保护与社会监督相结合的原则。

8.2　消费者的权利与经营者的义务

8.2.1　消费者的权利

消费者的权利是指公民或单位为了满足物质、文化生活需要而购买、使用各种物质产品、精神产品或者接受劳动服务时依法享有的权益。它包括消费者有权做出一定的行为和要求经营者做出一定行为两个方面。消费者的权利是消费者权益在法律上的体现。

《消费者权益保护法》规定了消费者的权利，即消费者的安全权，知情权，自主选择权，公平交易权，依法获得赔偿权，结社权，获得知识权，人格尊严、民族风俗习惯受尊重权和监督批评权 9 项权利。

1. 安全权

《消费者权益保护法》规定了消费者的安全权，具体是指消费者在购买、使用商品和接受服务时享有人身、财产安全不受损害的权利。

消费者的安全权包括：第一，人身安全权。人身安全权又包括生命安全保障和生命健康不受损害。第二，财产安全权。上述两方面权利的确立要求经营者在销售商品或提供服务时，必须严格执行国家相关的标准，确保消费者的生命健康和财产安全。同时，经营者不能生产、销售或者提供不符合国家、行业标准的商品或服务，一旦有上述违法行为存在，国家将追究其责任。

2. 知情权

消费者的知情权是指消费者享有知悉其购买、使用的商品或者接受服务的真实情况的权利。消费者有权根据商品或者服务的不同情况，要求经营者提供商品的价格、产地、生产者、用途、性能、规格、等级、主要成分、生产日期、有效期限、检验合格证明、使用方法说明书、售后服务，或者服务的内容、规格、费用等有关情况。

消费者的知情权包括两层含义：一是消费者在购买、使用商品或接受服务时，有权询问、了解商品或者服务的有关情况；二是经营者依消费者要求所提供的信息必须是真实的。

3. 自主选择权

《消费者权益保护法》规定，消费者享有自主选择商品或者服务的权利。消费者的自主选择权是指消费者依法享有的自主选择商品或者服务的权利。

消费者的自主选择权包括如下4个方面：第一，消费者有权选择提供商品或者服务的经营者；第二，消费者有权自主选择商品品种或者服务方式；第三，消费者有权自主决定购买或者不购买任何一种商品，接受或者不接受任何一项服务；第四，消费者在选择商品或者服务时，有权进行比较、鉴别和挑选。

4. 公平交易权

《消费者权益保护法》规定，消费者享有公平交易的权利。消费者的公平交易权是指消费者在购买商品或者接受服务时依法享有的获得质量保障和价格合理、计量准确等公平交易条件的权利。

公平交易是市场经济最基本的原则和要求。《消费者权益保护法》规定，经营者与消费者进行交易，应当遵循自愿、平等、公平、诚实信用的原则。同时，《民法通则》规定，民事活动应遵循自愿、公平、有偿、诚实信用的原则。应当说，经营者提供商品和服务，消费者购买商品或者接受服务，是一种市场交易行为，亦即法律上所称的民事法律行为。在整个市场活动中，消费者和经营者都享有公平交易的权利。

5. 依法获得赔偿权

《消费者权益保护法》规定，消费者享有依法获得赔偿权的权利，赔偿的范围包括人身损害赔偿和财产损失赔偿，其中人身损害赔偿又包括生命、健康损害赔偿和精神损害赔偿。消费者依法获得赔偿权的法律依据是《民法通则》，其中规定了对公民的人身权利、财产权利的保护，并以民事责任的方式规定了侵权人或者债务人所应承担的法律责任。就损害赔偿的一般性质而言，它具有补偿性，这主要是基于民事法律关系中的平等、等价有偿原则，即在当事人所遭受的实际财产损失或者由于人身伤害而造成的财产损失得到充分完全的补偿后，侵权人或者债权人的民事责任即告承担完毕。在消费者权益保护领域，法律又特别规定了惩罚性损害赔偿金的适用，即《消费者权益保护法》针对经营者欺诈行为规定了双倍赔偿。

6. 结社权

《消费者权益保护法》规定，消费者享有依法成立维护自身合法权益的社会组织的权利。结社权是指消费者在购买、使用商品或接受商品服务时享有依法成立维护自身合法权益的社会团体的权利。

消费者结社权的法律依据是《宪法》的规定，即“中华人民共和国公民有言论、出版、集会、结社、游行、示威的自由”，这是公民结社权的一部分。换句话说，消费者的结社权是其《宪法》权利在生活消费领域的具体体现。

消费者的结社权主要体现在：第一，消费者结成的组织是保障个体消费者合法权益的重要组织形态，它在维护消费者权益方面起着重要作用；第二，消费者结成的组织可以通过调解、仲裁等形式解决消费者与经营者之间的纠纷；第三，消费者结成的组织也可以在消费者与政府之间起沟通的桥梁作用。

7. 获得知识权

《消费者权益保护法》规定了消费者在购买、使用商品或接受服务时有获得相关知识的权利。这里的知识包括两个方面：一是消费者权益保护方面的知识，主要是关于消费者权益保护的法律规范、政策以及具体维护自身权益的诉讼知识等；二是消费者在购买、使用商品或接受服务中关于具体商品或者服务的知识。对此，国家和经营者都有义务为消费者提供基本的培训、咨询和指导。

8. 人格尊严、民族风俗习惯受尊重权

《消费者权益保护法》规定，消费者在购买、使用商品和接受服务时享有其人格尊严、民族风俗习惯得到尊重的权利，享有个人信息依法得到保护的权利。经营者不得对消费者进行侮辱、诽谤，不得搜查消费者的身体及携带的物品，不得侵犯消费者的人身自由。

《宪法》规定，中华人民共和国公民的人格尊严不受侵犯。《民法通则》规定，公民的人格尊严受法律保护。人格尊严作为基本人权，在任何法律关系中无论双方地位是否平等，都应该得到实现，在消费领域也不例外。

9. 监督批评权

《消费者权益保护法》规定，消费者享有对商品和服务以及保护消费者权益工作进行监督的权利。消费者有权检举、控告侵害消费者权益的行为和国家机关及其工作人员在保护消费者权益工作中的违法失职行为，有权对保护消费者权益工作提出批评、建议。消费者的监督权表现在两个方面：一是对消费者权益保护工作进行监督的权利；二是对商品和服务进行监督的权利。

8.2.2 经营者的义务

经营者的义务是指经营者必须按照法律的规定做出一定的行为和不得做出一定的作为，以满足和实现消费者的生活消费需要的责任。

在消费法律关系中，消费者的权利就是经营者的义务。经营者的义务有 9 项。

1. 守法履约义务

遵守法律法规的义务是指经营者的经营行为（提供商品或服务的行为）应当符合法律

的规定以及与消费者的约定。具体就是经营者向消费者提供商品或者服务应当符合《产品质量法》《广告法》以及其他有关法律法规规定应履行的义务；经营者与消费者有约定的，应当按照约定履行义务，但双方约定不得违背法律法规的规定。遵守法律是经营者进行经营行为的最基本义务，也是经营者的相应权利得到保护的前提。

2. 接受监督义务

接受消费者监督的义务是指经营者的经营行为应当受到消费者的监督，经营者也应当听取消费者对其提供的商品或者服务的意见。对经营者的监督包括对经营者侵害消费者利益行为的检举控告。一般消费者对经营者的监督属于狭义监督，广义监督还包括相应行政机关、消费者协会、新闻媒体等社会机构的监督。

3. 保障安全义务

保障人身、财产安全的义务有如下3个层次。

（1）经营者应当保证其提供的商品或者服务符合保障人身、财产安全的要求。

（2）经营者对可能危及人身、财产安全的商品和服务，应当向消费者做出真实的说明和明确的警示，并说明和标明正确使用商品或者接受服务的方法以及防止危害发生的方法。

（3）经营者发现其提供的商品或者服务存在严重缺陷，即使正确使用商品或者接受服务仍然可能对人身、财产安全造成危害的，应当立即向有关行政部门报告和告知消费者，并采取防止危害发生的措施。

4. 提供信息义务

提供真实信息的义务有如下4个层次。

（1）经营者应当基于诚实信用的原则向消费者提供有关商品或者服务的真实信息，既不得做虚假宣传，也不能做引人误解的宣传。

（2）经营者对消费者就其提供的商品或者服务的质量和使用方法等问题提出的询问，应当给予真实、明确的答复，不得有欺骗、误导的行为。

（3）经营者提供的商品应当明码标价，并置于醒目位置。

（4）经营者应当在所提供商品或服务的包装或说明上标明其真实名称和标记，即使是承租他人柜台或者场地的经营者，也应当在醒目位置标明真实姓名和标记。提供真实的信息，才能保障消费者根据自己的意愿选择消费行为，满足消费需求。

5. 出具单据义务

出具购货凭证或服务单据的义务是指经营者提供商品或者服务，应当按照国家有关规定或者商业惯例向消费者出具购货凭证或者服务单据；消费者索要购货凭证或者服务单据的（如发票、车票、门票等），经营者必须出具。出具凭证或单据既有利于国家的管理，又是经营者与消费者之间的消费关系的凭证。

6．质量保证义务

对商品或服务质量进行保证的义务是指对于自己提供的商品或服务，经营者一般应当保证在消费者正常使用的情况下其所应当具有的质量、性能、用途和有效期限。但是如果消费者在购买该商品或者接受该服务前已经知道其存在瑕疵的除外。经营者以广告、产品说明、实物样品或者其他方式表明商品或者服务的质量状况的，应当保证其提供的商品或者服务的实际质量与表明的质量状况相符。

7．售后服务义务

提供有效售后服务的义务是指对于自己提供的商品或者服务，按照国家规定或者与消费者的约定，经营者应承担三包责任（包修、包换、包退）或者其他责任的，应当按照国家规定或者与消费者的约定履行，不得故意拖延或者无理拒绝。提供有效的售后服务，既是对一次买卖行为的完整履行，也是提升经营者良好形象的阶梯，更重要的是对消费者的负责。

8．公平交易义务

公平交易义务即不得不公平、不合理地进行交易的义务，是指经营者在经营活动中不得以格式合同、通知、声明、店堂告示等方式做出对消费者不公平、不合理的规定或要求，或者减轻、免除其损害消费者合法权益应当承担的民事责任，或者单方面加重消费者义务。对于格式合同、通知、声明、店堂告示等含有以上所列内容的，一般其内容无效。我国《合同法》对这些内容也做了相应规定。

9．尊重人格义务

尊重消费者人格尊严的义务是指经营者在经营活动中应避免如下 3 种不可为的行为。

（1）不得对消费者进行侮辱、诽谤，情节严重的应承担相应责任。

（2）不得搜查消费者的身体及其携带的物品，必要时可寻求公安机关的帮助。

（3）不得侵犯消费者的人身自由，构成犯罪的应承担刑事责任。

经营者向消费者提供商品或者服务，应当履行法律、法规直接规定的经营者应当承担的义务。如不履行，将承担相应的法律后果。这种法定义务除《消费者权益保护法》所规定的以外，还散见于《产品质量法》等其他法律、法规之中。此外，经营者和消费者有约定的，应当按照约定履行义务，但双方的约定不得违背法律、法规的规定。

所谓的经营者，就是向消费者提供其生产、销售的商品或者提供服务的单位或者个人，是以营利为目的的从事生产经营活动并与消费者对立存在的另一方当事人。

在买卖或接受服务的法律关系中，经营者与消费者是相对应的消费法律关系主体，因而消费者的权利与经营者的义务是相对的一个问题的两个方面，即消费者的权利是经营者的义务，消费者的权利是通过经营者履行义务来实现的。

《消费者权益保护法》中的经营者具备以下特征：①经营者的外延包含生产者、销售者和服务的提供者；②营利是经营者最主要的构成要件，也是所有经营者追求的目标和其从事经营活动的直接动因；③经营者不是泛指所有从事生产经营活动的人，而仅指那些向消费者提供与生活消费有关的商品和服务的公民、法人及其他组织。

经营者应履行如下义务。

（1）经营者依法定或依约定履行义务

《消费者权益保护法》规定，经营者向消费者提供商品或者服务，应当依照《产品质量法》和其他有关法律、法规的规定履行义务。此外，经营者和消费者有约定的，应当按照约定履行义务，但双方的约定不得违背法律、法规的规定。

该规定明确了经营者的义务来源两个方面：一是消费者与经营者的约定。按照意思自治原则，消费者和经营者可以约定履行义务的内容、方式等，可以对法律有关义务规定进行变通，以便更加符合消费者的需要。约定的内容优先于法定内容。二是法律规定。当消费者和经营者未对经营者的义务做出具体的规定时，由法律规定的义务作为补充，适用法律规定。作为法律义务的来源不仅仅限于《产品质量法》等法律，其他有关的法规等亦可作为义务的补充。

（2）经营者听取意见和接受监督的义务

《消费者权益保护法》规定，经营者应当听取消费者对其提供的商品或者服务的意见，接受消费者的监督。法律规定这一义务体现了两个方面的含义：一是对个案交易具有促进作用。在消费过程中，消费者有权利就接受的服务或者商品的提供方式方法等表达个人意见，行使监督权利，并借此来提升商品质量，完善服务方式，使其符合消费者的要求。二是对于商品或者服务行业服务水平的提高具有推动作用。听取意见和接受监督的义务，充分地表明立法者的倾向性的意图，不仅在于规范个体的消费行为，还在于推动消费行业水平的提高。

（3）保障人身和财产安全的义务

《消费者权益保护法》规定，经营者应当保证其提供的商品或者服务符合保障人身、财产安全的商品或服务。经营者应当向消费者做出真实的说明和明确的警示，并说明和标明消费者正确使用商品或接受服务的方法以及防止危害发生的方法。经营者发现其提供的商品或者服务存在严重缺陷，即使正确使用商品或者接受服务仍然可能对人身、财产安全造成危害的，应当立即向有关行政部门报告和告知消费者，并采取防止危害发生的措施。

此项义务具体包含以下3点要求：①经营者应当保证其提供的商品或者服务符合保障人身、财产安全的要求。②经营者发现其提供的商品或服务存在严重缺陷，即使正确使用或接受仍无安全保障，应立即向有关行政部门报告和告知消费者，并积极采取停止销售、警示、召回、无害化处理、销毁、停止生产或者服务等措施防止危害发生。采取召回措施的，经营者应当承担消费者因商品被召回支出的必要费用。③对可能危及人身、财产安全的商品和服务，应明确说明和警示，并说明或标明正确使用或接受服务及防止危害发生的方法。

（4）不作虚假宣传的义务

《消费者权益保护法》规定，经营者向消费者提供有关商品或者服务的质量、性能、用途、有效期限等信息，应当真实、全面，不得作虚假或者引人误解的宣传。经营者对消费者就其提供的商品或者服务的质量和使用方法等问题提出的询问，应当做出真实、明确的答复。经营者提供商品或者服务应当明码标价。

采用网络、电视、电话、邮购等方式提供商品或者服务的经营者，以及提供证券、保险、银行等金融服务的经营者，应当向消费者提供经营地址、联系方式、商品或者服务的数量和质量、价款或者费用、履行期限和方式、安全注意事项和风险警示、售后服务、民事责任等信息。

（5）标明经营者真实名称和标记的义务

《消费者权益保护法》规定，经营者应当标明其真实名称和标记；租赁他人柜台或者场地的经营者，应当标明其真实名称和标记。

经营者的名称和标记是区别于其他商品和服务的来源的标志。如果名称和标记不实，消费者就会误认，无法正确选择经营者。在发生纠纷时，则无法准确地确定求偿主体。对租赁柜台或场地的行为，该条强调承租方有义务标明自己的真实名称和标记，目的在于区分承租方和出租方，一旦发生责任问题，便于确定责任承担者。即使是租赁期满后，也可以借助名称和标记来进行追偿。

（6）向消费者出具购货凭证或者服务单据的义务

《消费者权益保护法》规定，经营者提供商品或者服务，应当按照国家有关规定或者商业惯例向消费者出具购货凭证或者服务单据；消费者索要发票等购货凭证或者服务单据的，经营者必须出具。这里的购货凭证或服务单据通常指发票。此项规定意在保护消费者接受服务和购买商品的证据，当发生法律责任时，免于消费者处于被动状态。

（7）保证商品品质和服务质量的义务

《消费者权益保护法》规定了经营者保证商品质量和服务质量的义务。经营者应当保证，在正常使用商品或者接受服务的情况下，其提供的商品或者服务应当具有一定的质量、性能、用途和有效期限，但消费者在购买该商品或者接受该服务前已经知道其存在瑕疵，且存在该瑕疵不违反法律强制性规定的除外。经营者以广告、产品说明、实物样品或者其他方式表明商品或者服务的质量状况的，应当保证其提供的商品或者服务的实际质量与表明的质量状况相符。经营者提供的机动车、计算机、电视机、电冰箱、空调器、洗衣机等耐用商品或者装饰装修等服务，消费者自接受商品或者服务之日起 6 个月内发现瑕疵，发生纠纷的，由经营者承担有关瑕疵的举证责任。

（8）承担退货、更换、修理和其他责任的义务

《消费者权益保护法》规定，经营者提供的商品或者服务不符合质量要求的，消费者可以依照国家规定、当事人约定退货，或者要求经营者履行更换、修理等义务。没有国家规定和当事人约定的，消费者可以自收到商品之日起 7 日内退货。7 日后符合法定解除合

同条件的，消费者可以及时退货；不符合法定解除合同条件的，可以要求经营者履行更换、修理等义务。发生上述情形退货、更换、修理的，经营者应当承担运输等必要费用。

经营者采用网络、电视、电话、邮购等方式销售商品，消费者有权自收到商品之日起7日内退货，且无需说明理由，但下列商品除外：消费者定做的；鲜活易腐的；在线下载或者消费者拆封的音像制品、计算机软件等数字化商品；交付的报纸、期刊。消费者退货的商品应当完好。经营者应当自收到退回商品之日起7日内返还消费者支付的商品价款。退回商品的运费由消费者承担，经营者和消费者另有约定的，按照约定。

（9）不得排除或者限制消费者权利的义务

《消费者权益保护法》规定，经营者在经营活动中使用格式条款的，应当以显着方式提请消费者注意商品或者服务的数量和质量、价款或者费用、履行期限和方式、安全注意事项和风险警示、售后服务、民事责任等与消费者有重大利害关系的内容，并按照消费者的要求予以说明。经营者不得以格式条款、通知、声明、店堂告示等方式，做出排除或者限制消费者权利、减轻或者免除经营者责任、加重消费者责任等对消费者不公平、不合理的规定，不得利用格式条款并借助技术手段强制交易。格式条款、通知、声明、店堂告示等含有前款所列内容的，其内容无效。

（10）不得侵犯消费者人格权的义务

《消费者权益保护法》规定，经营者不得对消费者进行侮辱、诽谤，不得搜查消费者的身体及其携带的物品，不得侵犯消费者的人身自由。此项权利的规定是对人的基本权利在《消费者权益保护法》中的再次强调，充分地体现了对于消费者作为弱势群体的人身安全的保护和最基本权利的保障。

（11）收集、使用消费者个人信息方面的义务

《消费者权益保护法》规定，经营者收集、使用消费者个人信息，应当遵循合法、正当、必要的原则，明示收集、使用信息的目的、方式和范围，并经消费者同意。经营者收集、使用消费者个人信息，应当公开其收集、使用规则，不得违反法律、法规的规定和双方的约定。

经营者及其工作人员对收集的消费者个人信息必须严格保密，不得泄露、出售或者非法向他人提供。经营者应当采取技术措施和其他必要措施，确保信息安全，防止消费者个人信息泄露、丢失。在发生或者可能发生信息泄露、丢失的情况下，经营者应当立即采取补救措施。

经营者未经消费者同意或者请求被消费者明确表示拒绝的，不得向其发送商业性信息。

8.3 权益争议的解决

国家对消费者权益的保护体现在立法方面和行政管理方面，社会对消费者权益的保护体现在消费者组织，如消费者协会的职能上。

8.3.1　争议的解决

1. 消费者组织

（1）消费者组织的诞生。1898 年，世界第一个消费者组织在美国诞生。1936 年，全美消费者联盟成立。第二次世界大战以后，各种反映消费者利益和要求的组织在一些发达国家相继出现。在此基础上，1960 年，国际消费者联盟组织宣告成立。之后，消费者维权运动更加活跃，许多发展中国家也建立了消费者组织，使消费者维权运动成为全球性运动。1983 年，国际消费者联盟组织确定每年的 3 月 15 日为“国际消费者权益日”。

1960 年，美国、英国、澳大利亚、比利时和荷兰 5 个国家的消费者发起成立了独立的、非政治性的国际消费者联盟组织，总部设在海牙。这一组织现在更名为国际消费者协会，拥有来自 115 个国家和地区的 250 多个消费者组织。中国消费者协会于 1987 年加入了这一非营利性的国际组织。

国际消费者协会自成立以来一直为全世界的消费者奔走，它的宗旨是支持各成员组织的活动和消费者权益保护运动，促进制定各种维护消费者权益的国际政策法规。

可见消费者组织是指消费者依法成立的维护其自身权益的自治组织。消费者协会和其他消费者组织是依法成立的对商品和服务进行社会监督的保护消费者合法权益的社会团体。我国消费者组织的主要形式是各地的消费者协会，当然也有全国性的消费者协会即中国消费者协会。

我国于 1984 年 12 月 26 日在北京成立中国消费者协会；1989 年我国各地相继成立了地方消费者协会；1989 年中国保护消费者基金会成立；1993 年《消费者权益保护法》颁布，消费者协会得到了法律上的认可并被赋予了相应职能。

（2）消费者协会的职能如下：

1）向消费者提供消费信息和咨询服务。

2）参与有关行政部门对商品和服务的监督、检查。

3）就有关消费者合法权益的问题，向有关行政部门反映、查询，提出建议。

4）受理消费者的投诉，并对投诉事项进行调查、调解。

5）投诉事项涉及商品和服务质量问题的，可以提请鉴定部门鉴定，鉴定部门应当告知鉴定结论。

6）就损害消费者合法权益的行为，支持受损害的消费者提起诉讼。

7）对损害消费者合法权益的行为，通过大众传播媒介予以揭露、批评。

各级人民政府对消费者协会履行职能应当予以支持。消费者组织不得从事商品经营和营利性服务，不得以牟利为目的向社会推荐商品和服务。

2．争议的解决途径

（1）和解。按照《消费者权益保护法》的规定，消费者和经营者可以做出让步，在友好协商的基础上解决争议，适用《消费者权益保护法》的纠纷解决方式。

（2）调解。由消费者协会主持，在了解事实的前提下，按照《消费者权益保护法》的规定，对消费者和经营者之间的纠纷所进行的调停和劝解活动。

（3）申诉。消费者依据《消费者权益保护法》的规定，就经营者的不法行为向有关行政机关提出诉请，以便解决双方间的纠纷。行政机关受理后，在调查的基础上，依法做出处理决定，并对不法经营者给予行政制裁。

（4）仲裁。在消费者与经营者就纠纷在事前或事后达成仲裁协议的前提下，一方可以根据协议向仲裁机关提请仲裁，仲裁机关要根据有关程序及《消费者权益保护法》的规定对双方的纠纷予以裁决。

（5）起诉。消费者基于一定事实及证据，依照法律规定向人民法院诉请解决其与经营者纠纷。

以上5种解决方式没有先后顺序，可以根据具体情况选择。

8.3.2 法律责任

1．责任主体的确定

（1）由消费者或生产者承担。主要包括以下几种情况：

1）消费者在购买、使用商品时，其合法权益受到损害的，可以向销售者要求赔偿。销售者赔偿后，属于生产者的责任或者属于向销售者提供商品的其他销售者的责任的，销售者有权向生产者或者其他销售者追偿。

2）消费者或者其他受害人因商品缺陷造成人身、财产损害的，可以向销售者要求赔偿，也可以向生产者要求赔偿。属于生产者责任的，销售者赔偿后，有权向生产者追偿。属于销售者责任的，生产者赔偿后，有权向销售者追偿。

3）消费者在接受服务时，其合法权益受到损害的，可以向服务者要求赔偿。

4）消费者在展销会、租赁柜台购买商品或者接受服务，其合法权益受到损害的，可以向销售者或者服务者要求赔偿。展销会结束或者柜台租赁期满后，也可以向展销会的举办者、柜台的出租者要求赔偿。展销会的举办者、柜台的出租者依法赔偿后，有权向销售者或者服务者追偿。

（2）由变更后的企业承担。消费者在购买、使用商品或者接受服务时，其合法权益受到损害，因原企业分立、合并的，可以向变更后承受其权利义务的企业要求赔偿。

（3）由营业执照的使用人或持有人承担。使用他人营业执照的违法经营者提供商品或者服务，损害消费者合法权益的，消费者可以向其要求赔偿，也可以向营业执照的持有人要求赔偿。

（4）由从事虚假广告行为的经营者和广告的经营者承担。消费者因经营者利用虚假广告提供商品或者服务，其合法权益受到损害的，可以向经营者要求赔偿。广告的经营者发布虚假广告的，消费者可以请求行政主管部门予以惩处。广告的经营者不能提供经营者的真实名称、地址的，应当承担赔偿责任。

2. 民事责任

《民法通则》规定的民事责任可以分为两大类，即违约责任和侵权责任，而侵权责任又可以分为一般侵权责任和特殊侵权责任。在消费纠纷中，经营者承担的民事责任主要有以下几种：

（1）经营者违反《产品质量法》和其他法律法规规定应承担的民事责任。《消费者权益保护法》规定以下几种情形：①商品或者服务存在缺陷的；②不具备商品应当具备的使用性能而出售时未作说明的；③不符合在商品或者其包装上注明采用的商品标准的；④不符合商品说明、实物样品等方式表明的质量状况的；⑤生产国家明令淘汰的商品或者销售失效、变质的商品的；⑥销售的商品数量不足的；⑦服务的内容和费用违反约定的；⑧对消费者提出的修理、重作、更换、退货、补足商品数量、退还货款和服务费用或者赔偿损失的要求，故意拖延或者无理拒绝的；⑨法律、法规规定的其他损害消费者权益的情形。经营者对消费者未尽到安全保障义务，造成消费者损害的，应当承担侵权责任。其中，经营者提供商品或者服务有欺诈行为的，应当按照消费者的要求增加赔偿其受到的损失。增加赔偿的金额为消费者购买商品的价款或者接受服务的费用的 3 倍；增加赔偿的金额不足 500 元的，为 500 元。法律另有规定的，依照其规定。经营者明知商品或者服务存在缺陷，仍然向消费者提供，造成消费者或者其他受害人死亡或者健康严重损害的，受害人有权要求经营者依照《消费者权益保护法》等法律规定赔偿损失，并有权要求得到所受损失 2 倍以下的惩罚性赔偿。

（2）致人伤害的民事责任。《消费者权益保护法》规定，经营者提供商品或者服务，造成消费者或者其他受害人人身伤害的，应当赔偿医疗费、护理费、交通费等为治疗和康复支出的合理费用，以及因误工减少的收入。造成残疾的，还应当赔偿残疾生活辅助费和残疾赔偿金。造成死亡的，还应当赔偿丧葬费和死亡赔偿金。

（3）侵犯其他人身权的民事责任。《消费者权益保护法》规定，经营者侵害消费者的人格尊严、侵犯消费者人身自由或者侵害消费者个人信息依法得到保护的权利的，应当停止侵害、恢复名誉、消除影响、赔礼道歉，并赔偿损失。

（4）造成精神损害的民事责任。经营者有侮辱诽谤、搜查身体、侵犯人身自由等侵害消费者或者其他受害人人身权益的行为，造成严重精神损害的，受害人可以要求精神损害赔偿。

（5）造成财产损害的民事责任。《消费者权益保护法》规定，经营者提供商品或者服务，造成消费者财产损害的，应当依照法律规定或者当事人的约定承担修理、重做、更换、退货、补足商品数量、退还货款和服务费用或者赔偿损失等民事责任。

3. 行政责任

经营者有下列情形之一，除承担相应的民事责任外，其他有关法律、法规对处罚机关和处罚方式有规定的，依照法律、法规的规定执行；法律、法规未作规定的，由工商行政管理部门或者其他有关行政部门责令改正，可以根据情节单处或者并处警告、没收违法所得、处违法所得1倍以上10倍以下罚款，没有违法所得的，处50万元以下罚款等处罚；情节严重的，责令停业整顿、吊销营业执照。

①生产、销售的商品不符合保障人身、财产安全要求的；②在商品中掺杂、掺假，以假充真，以次充好，或者以不合格商品冒充合格商品的；③生产国家明令淘汰的商品或者销售失效、变质的商品的；④伪造商品的产地，伪造或者冒用他人的厂名、厂址，伪造或者冒用认证标志、名优标志等质量标志的；⑤销售的商品应当检验、检疫而未检验、检疫或者伪造检验、检疫结果的；⑥对商品或者服务作引人误解的虚假宣传的；⑦拒绝或者拖延有关行政部门责令对缺陷商品或者服务采取停止销售、警示、召回、无害化处理、销毁、停止生产或者服务等措施的；⑧对消费者提出的修理、重作、更换、退货、补足商品数量、退还货款和服务费用或者赔偿损失的要求，故意拖延或者无理拒绝的；⑨侵害消费者人格尊严、侵犯消费者人身自由或者侵害消费者个人信息依法得到保护的权利的；⑩法律、法规规定的对损害消费者权益应当予以处罚的其他情形。

经营者有上述违法行为的，除依照法律、法规规定予以处罚外，处罚机关应当将处罚记入经营者的信用档案，向社会公布。经营者违反法律规定，应当承担民事赔偿责任和缴纳罚款、罚金，其财产不足以同时支付的，先承担民事赔偿责任。

对于行政机关的行政处罚，经营者不服的，可以申请复议，或向人民法院提起行政诉讼。

4. 刑事责任

（1）经营者的刑事责任。经营者违反《消费者权益保护法》的规定提供商品或者服务，侵害消费者合法权益，构成犯罪的，依法追究刑事责任。

经营者以暴力、威胁等方法阻碍有关行政部门工作人员依法执行职务的，依法追究刑事责任；拒绝、阻碍有关行政部门工作人员依法执行职务，未使用暴力、威胁方法的，由公安机关依照《中华人民共和国治安管理处罚法》的规定处罚。

（2）国家机关工作人员的刑事责任。国家机关工作人员有玩忽职守或者包庇经营者侵害消费者合法权益的行为的，由其所在单位或者上级机关给予行政处分；情节严重，构成犯罪的，依法追究刑事责任。

案例分析

2015 年 11 月 8 日至 9 日，权某先后在滁州百姓缘公司紫薇店购买锐泰红外线苹果按摩枕 61 个，单价 289 元/个，合计人民币 17　629 元，权某付款后，滁州百姓缘公司紫薇店向其出具了发票。该产品由瑞安宝斯奇公司生产，滁州泰铭公司从瑞安宝斯奇公司购入后，又出售给滁州百姓缘公司。2015 年 12 月，权某诉至法院，认为该产品包装上标注“央视广告品牌”“中国著名品牌”存在消费欺诈行为，同时使用说明书中标注“调整内脏功能，增强人体免疫力”等治疗疾病的宣传，违反了中国保健协会《保健功能纺织品行业规范宣传用语》的规定，故要求返还货款 17　629 元，并支付赔偿金 52　887 元。经查，评定涉案产品为“中国著名品牌”的“中国名牌产品培育委员会”“中国品牌调查统计中心”不具备“中国著名品牌”法定评定资格；中国中央电视台广告经营管理中心于 2015 年 7 月 29 日声明未颁发过“央视广告品牌”的名称。滁州百姓缘公司紫薇店系滁州百姓缘公司的下属非法人单位。

问题：法院应如何判决，其法律依据是什么？

分析：滁州市琅琊区人民法院审理认为，中央电视台并没有发布过“央视广告品牌”的称号，即使涉案产品在央视做过广告，也不宜在产品外包装上标注“央视广告品牌”等标识，且瑞安宝斯奇公司提交的在央视投放广告的证据系复印件，真实性无法核实，故认定涉案产品标注“央视广告品牌”构成欺诈消费者；“中国名牌产品培育委员会”“中国品牌调查统计中心”不具备“中国著名品牌”法定评定资格，其认定的中国著名品牌结果应为无效结果，且证书的有效期截至 2014 年 12 月，涉案产品生产日期为 2015 年 6 月，故涉案产品标注“中国著名品牌”亦构成欺诈消费者；至于产品说明书中标注该产品“缓解疲劳、酸痛、改善血液循环，加快新陈代谢；理气养血，调整内脏功能，增强人体免疫力”等功能，因上述标注内容并非治疗疾病的宣传，故不属于违规。由于权某在本案中仅要求销售者滁州百姓缘公司承担，未要求滁州泰铭公司、瑞安宝斯奇公司承担责任，遂判决滁州百姓缘公司退还权某货款 17　629 元，并支付三倍赔偿金。滁州百姓缘公司、瑞安宝斯奇公司不服，提出上诉，主张其不存在欺诈，且权某不是消费者。滁州市中级人民法院审理认为，瑞安宝斯奇公司的行为构成虚假宣传，对消费者存在欺诈行为；通常购物者应当认定为消费者，购买数量多、是否明知产品存在问题并不影响权利的主张。遂判决：驳回上诉，维持原判。

本章小结

重点概念

消费者　消费者组织　消费者权益　消费者权益保护法　加重责任

知识点

（1）消费者权益保护法概述。消费者权益保护法是调整在保护消费者权益过程中发生的经济关系的法律规范的总称。除《消费者权益保护法》之外，还包括其他法律、法规中的保护消费者权益的法律规范，如《产品质量法》《食品卫生法》《零售商促销行为管理办法》等法律法规中有关保护消费者权益的内容。

（2）消费者的权利和经营者的义务。① 消费者的9个权利：保障安全权；知悉真情权；自主选择权；公平交易权；获得赔偿权；依法结社权；知识获得权；获得尊重权；监督批评权。② 经营者的9个义务：守法履约义务；接受监督义务；保障安全义务；提供信息义务；出具单据义务；质量保证义务；售后服务义务；公平交易义务；尊重人格义务。

（3）争议的解决与法律责任。① 争议解决的5种形式：和解、调解、申诉、仲裁和起诉。② 法律责任：民事责任、行政责任和刑事责任。

复习思考题

（1）什么是消费者？

（2）我国消费者权益保护法的基本原则是什么？

（3）消费者在购买、使用商品或接受服务过程中享有哪些权利？

（4）经营者在提供商品或服务过程中有哪些义务？

（5）国家对消费者合法权益的保护措施有哪些？

（6）消费者的合法权益被侵犯后，可采取哪些合法途径求救？

（7）经营者侵害了消费者的合法权益，应承担什么法律责任？

第 9 章　产品质量法

本章学习目标

- 了解产品质量法的调整对象；
- 熟悉产品质量的监督管理体制；
- 掌握产品生产者、销售者的产品质量义务；
- 掌握产品生产者、销售者的损害赔偿责任。

9.1　产品质量法概述

9.1.1　产品和产品质量的概念

《中华人民共和国产品质量法》中所说的产品，是指经过加工、制作，用于销售的产品。因此，天然的物品、非用于销售的物品，均不属于该法所称的产品。另外，由于建设工程、军工产品在质量监督管理方面的特殊性，它们被排除在该法所称的产品范围之外，另由专门的法律调整。但建设工程所用的建筑材料、建筑构配件和设备，适用该法的规定。

根据国际标准化组织（ISO）的规定，产品质量的定义是：产品能满足规定的或者潜在需要的特性和特性的总和。所谓总和，是指在标准中规定的产品的安全性、适用性、可靠性、维修性、有效性、经济性等质量指标。

9.1.2　产品质量法的概念与调整对象

产品质量法是调整产品质量监督管理关系和产品质量责任关系的法律规范的总称。《中华人民共和国产品质量法》（以下简称《产品质量法》）于 1993 年 2 月 22 日第七届全国人民代表大会常务委员会第三十次会议通过，自 1993 年 9 月 1 日开始实施，并于 2000 年 7 月 8 日修正。

《产品质量法》的立法宗旨体现在：加强对产品质量的监督管理，提高产品质量水平，明确产品质量责任，保护消费者的合法权益，维护社会经济秩序。现实生活中，产品质量问题涉及千家万户，关系到人民群众的切身利益。《产品质量法》通过建立质量监督、质量检验、产品质量责任分配、违法制裁等规则，较好地解决了这一关键问题。

任何法律都是调整一定社会关系的。产品质量法调整两种社会关系：一是调整法律授权的行政管理机关与产品的生产者、销售者之间的监督关系，这是一种纵向的监督管理关系；二是调整生产者、销售者和服务业的经营者与消费者之间的民事关系，这是平等主体之间的横向关系。

9.2 产品质量监督管理

9.2.1 产品质量的监督管理体制

产品质量监督体制，是指执行产品质量监督的主体，以监督权限划分作为基础，所设置的监督机构和监督制度以及监督方式和方法体系的总称。产品质量监督体制是我国经济监督体制的主要组成部分。《产品质量法》第 8 条规定："国务院产品质量监督部门主管全国产品质量监督工作。国务院有关部门在各自的职责范围内负责产品质量监督工作。县级以上地方产品质量监督部门主管本行政区域内的产品质量监督工作。"县级以上地方人民政府有关部门在各自的职责范围内负责产品质量监督工作。具体包括以下内容。

1．国家产品质量监督管理机关对产品质量的监督

国务院产品质量监督部门（国家质量技术监督局）主管全国产品质量监督工作，县级以上地方产品质量监督部门主管本行政区域内的产品质量监督工作。县级以上产品质量监督部门根据已经取得的违法嫌疑证据或者举报，对涉嫌违反产品质量法的行为进行查处时，可以行使下列职权：① 对当事人涉嫌从事违反本法的生产、销售活动的场所实施现场检查；② 向当事人的法定代表人、主要负责人和其他有关人员调查、了解与涉嫌从事违反本法的生产、销售活动有关的情况；③ 查阅、复制当事人有关的合同、发票、账簿以及其他有关资料；④ 对有根据认为不符合保障人体健康和人身、财产安全的国家标准、行业标准的产品或者有其他严重质量问题的产品，以及直接用于生产、销售该项产品的原辅材料、包装物、生产工具，予以查封或者扣押。

2．政府有关部门对产品质量的监督

国务院有关部门在各自的职责范围内负责产品质量监督工作。例如，国家食品药品监督管理局负责全国食品药品质量的监督管理工作；国家工商行政管理总局对工商管理工作中出现的产品质量问题予以监督；计量管理机构负责全国的计量机关工作；交通主管部门负责船舶、车辆等交通工具及其零配件的产品质量监督管理工作等。县级以上地方政府的有关部门在各自的职责范围内负责产品质量监督工作。

3．社会对产品质量的监督

社会对产品质量的监督包括广大群众对产品质量违法行为的检举、社会团体的监督和新闻舆论监督。《产品质量法》规定：任何单位和个人有权对违反本法规定的行为，向产品质量监督部门或者其他有关部门检举。产品质量监督部门和有关部门应当为检举人保密，并按照省、自治区、直辖市人民政府的规定给予奖励。消费者有权就产品质量问题，向产品的生产者、销售者查询；向产品质量监督部门、工商行政管理部门及有关部门申诉，接受申诉的部门应当负责处理。保护消费者权益的社会组织可以将消费者反映的产品质量问题交予有关部门负责处理，支持消费者对因产品质量造成的损害向人民法院起诉。国务院和省、自治区、直辖市人民政府的产品质量监督部门应当定期发布其监督抽查的产品质量状况的公告。

4．企业的自律管理

企业是产品质量的主体，产品质量应当由企业依法自主管理，由企业对产品质量负责。生产者、销售者应当建立、健全内部产品质量管理制度，严格实施岗位质量规范、质量责任及相应的考核办法。

9.2.2　产品质量的监督检查制度

产品质量监督检查制度是指国务院及地方各级产品质量监督部门，依法对生产、流通领域的产品质量所进行的强制性监督检查制度。这项制度由国务院产品质量监督部门统一负责，是国家对产品质量进行事前监督的基本制度之一。监督的主要方式是抽查，并定期向社会发布产品质量监督抽查公报。

1．产品质量监督抽查的范围

《产品质量法》明确规定："国家对可能危及人体健康和人身、财产安全的产品，影响国计民生的重要工业产品以及消费者、有关组织反映有质量问题的产品进行抽查。"这一条明确了产品质量监督抽查的重点，限定了监督抽查的范围，即不是对所有产品的质量都要实施监督抽查。

（1）可能危及人体健康和人身、财产安全的产品。主要是指食品、饮料、电器产品、压力容器、乘客电梯、游艺机等特种设备，以及化学危险品等。

（2）影响国计民生的重要工业产品。主要是指农药、化肥等重要农资产品，建筑用钢筋、水泥等建材产品，以及重要的机电产品等。

（3）消费者、有关组织反映有质量问题的产品。主要是指假、冒、伪、劣产品，即掺杂、掺假、以假充真、以次充好、以不合格产品冒充合格产品等。

2. 产品质量监督抽查的程序和方法

（1）实施抽查的主体。产品抽查工作由国务院产品质量监督部门规划和组织。县级以上地方产品质量监督部门在本行政区域内也可以组织监督抽查。其他政府机构或企业对产品质量进行的各类抽查活动不属于国家产品质量抽查。

（2）抽查的程序和方法。抽查的样品应当在市场上或者企业成品仓库内的待销产品中随机抽取。根据监督抽查的需要，可以对产品进行检验。检验抽取样品的数量不得超过检验的合理需要，并不得向被检查人员收取检验费用。监督抽查所需检验费用按照国务院规定列支。生产者、销售者对抽查检验的结果有异议的，可以自收到检验结果之日起十五日内向实施监督抽查的产品质量监督部门或者其上级产品质量监督部门申请复检，由受理复检的产品质量监督部门做出复检结论。为避免重复抽查，国家监督抽查的产品，地方不得另行重复抽查；上级监督抽查的产品，下级不得另行重复抽查。

9.2.3 产品质量认证制度和企业质量体系认证制度

1. 产品质量认证制度

产品质量认证（以下简称认证）是参照国际先进的产品标准和相应技术要求，经认证机构确认并通过颁发认证证书和认证标志来证明某一产品符合相应标准和相应技术要求的活动。

国务院标准化行政主管部门统一管理全国的认证工作；国务院标准化行政主管部门直接设立的或者授权国务院其他行政主管部门设立的行业认证委员会负责认证工作的具体实施。企业根据自愿原则可以向国务院产品质量监督部门认可的或者国务院产品质量监督部门授权的部门认可的认证机构申请产品质量认证。经认证合格的，由认证机构颁发产品质量认证证书，准许企业在产品或者其包装上使用产品质量认证标志。

2. 企业质量体系认证制度

企业质量体系认证是由国家标准化组织提出，并为国际社会所普遍接受的质量管理措施。它是指依据国家质量管理和质量保证系列标准，经过认证机构对企业质量体系进行审核，通过颁发认证证书的形式，证明企业质量保证能力符合相应要求的活动。企业根据自愿原则可以向国务院产品质量监督部门认可的或者国务院产品质量监督部门授权的部门认可的认证机构申请企业质量体系认证。经认证合格的，由认证机构颁发企业质量体系认证证书。

9.3 产品质量义务

产品质量义务是指法律规定的产品质量法律关系主体应当做出或不做出一定行为的约束。

产品质量义务是由国家法律确定的，它是法律关系主体的行为的范围限度。国家通过法律规定人们应当履行的产品质量义务，通过义务的履行保证法律关系主体的权利得以实现。这是一种法定义务，以国家强制力保障其履行。

9.3.1 生产者的产品质量义务

1. 产品的内在质量应符合法定要求

生产者应当对其生产的产品质量负责。其产品质量应当符合下列要求。

（1）不存在危及人身、财产安全的不合理的危险，有保障人体健康和人身、财产安全的国家标准、行业标准的，应当符合该标准。

（2）具备产品应当具备的使用性能，但是对产品存在使用性能的瑕疵做出说明的除外。

（3）符合在产品或者其包装上注明采用的产品标准，符合以产品说明、实物样品等方式表明的质量状况。

2. 产品的包装标志应符合法定要求

除裸装的食品和其他根据产品的特点难以附加标志的裸装产品，可以不附加产品标志以外，产品或者其包装上的标志必须真实，并符合下列要求。

（1）有产品质量检验合格证明。

（2）有中文标明的产品名称、生产厂厂名和厂址。

（3）根据产品的特点和使用要求，需要标明产品规格、等级、所含主要成分的名称和含量的，用中文相应予以标明；需要事先让消费者知晓的，应当在外包装上标明，或者预先向消费者提供有关资料。

（4）限期使用的产品，应当在显着位置清晰地标明生产日期和安全使用期或者失效日期。

（5）使用不当，容易造成产品本身损坏或者可能危及人身、财产安全的产品，应当有警示标志或者中文警示说明。

（6）易碎、易燃、易爆、有毒、有腐蚀性、有放射性等危险物品以及储运中不能倒置和其他有特殊要求的产品，其包装质量必须符合相应要求，依照国家有关规定做出警示标志或者中文警示说明，标明储运注意事项。

3. 不得从事被禁止的行为

（1）生产者不得生产国家明令淘汰的产品。

（2）生产者不得伪造产地，不得伪造或者冒用他人的厂名、厂址。

（3）生产者不得伪造或者冒用认证标志等质量标志。

（4）生产者生产产品，不得掺杂、掺假，不得以假充真、以次充好，不得以不合格产品冒充合格产品。

9.3.2 销售者的产品质量义务

1. 执行进货检查验收义务

销售者应当建立并执行进货检查验收制度，验明产品合格证明和其他标志。该制度不仅是销售者的义务，还是销售者的权利。严格执行进货验收制度，可以防止不合格产品进入市场，可以为准确判断和区分生产者及销售者的产品质量责任提供依据。

2. 保持产品质量义务

销售者应当采取措施，保持销售产品的质量。销售者进货后应对保护产品质量负责，以防止产品变质、腐烂，丧失或降低使用性能，产生危害人身、财产的瑕疵等。如果进货时的产品符合质量要求，销售时发生质量问题的，销售者应当承担相应的责任。

3. 有关产品标志的义务

销售者在销售产品时，应保证产品标志符合《产品质量法》的规定，符合进货时验收的状态，不得更改、覆盖、涂抹产品标志，以保证产品标志的真实性。

4. 不得违反禁止性规范

产品销售者不得违反下列禁止性规范：① 销售者不得销售国家明令淘汰并停止销售的产品和失效、变质的产品；② 销售者不得伪造产地，不得伪造或者冒用他人的厂名、厂址；③ 销售者不得伪造或者冒用认证标志等质量标志；④ 销售者销售产品，不得掺杂、掺假，不得以假充真、以次充好，不得以不合格产品冒充合格产品。

9.4 违反产品质量法的法律责任

产品质量责任是指产品的生产者、销售者违反《产品质量法》所规定的产品质量义务，所应当承担的法律责任，包括民事责任、行政责任和刑事责任。

9.4.1 民事责任

产品质量民事责任，是指违反产品质量义务所应当承担的民事法律后果，包括产品瑕疵责任和产品缺陷责任。损害赔偿是解决产品民事纠纷的主要方式。当生产者或销售者违法提供瑕疵产品或者存在缺陷的产品，造成使用者和消费者损害的，应当依法予以补偿。

1. 生产者的损害赔偿责任

因产品存在缺陷造成人身、缺陷产品以外的其他财产损害的，生产者应当承担赔偿责任。所谓产品缺陷，是指产品存在危及人身健康、他人财产安全的不合理危险，或者不符合国家、行业对该产品保障人身健康、财产安全的标准而存在的不合理危险。生产者所承担的责任是严格责任或称无过错责任。但《产品质量法》同时也规定了免责条件，即生产者能够证明有下列情形之一的，不承担赔偿责任：① 未将产品投入流通的；② 产品投入流通时，引起损害的缺陷尚不存在的；③ 将产品投入流通时的科学技术水平尚不能发现缺陷存在的。

2．销售者的损害赔偿责任

（1）销售者的产品瑕疵责任。售出的产品有下列情形之一的，销售者应当负责修理、更换、退货，给购买产品的消费者造成损失的，销售者应当赔偿损失：① 不具备产品应当具备的使用性能而事先未做说明的；② 不符合在产品或者其包装上注明采用的产品标准的；③ 不符合以产品说明、实物样品等方式表明的质量状况的。

销售者依照上述规定负责修理、更换、退货、赔偿损失后，属于生产者的责任或者属于向销售者提供产品的其他销售者（以下简称供货者）的责任的，销售者有权向生产者、供货者追偿。销售者未按照上述规定给予修理、更换、退货或者赔偿损失的，由产品质量监督部门或者工商行政管理部门责令改正。

（2）销售者的产品缺陷责任。由于销售者的过错使产品存在缺陷，造成人身、他人财产损害的，销售者应当承担赔偿责任。销售者不能指明缺陷产品的生产者，也不能指明缺陷产品的供货者的，销售者应当承担赔偿责任。

因产品存在缺陷造成人身、他人财产损害的，受害人可以向产品的生产者要求赔偿，也可以向产品的销售者要求赔偿。属于产品生产者的责任，而由产品的销售者赔偿的，产品的销售者有权向产品的生产者追偿；属于产品销售者的责任，而由产品的生产者赔偿的，产品的生产者有权向产品的销售者追偿。

3．损害赔偿的范围

因产品存在缺陷造成受害人人身伤害的，侵害人应当赔偿医疗费、治疗期间的护理费、因误工减少的收入等费用；造成残疾的，还应当支付残疾者生活自助具费、生活补助费、残疾赔偿金以及由其扶养的人所必需的生活费等费用；造成受害人死亡的，并应当支付丧葬费、死亡赔偿金以及由死者生前扶养的人所必需的生活费等费用。因产品存在缺陷造成受害人财产损失的，侵害人应当恢复原状或者折价赔偿。受害人因此遭受其他重大损失的，侵害人应当赔偿损失。

4．损害赔偿纠纷的处理

因产品质量发生民事纠纷时，当事人可以通过协商或者调解解决。当事人不愿通过协商、调解解决或者协商、调解不成的，可以根据当事人各方的协议向仲裁机构申请仲裁；当事人各方没有达成仲裁协议或者仲裁协议无效的，可以直接向人民法院起诉。因产品存在缺陷造成损害要求赔偿的诉讼时效期间为二年，自当事人知道或者应当知道其权益受到损害时起计算。因产品存在缺陷造成损害要求赔偿的请求权，在造成损害的缺陷产品交付最初消费者满十年丧失。但是，尚未超过明示的安全使用期的除外。

9.4.2 行政责任

为了加强对产品质量的监督管理，杜绝产品事故隐患，《产品质量法》中明确了生产者、销售者有下述行为之一的，应当承担行政责任。

1. 生产、销售不符合标准的产品的行政责任

生产、销售不符合保障人体健康和人身、财产安全的国家标准、行业标准的产品的，责令停止生产、销售，没收违法生产、销售的产品，并处违法生产、销售产品货值金额等值以上3倍以下的罚款；有违法所得的，并处没收违法所得；情节严重的，吊销营业执照。

2. 生产、销售假冒产品的行政责任

在产品中掺杂、掺假，以假充真，以次充好，或者以不合格产品冒充合格产品的，责令停止生产、销售，没收违法生产、销售的产品，并处违法生产、销售产品货值金额50%以上3倍以下的罚款；有违法所得的，并处没收违法所得；情节严重的，吊销营业执照。

3. 生产、销售国家明令淘汰的产品的行政责任

生产国家明令淘汰的产品的，销售国家明令淘汰并停止销售的产品的，责令停止生产、销售，没收违法生产、销售的产品，并处违法生产、销售产品货值金额等值以下的罚款；有违法所得的，并处没收违法所得；情节严重的，吊销营业执照。

4. 销售失效、变质的产品的行政责任

销售失效、变质的产品的，责令停止销售，没收违法销售的产品，并处违法销售产品货值金额两倍以下的罚款；有违法所得的，并处没收违法所得；情节严重的，吊销营业执照。

5. 伪造或者冒用产地、他人厂名、厂址、认证标志的行政责任

伪造产品产地的，伪造或者冒用他人厂名、厂址的，伪造或者冒用认证标志等质量标志的，责令改正，没收违法生产、销售的产品，并处违法生产、销售产品货值金额等值以下的罚款；有违法所得的，并处没收违法所得；情节严重的，吊销营业执照。

6. 产品标志不符合产品质量法的行政责任

产品标志不符合法律规定的，责令改正；情节严重的，责令停止生产、销售，并处违法生产、销售产品货值金额30%以下的罚款；有违法所得的，并处没收违法所得。

7．拒绝接受依法进行的产品质量监督检查的行政责任

拒绝接受依法进行的产品质量监督检查的，给予警告，责令改正；拒不改正的，责令停业整顿；情节特别严重的，吊销营业执照。

8．隐匿、转移、变卖、损毁被查封、扣押物品的行政责任

隐匿、转移、变卖、损毁被产品质量监督部门或者工商行政管理部门查封、扣押的物品的，处被隐匿、转移、变卖、损毁物品货值金额等值以上 3 倍以下的罚款；有违法所得的，并处没收违法所得。

生产者、销售者的产品质量行政责任形式主要有：警告；责令停止生产；责令停止销售；没收违法生产或者销售的产品；没收违法所得；责令公开更正；吊销营业执照等。

为了保证受害人优先得到赔偿，《产品质量法》还规定，生产者、销售者应当承担民事赔偿责任和缴纳罚款、罚金，其财产不足以同时支付时，先承担民事赔偿责任。

9.4.3 刑事责任

生产、销售不符合保障人体健康和人身、财产安全的国家标准、行业标准的产品，构成犯罪的，依法追究刑事责任。在产品中掺杂、掺假，以假充真，以次充好，或者以不合格产品冒充合格产品，构成犯罪的，依法追究刑事责任。销售失效、变质的产品，构成犯罪的，依法追究刑事责任。产品质量检验机构、认证机构伪造检验结果或者出具虚假证明，构成犯罪的，依法追究刑事责任。在广告中对产品质量做虚假宣传，欺骗和误导消费者的，依照《中华人民共和国广告法》的规定追究法律责任。知道或者应当知道属于《产品质量法》规定禁止生产、销售的产品而为其提供运输、保管、仓储等便利条件的，或者为以假充真的产品提供制假生产技术，构成犯罪的，依法追究刑事责任。

各级人民政府工作人员和其他国家机关工作人员有下列情形之一的，依法给予行政处分；构成犯罪的，依法追究刑事责任：① 包庇、放纵产品生产、销售中违反《产品质量法》规定行为的；② 向从事违反《产品质量法》规定的生产、销售活动的当事人通风报信，帮助其逃避查处的；③ 阻挠、干预产品质量监督部门或者工商行政管理部门依法对产品生产、销售中违反《产品质量法》规定的行为进行查处，造成严重后果的。

以暴力、威胁方法阻碍产品质量监督部门或者工商行政管理部门的工作人员依法执行职务的，依法追究刑事责任；拒绝、阻碍但未使用暴力、威胁方法的，由公安机关依照治安管理处罚条例的规定处罚。

产品质量监督部门或者工商行政管理部门的工作人员滥用职权、玩忽职守、徇私舞弊，构成犯罪的，依法追究刑事责任。

案例分析

2016年8月，甲市的李某和张某、王某在李某家一起聊天、喝酒。大家玩了一会儿，把酒喝完了，李某就拿出钱来让儿子小李去买点啤酒回来。小李拿了钱到离家不远的百货店去买了几瓶乙市某啤酒厂生产的“阳光”牌啤酒。李某和张某、王某继续喝酒聊天。突然桌上一瓶啤酒发生爆炸，玻璃碎片击中了王某的右眼球。经诊断为角膜巩膜破裂，眼球穿透孔，鉴定结论为伤残六级。王某在进行医疗过程中，共花去费用近2万元。王某于是向百货店要求赔偿。百货店认为自己只是销售啤酒，“阳光”啤酒是乙市某啤酒厂生产的，应当由乙市某啤酒厂来进行赔偿。王某多次向百货店索赔未果，2017年9月，又向乙市某啤酒厂索赔。乙市某啤酒厂认为，根据《民法通则》规定，对身体伤害造成伤害的诉讼时效为1年，现在诉讼时效已过，因此拒绝赔偿。王某无奈向法院提起诉讼。

问题：

（1）对于产品质量问题所造成的损害，产品生产者和销售者如何承担责任？

（2）本案中百货店能否拒绝受害者的求偿？

（3）本案是否超过了诉讼时效？

分析：

（1）根据《产品质量法》第四十三条的规定：“因产品存在缺陷造成人身、他人财产损害的，受害人可以向产品的生产者要求赔偿，也可以向产品的销售者要求赔偿。属于产品的生产者的责任，产品的销售者赔偿的，产品的销售者有权向产品的生产者追偿。属于产品的销售者的责任，产品的生产者赔偿的，产品的生产者有权向产品的销售者追偿。”

（2）不能。因为根据目前我国有关产品责任的法律规定，受害人既可以请求产品生产者承担赔偿责任，也可以请求产品销售者承担赔偿责任，还可以同时请求销售者和生产者承担赔偿责任。无论产品生产者还是产品销售者，都应当首先向受害人承担责任，然后由其向造成产品瑕疵者追偿。本案中，王某眼睛受伤确系因啤酒瓶质量不合格所致，而啤酒又是该百货店出售的，王某的受伤与啤酒质量瑕疵有因果关系，百货店不能拒绝受害者的求偿。

（3）本案没有超过诉讼时效，根据《产品质量法》第四十五条第1款的规定：“因产品存在缺陷造成损害要求赔偿的诉讼时效期间为2年，自当事人知道或者应当知道其权益受到损害时起计算。”因此，产品责任诉讼时效为2年。《民法通则》关于对身体造成伤害的诉讼时效为1年的规定可视为一般法，根据“特别法优于一般法”的原则，本案适用《产品质量法》的规定，诉讼时效为2年。

本章小结

重点概念

产品质量　产品质量法　产品质量监督管理体制　产品质量监督检查　产品质量认证　产品质量义务　产品质量责任

知识点

（1）产品质量法概述。产品，是指经过加工、制作，用于销售的产品。产品质量法是调整产品质量监督管理关系和产品质量责任关系的法律规范的总称。

（2）产品质量监督管理。产品质量监督管理是指国家产品质量管理机关依法对产品质量进行监督、检查、管理活动，社会各界对产品质量的监督活动，以及产品生产者、销售者按照产品质量法要求进行产品的生产和经营活动的总和。《产品质量法》中规定了一系列产品质量监督管理制度，包括产品质量的监督检查制度、产品质量认证制度、企业质量体系认证制度等。

（3）产品质量义务。产品质量义务是指法律规定的产品质量法律关系主体应当做出或不做出一定行为的约束。包括生产者的产品质量义务和销售者的产品质量义务。生产者的产品质量义务包括：① 产品的内在质量应符合法定要求；② 产品包装标志应符合法律要求；③ 不得从事被禁止的行为。销售者的产品质量义务包括：① 执行进货检查验收义务；② 保持产品质量义务；③ 有关产品标志的义务；④ 不得违反禁止性规范。

（4）违反产品质量法的法律责任。产品质量责任是指产品的生产者、销售者违反《产品质量法》所规定的产品质量义务所应当承担的法律责任，包括民事责任、行政责任和刑事责任。

复习思考题

（1）产品质量监督管理制度的内容是什么？
（2）生产者的产品质量义务有哪些？
（3）销售者的产品质量义务有哪些？
（4）违反《产品质量法》的法律责任是什么？
（5）产品质量监督抽查的程序和方法有哪些？

第 10 章　证券法

本章学习目标

- 掌握证券活动与证券管理原则；
- 了解证券的概念及证券法的宗旨；
- 掌握证券发行条件；
- 掌握证券承销方式及规则；
- 掌握证券交易规则、证券上市条件；
- 掌握禁止的交易行为；
- 了解持续信息公开的内容；
- 了解有关证券机构的法律规定。

10.1　证券法概述

10.1.1　证券法的概念与宗旨

1．证券的概念

证券是指证明有关经济权利的凭证。证券有广义和狭义之分。广义的证券包括财物证券、货币证券、资本证券。财物证券是指证明持有人享有一定数量财物请求权的证券，如提货单、货运单等；货币证券是证明持有人享有一定数额货币请求权的证券，如汇票、本票、支票等；资本证券是证明持有人资本的所有权与收益权的证券，如股票、公司债券、基金凭证等。狭义的证券仅指资本证券。

2．证券法的概念

证券法是调整证券发行、交易和证券监管过程中发生的经济关系的法律规范的总称。《中华人民共和国证券法》（以下简称《证券法》）于 1998 年 12 月 29 日第九届全国人民代表大会常务委员会第六次会议通过，并自 1999 年 7 月 1 日起施行。2004 年 8 月 28 日第十届全国人民代表大会常务委员会第十一次会议对《证券法》进行了修正。2005 年 11 月 27 日第十届全国人民代表大会常务委员会第十八次会议对《证券法》进行了修订，自 2006

年 1 月 1 日起施行。

3. 证券法的宗旨

（1）规范证券发行和交易行为。证券发行是证券交易的基础和前提，证券交易对证券发行起反作用。

（2）保护投资者的合法权益。投资者的合法权益包括股东权、平等获益与损害赔偿请求权。

（3）维护社会经济秩序和社会公共利益。

（4）促进社会主义市场经济的发展。

4. 证券法调整的范围

在中华人民共和国境内，股票、公司债券和国务院依法认定的其他证券的发行和交易，适用《证券法》；《证券法》未规定的，适用《中华人民共和国公司法》和其他法律、行政法规的规定。政府债券、证券投资基金份额的上市交易，适用《证券法》；其他法律、行政法规有特别规定的，适用其规定。证券衍生品种发行、交易的管理办法，由国务院依照《证券法》的原则规定。

10.1.2　证券活动与证券管理原则

1. 公开、公平、公正原则

公开原则要求实现市场信息的公开化。公平原则要求证券发行、证券交易活动中的所有参加者都有平等的法律地位，各自的合法权益能够得到公平的保护。公正原则要求证券监督管理机构对一切被监管对象给予公正待遇。

2. 自愿、有偿、诚实信用原则

自愿是指当事人按照自己的意愿参与证券发行和交易活动，依法行使自己的民事权利，任何人不得非法干涉。有偿是指在证券发行和交易活动中，一方当事人不得无偿占有他方当事人的财产和劳动。诚实信用，是指当事人在证券发行与交易中要客观真实，不欺不骗，遵守承诺。

3. 守法原则

证券发行、交易活动，必须遵守法律、行政法规，禁止欺诈、内幕交易和操纵证券交易市场的行为。

4. 证券业与其他金融业分业经营、分业管理原则

证券业和银行业、信托业、保险业实行分业经营、分业管理，证券公司与银行、信托、保险业务机构分别设立。国家另有规定的除外。

5. 政府统一监管与行业自律原则

国务院证券监督管理机构依法对全国证券市场实行集中统一监督管理。在国家对证券发行、交易活动实行集中统一监督管理的前提下，依法设立证券业协会，实行自律性管理。

6. 国家审计监督原则

国家审计机关依法对证券交易所、证券公司、证券登记结算机构、证券监督管理机构进行审计监督。

10.2 证券发行

10.2.1 证券发行的条件

1. 股票的发行条件

（1）公开发行新股的条件。公司公开发行新股，应当符合下列条件：① 具备健全且运行良好的组织机构；② 具有持续赢利能力，财务状况良好；③ 最近三年财务会计文件无虚假记载，无其他重大违法行为；④ 经国务院批准的国务院证券监督管理机构规定的其他条件。

（2）股票发行价格。股票发行可以按票面金额，可以超过票面金额，但不得低于票面金额。

（3）公开发行的情形。有下列情形之一的，为公开发行：① 向不特定对象发行证券的；② 向特定对象发行证券累计超过二百人的；③ 法律、行政法规规定的其他发行行为。

2. 公司债券的发行条件

（1）公开发行公司债券的条件。公开发行公司债券，应当符合下列条件：① 股份有限公司的净资产不低于人民币三千万元，有限责任公司的净资产不低于人民币六千万元；② 累计债券余额不超过公司净资产的40%；③ 最近三年平均可分配利润足以支付公司债券一年的利息；④ 筹集的资金投向符合国家产业政策；⑤ 债券的利率不超过国务院限定的利率水平；⑥ 国务院规定的其他条件。

（2）不得再次公开发行公司债券的情形。有下列情形之一的，不得再次公开发行公司债券：① 前一次公开发行的公司债券尚未募足；② 对已公开发行的公司债券或者其他债务有违约或者延迟支付本息的事实，仍处于继续状态；③ 违反规定，改变公开发行公司债券所募资金的用途。

10.2.2 证券发行的程序

1. 核准体制

（1）股票的核准体制。国务院证券监督管理机构依照法定条件负责核准股票发行申请。核准程序应当公开，依法接受监督。参与审核和核准股票发行申请的人员，不得与发行申请人有利害关系，不得直接或者间接接受发行申请人的馈赠，不得持有所核准的发行申请的股票，不得私下与发行申请人进行接触。

（2）公司债券的核准体制。国务院授权的部门对公司债券发行申请的核准，参照股票的核准体制进行。

2．发行人与中介机构对申报文件的责任

发行人向国务院证券监督管理机构或者国务院授权的部门报送的证券发行申请文件，必须真实、准确、完整。为证券发行出具有关文件的证券服务机构和人员，必须严格履行法定职责，保证其所出具文件的真实性、准确性和完整性。

3．审核机构

国务院证券监督管理机构设发行审核委员会，依法审核股票发行申请。发行审核委员会由国务院证券监督管理机构的专业人员和所聘请的该机构外的有关专家组成，以投票方式对股票发行申请进行表决，提出审核意见。发行审核委员会的具体组成办法、组成人员任期、工作程序，由国务院证券监督管理机构规定。

4．审核期限

国务院证券监督管理机构或者国务院授权的部门应当自受理证券发行申请文件之日起三个月内，依照法定条件和法定程序做出予以核准或者不予核准的决定，发行人根据要求补充、修改发行申请文件的时间不计算在内；不予核准的，应当说明理由。

5．补救措施

国务院证券监督管理机构或者国务院授权的部门对已做出的核准证券发行的决定，发现不符合法定条件或者法定程序，尚未发行证券的，应当予以撤销，停止发行；已经发行尚未上市的，撤销发行核准决定，发行人应当按照发行价并加算银行同期存款利息返还证券持有人。保荐人应当与发行人承担连带责任，但是能够证明自己没有过错的除外；发行人的控股股东、实际控制人有过错的，应当与发行人承担连带责任。

10.2.3　证券承销

1．证券承销方式

发行人向不特定对象发行的证券，法律、行政法规规定应当由证券公司承销的，发行人应当同证券公司签订承销协议。证券承销业务采取代销或者包销方式。① 证券代销。指证券公司代发行人发售证券，在承销期结束时，将未售出的证券全部退还给发行人的承销方式。② 证券包销。指证券公司将发行人的证券按照协议全部购入或者在承销期结束时将售后剩余证券全部自行购入的承销方式。

2．证券承销规则

（1）证券公司不得以不正当竞争手段招揽证券承销业务。

（2）承销人的发行文件核查义务。证券公司承销证券，应当对公开发行募集文件的真实性、准确性、完整性进行核查。发现有虚假记载、误导性陈述或者重大遗漏的，不得进行销售活动；已经销售的，必须立即停止销售活动，并采取纠正措施。

（3）承销团承销。向不特定对象发行的证券票面总值超过人民币五千万元的，应当由承销团承销。承销团应当由主承销和参与承销的证券公司组成。

（4）承销期限。证券的代销、包销期限最长不得超过九十日。证券公司在代销、包销期内，对所代销、包销的证券应当保证先行出售给认购人，证券公司不得为本公司预留所代销的证券和预先购入并留存所包销的证券。

（5）上报备案。公开发行股票，代销、包销期限届满，发行人应当在规定的期限内将股票发行情况报国务院证券监督管理机构备案。

10.3 证券交易

10.3.1 证券交易规则

1．证券必须合法

证券交易当事人依法买卖的证券，必须是依法发行并交付的证券。非依法发行的证券，不得买卖。

2．交易时间的限制

依法发行的股票、公司债券及其他证券，法律对其转让期限有限制性规定的，在限定的期限内不得买卖。

3．交易主体的限制

（1）证券交易所、证券公司和证券登记结算机构的从业人员、证券监督管理机构的工作人员以及法律、行政法规禁止参与股票交易的其他人员，在任期或者法定限期内，不得直接或者以化名、借他人名义持有、买卖股票，也不得收受他人赠送的股票。任何人在成为这些人员时，其原已持有的股票，必须依法转让。

（2）为股票发行出具审计报告、资产评估报告或者法律意见书等文件的证券服务机构和人员，在该股票承销期内和期满后六个月内，不得买卖该种股票。

（3）为上市公司出具审计报告、资产评估报告或者法律意见书等文件的证券服务机构和人员，自接受上市公司委托之日起至上述文件公开后五日内，不得买卖该种股票。

（4）上市公司董事、监事、高级管理人员、持有上市公司股份5%以上的股东，将其持有的该公司的股票在买入后六个月内卖出，或者在卖出后六个月内又买入，由此所得收益归该公司所有，公司董事会应当收回其所得收益。但是，证券公司因包销购入售后剩余股票而持有 5%以上股份的，卖出该股票不受六个月时间限制。

4．交易场所

依法公开发行的股票、公司债券及其他证券，应当在依法设立的证券交易所上市交易或者在国务院批准的其他证券交易场所转让。

5．交易方式

证券在证券交易所上市交易，应当采用公开的集中交易方式或者国务院证券监督管理机构批准的其他方式。证券交易以现货和国务院规定的其他方式进行交易。

6．证券的形式

证券交易当事人买卖的证券可以采用纸面形式或者国务院证券监督管理机构规定的其他形式。

7．为客户保密

证券交易所、证券公司、证券登记结算机构必须依法为客户开立的账户保密。

8．收费必须合理

证券交易的收费必须合理，并公开收费项目、收费标准和收费办法。证券交易的收费项目、收费标准和管理办法由国务院有关主管部门统一规定。

10.3.2　证券上市

1．证券上市的条件

（1）股票上市的条件。股份有限公司申请股票上市，应当符合下列条件：① 股票经国务院证券监督管理机构核准已公开发行；② 公司股本总额不少于人民币三千万元；③ 公开发行的股份达到公司股份总数的 25%以上；公司股本总额超过人民币四亿元的，公开发行股份的比例为 11.%以上；④ 公司最近三年无重大违法行为，财务会计报告无虚假记载。

（2）公司债券上市的条件。公司申请公司债券上市交易，应当符合下列条件：① 公司债券的期限为一年以上；② 公司债券实际发行额不少于人民币五千万元；③ 公司申请债券上市时仍符合法定的公司债券发行条件。

2．证券的暂停、终止上市

（1）股票的暂停、终止上市。上市公司有下列情形之一的，由证券交易所决定暂停其股票上市交易：① 公司股本总额、股权分布等发生变化不再具备上市条件；② 公司不按照规定公开其财务状况，或者对财务会计报告做虚假记载，可能误导投资者；③ 公司有重大违法行为；④ 公司最近三年连续亏损；⑤ 证券交易所上市规则规定的其他情形。上市公司有下列情形之一的，由证券交易所决定终止其股票上市交易：① 公司股本总额、股权分布等发生变化不再具备上市条件，在证券交易所规定的期限内仍不能达到上市条件；② 公司不按照规定公开其财务状况，或者对财务会计报告做虚假记载，且拒绝纠正；③ 公司最近三年连续亏损，在其后一个年度内未能恢复赢利；④ 公司解散或者被宣告破产；⑤ 证券交易所上市规则规定的其他情形。

（2）公司债券的暂停、终止上市。公司债券上市交易后，公司有下列情形之一的，由证券交易所决定暂停其公司债券上市交易：① 公司有重大违法行为；② 公司情况发生重大变化不符合公司债券上市条件；③ 发行公司债券所募集的资金不按照核准的用途使用；④ 未按照公司债券募集办法履行义务；⑤ 公司最近两年连续亏损。公司有前述第①项、第④项所列情形之一，经查实后果严重的，或者有前述第②项、第③项、第⑤项所列情形之一，在限期内未能消除的，由证券交易所决定终止其公司债券上市交易。

3．证券上市的程序

（1）上市申请和审核。证券上市交易之前，应当向证券交易所提出申请，由证券交易所依法审核同意，并由双方签订上市协议。对证券交易所做出的不予上市、暂停上市、终止上市决定不服的，可以向证券交易所设立的复核机构申请复核。

（2）公告文件。证券上市交易申请经证券交易所审核同意后，签订上市协议的公司应当在规定的期限内公告证券上市的有关文件，并将该文件置备于指定场所供公众查阅。

10.3.3 持续信息公开

1．持续信息公开的内容

（1）经核准依法公开发行股票或公开发行公司债券，应当公告招股说明书、公司债券募集办法。依法公开发行新股或者公司债券的，还应当公告财务会计报告。

（2）上市公司和公司债券上市交易的公司应当在法定期限内公开中期报告和年度报告。上市公司还要及时公开重大事件。

1）中期报告的公开，是指上市公司和公司债券上市交易的公司，应当在每一会计年度的上半年结束之日起二个月内，向国务院证券监督管理机构和证券交易所报送记载以下内容的中期报告，并予公告：① 公司财务会计报告和经营情况；② 涉及公司的重大诉讼事项；③ 已发行的股票、公司债券变动情况；④ 提交股东大会审议的重要事项；⑤ 国务院证券监督管理机构规定的其他事项。

2）年度报告的公开，是指上市公司和公司债券上市交易的公司，应当在每一会计年度结束之日起四个月内，向国务院证券监督管理机构和证券交易所报送记载以下内容的年度报告，并予公告：① 公司概况；② 公司财务会计报告和经营情况；③ 董事、监事、高级管理人员简介及其持股情况；④ 已发行的股票、公司债券情况，包括持有公司股份最多的前十名股东名单和持股数额；⑤ 公司的实际控制人；⑥ 国务院证券监督管理机构规定的其他事项。

3）重大事件的公开，是指发生可能对上市公司股票交易价格产生较大影响的重大事件，投资者尚未得知时，上市公司应当立即将有关该重大事件的情况向国务院证券监督管理机构和证券交易所报送临时报告，并予公告，说明事件的起因、目前的状态和可能产生的法律后果。证券法规定的重大事件包括：① 公司的经营方针和经营范围的重大变化；② 公司的重大投资行为和重大的购置财产的决定；③ 公司订立重要合同，可能对公司的资产、负债、权益和经营成果产生重要影响；④ 公司发生重大债务和未能清偿到期重大债务的违约情况；⑤ 公司发生重大亏损或者重大损失；⑥ 公司生产经营的外部条件发生的重大变化；⑦ 公司的董事、1/3 以上监事或者经理发生变动；⑧ 持有公司 5%以上股份的股东或者实际控制人，其持有股份或者控制公司的情况发生较大变化；⑨ 公司减资、合并、分立、解散及申请破产的决定；⑩ 涉及公司的重大诉讼，股东大会、董事会决议被依法撤销或者宣告无效；⑪ 公司涉嫌犯罪被司法机关立案调查，公司董事、监事、高级管理人员涉嫌犯罪被司法机关采取强制措施；⑫ 国务院证券监督管理机构规定的其他事项。

2．持续信息公开的要求

（1）对发行人、上市公司的要求。承担持续信息公开义务的主体是发行人、上市公司，其依法披露的信息必须真实、准确、完整，不得有虚假记载、误导性陈述或者重大遗漏。根据证券法的规定，上市公司董事、高级管理人员应当对公司定期报告签署书面确认意见。上市公司监事会应当对董事会编制的公司定期报告进行审核并提出书面审核意见。上市公司董事、监事、高级管理人员应当保证上市公司所披露的信息真实、准确、完整。依法必须披露的信息，应当在国务院证券监督管理机构指定的媒体发布，同时将其置备于公司住所、证券交易所，供社会公众查阅。

（2）持续信息公开的监督。国务院证券监督管理机构对上市公司年度报告、中期报告、临时报告以及公告的情况进行监督，对上市公司分派或者配售新股的情况进行监督，对上市公司控股股东及其他信息披露义务人的行为进行监督。证券监督管理机构、证券交易所、保荐人、承销的证券公司及有关人员，对公司依照法律、行政法规规定必须做出的公告，在公告前不得泄露其内容。

（3）持续信息公开的法律责任。发行人、上市公司公告的招股说明书、公司债券募集办法、财务会计报告、上市报告文件、年度报告、中期报告、临时报告以及其他信息披露资料，有虚假记载、误导性陈述或者重大遗漏，致使投资者在证券交易中遭受损失的，发行人、上市公司应当承担赔偿责任；发行人、上市公司的董事、监事、高级管理人员和其他直接责任人员以及保荐人、承销的证券公司，应当与发行人、上市公司承担连带赔偿责任，但是能够证明自己没有过错的除外；发行人、上市公司的控股股东、实际控制人有过错的，应当与发行人、上市公司承担连带赔偿责任。

10.3.4 禁止的交易行为

1. 内幕交易行为

（1）内幕交易行为的概念。内幕交易行为，是指证券交易内幕信息的知情人和非法获取内幕信息的人利用内幕信息从事证券交易的行为。

（2）内幕信息知情人的范围。内幕信息的知情人是指由于某种原因能够接触或者获得内幕信息的人员。具体包括：① 发行人的董事、监事、高级管理人员；② 持有公司 5% 以上股份的股东及其董事、监事、高级管理人员，公司的实际控制人及其董事、监事、高级管理人员；③ 发行人控股的公司及其董事、监事、高级管理人员；④ 由于所任公司职务可以获取公司有关内幕信息的人员；⑤ 证券监督管理机构工作人员以及由于法定职责对证券的发行、交易进行管理的其他人员；⑥ 保荐人、承销的证券公司、证券交易所、证券登记结算机构、证券服务机构的有关人员；⑦ 国务院证券监督管理机构规定的其他人。

（3）内幕信息的范围。内幕信息是指在证券交易活动中，涉及公司的经营、财务或者对公司证券的市场价格有重大影响的尚未公开的信息。具体包括：① 证券法所列重大事件；② 公司分配股利或者增资的计划；③ 公司股权结构的重大变化；④ 公司债务担保的重大变更；⑤ 公司营业用主要资产的抵押、出售或者报废一次超过该资产的 30%；⑥ 公司的董事、监事、高级管理人员的行为可能依法承担重大损害赔偿责任；⑦ 上市公司收购的有关方案；⑧ 国务院证券监督管理机构认定的对证券交易价格有显着影响的其他重要信息。

（4）禁止进行内幕交易。禁止进行内幕交易，是指证券交易内幕信息的知情人和非法获取内幕信息的人，在内幕信息公开前，不得买卖该公司的证券，或者泄露该信息，或者建议他人买卖该证券。

（5）内幕交易的法律责任。内幕交易行为给投资者造成损失的，行为人应当依法承担赔偿责任。

2. 操纵市场行为

（1）操纵市场行为的概念。操纵市场行为，是指利用资金、信息等优势影响证券市场价格，诱使投资者买卖证券，扰乱证券市场秩序的行为。

（2）操纵市场行为的表现形式。禁止任何人以下列手段操纵证券市场：① 单独或者通过合谋，集中资金优势、持股优势或者利用信息优势联合或者连续买卖，操纵证券交易价格或者证券交易量；② 与他人串通，以事先约定的时间、价格和方式相互进行证券交易，影响证券交易价格或者证券交易量；③ 在自己实际控制的账户之间进行证券交易，影响证券交易价格或者证券交易量；④ 以其他手段操纵证券市场。

3．编造并传播虚假信息行为

禁止国家工作人员、传播媒介从业人员和有关人员编造、传播虚假信息，扰乱证券市场；禁止证券交易所、证券公司、证券登记结算机构、证券服务机构及其从业人员，证券业协会、证券监督管理机构及其工作人员，在证券交易活动中做出虚假陈述或者信息误导；各种传播媒介传播证券市场信息必须真实、客观，禁止误导。

4．欺诈客户行为

（1）欺诈客户行为的概念。证券公司及其从业人员在证券交易中违背客户的真实意愿，侵害客户利益的行为。

（2）欺诈客户行为的表现形式。在证券交易中，禁止证券公司及其从业人员从事下列损害客户利益的欺诈行为：① 违背客户的委托为其买卖证券；② 不在规定时间内向客户提供交易的书面确认文件；③ 挪用客户所委托买卖的证券或者客户账户上的资金；④ 未经客户的委托，擅自为客户买卖证券，或者假借客户的名义买卖证券；⑤ 为牟取佣金收入，诱使客户进行不必要的证券买卖；⑥ 利用传播媒介或者通过其他方式提供、传播虚假或者误导投资者的信息；⑦ 其他违背客户真实意思表示，损害客户利益的行为。欺诈客户行为给客户造成损失的，行为人应当依法承担赔偿责任。

5．其他禁止的交易行为

（1）禁止法人非法利用他人账户从事证券交易；禁止法人出借自己或者他人的证券账户。

（2）禁止资金违规流入股市。

（3）禁止任何人挪用公款买卖证券。

10.4　证券机构

10.4.1　证券交易所

1．证券交易所概述

（1）证券交易所的概念。证券交易所是为证券集中交易提供场所和设施，组织和监督证券交易，实行自律管理的法人。

（2）证券交易所的组织机构。证券交易所设理事会，并设总经理一人，由国务院证券监督管理机构任免。

2．证券交易所从业人员的资格及工作规则

（1）证券交易所从业人员的资格。有《中华人民共和国公司法》规定的不得担任公司董事、监事、高级管理人员的情形或者下列情形之一的，不得担任证券交易所的负责人：① 因违法行为或者违纪行为被解除职务的证券交易所、证券登记结算机构的负责人或者证券公司的董事、监事、高级管理人员，自被解除职务之日起未逾五年；② 因违法行为或者违纪行为被撤销资格的律师、注册会计师或者投资咨询机构、财务顾问机构、资信评级机构、资产评估机构、验证机构的专业人员，自被撤销资格之日起未逾五年。因违法行为或者违纪行为被开除的证券交易所、证券登记结算机构、证券服务机构、证券公司的从业人员和被开除的国家机关工作人员，不得招聘为证券交易所的从业人员。

（2）证券交易所从业人员的工作规则。证券交易所的负责人和其他从业人员在执行与证券交易有关的职务时，与其本人或者其亲属有利害关系的，应当回避。在证券交易所内从事证券交易的人员，违反证券交易所有关交易规则的，由证券交易所给予纪律处分；对情节严重的，撤销其资格，禁止其入场进行证券交易。

3．证券交易所对证券交易的监控

（1）因突发性事件而影响证券交易的正常进行时，证券交易所可以采取技术性停牌的措施；因不可抗力的突发性事件或者为维护证券交易的正常秩序，证券交易所可以决定临时停市。证券交易所采取技术性停牌或者决定临时停市，必须及时报告国务院证券监督管理机构。

（2）证券交易所对证券交易实行实时监控，并按照国务院证券监督管理机构的要求，对异常的交易情况提出报告。

（3）证券交易所应当对上市公司及相关信息披露义务人披露信息进行监督，督促其依法及时、准确地披露信息。

（4）证券交易所根据需要，可以对出现重大异常交易情况的证券账户限制交易，并报国务院证券监督管理机构备案。

10.4.2 证券中介机构

1．证券公司

（1）证券公司的概念。证券公司是指依法设立的经营证券业务的有限责任公司或股份有限公司。设立证券公司，必须经国务院证券监督管理机构审查批准。未经国务院证券监督管理机构批准，任何单位和个人不得经营证券业务。

（2）证券公司的设立条件。设立证券公司，应当具备下列条件：① 有符合法律、行政法规规定的公司章程；② 主要股东具有持续赢利能力，信誉良好，最近三年无重大违法违规记录，净资产不低于人民币两亿元；③ 有符合法律规定的注册资本（证券公司经营证券经纪、证券投资咨询、与证券交易、证券投资活动有关的财务顾问三项业务的，注册资本最低限额为人民币五千万元；证券公司经营证券承销与保荐、证券自营、证券资产管理、其他证券业务四项业务之一的，注册资本最低限额为人民币一亿元，经营四项业务中两项以上的，注册资本最低限额为人民币五亿元）；④ 董事、监事、高级管理人员具备任职资格，从业人员具有证券从业资格；⑤ 有完善的风险管理与内部控制制度；⑥ 有合格的经营场所和业务设施；⑦ 法律、行政法规规定的和经国务院批准的国务院证券监督管理机构规定的其他条件。

2. 证券登记结算机构

（1）证券登记结算机构的概念。证券登记结算机构是为证券交易提供集中登记、存管与结算服务，不以营利为目的的法人。设立证券登记结算机构必须经国务院证券监督管理机构批准。

（2）证券登记结算机构的设立条件。设立证券登记结算机构，应当具备下列条件：① 自有资金不少于人民币两亿元；② 具有证券登记、存管和结算服务所必须的场所和设施；③ 主要管理人员和从业人员必须具有证券从业资格；④ 国务院证券监督管理机构规定的其他条件。

（3）证券登记结算机构的职能。证券登记结算机构履行下列职能：① 证券账户、结算账户的设立；② 证券的存管和过户；③ 证券持有人名册登记；④ 证券交易所上市证券交易的清算和交收；⑤ 受发行人的委托派发证券权益；⑥ 办理与上述业务有关的查询；⑦ 国务院证券监督管理机构批准的其他业务。

3. 证券服务机构

（1）证券服务机构的设立。投资咨询机构、财务顾问机构、资信评级机构、资产评估机构、会计师事务所从事证券服务业务，必须经国务院证券监督管理机构和有关主管部门批准。投资咨询机构、财务顾问机构、资信评级机构从事证券服务业务的人员，必须具备证券专业知识和从事证券业务或者证券服务业务两年以上经验。

（2）证券服务机构的行为要求。投资咨询机构及其从业人员从事证券服务业务不得有下列行为：① 代理委托人从事证券投资；② 与委托人约定分享证券投资收益或者分担证券投资损失；③ 买卖本咨询机构提供服务的上市公司股票；④ 利用传播媒介或者通过其他方式提供、传播虚假或者误导投资者的信息；⑤ 法律、行政法规禁止的其他行为。因所列行为之一，给投资者造成损失的，依法承担赔偿责任。

（3）证券服务机构的法律责任。证券服务机构为证券的发行、上市、交易等证券业务活动制作、出具审计报告、资产评估报告、财务顾问报告、资信评级报告或者法律意见书等文件，应当勤勉尽责，对所制作、出具的文件内容的真实性、准确性、完整性进行核查和验证。其制作、出具的文件有虚假记载、误导性陈述或者重大遗漏，给他人造成损失的，应当与发行人、上市公司承担连带赔偿责任，但是能够证明自己没有过错的除外。

10.4.3 证券监督管理机构与自律组织

1. 证券监督管理机构

（1）证券监督管理机构的职责范围。国务院证券监督管理机构依法对证券市场实行监督管理，维护证券市场秩序，保障其合法运行。国务院证券监督管理机构在对证券市场实施监督管理中履行下列职责：① 依法制定有关证券市场监督管理的规章、规则，并依法行使审批或者核准权；② 依法对证券的发行、上市、交易、登记、存管、结算进行监督管理；③ 依法对证券发行人、上市公司、证券交易所、证券公司、证券登记结算机构、证券投资基金管理公司、证券服务机构的证券业务活动进行监督管理；④ 依法制定从事证券业务人员的资格标准和行为准则，并监督实施；⑤ 依法监督检查证券发行、上市和交易的信息公开情况；⑥ 依法对证券业协会的活动进行指导和监督；⑦ 依法对违反证券市场监督管理法律、行政法规的行为进行查处；⑧ 法律、行政法规规定的其他职责。国务院证券监督管理机构可以和其他国家或者地区的证券监督管理机构建立监督管理合作机制，实施跨境监督管理。

（2）证券监督管理机构的权限。国务院证券监督管理机构依法履行职责，有权采取下列措施：① 对证券发行人、上市公司、证券公司、证券投资基金管理公司、证券服务机构、证券交易所、证券登记结算机构进行现场检查；② 进入涉嫌违法行为发生场所调查取证；③ 询问当事人和与被调查事件有关的单位和个人，要求其对与被调查事件有关的事项做出说明；④ 查阅、复制与被调查事件有关的财产权登记、通信记录等资料；⑤ 查阅、复制当事人和与被调查事件有关的单位和个人的证券交易记录、登记过户记录、财务会计资料及其他相关文件和资料；对可能被转移、隐匿或者毁损的文件和资料，可以予以封存；⑥ 查询当事人和与被调查事件有关的单位和个人的资金账户、证券账户和银行账户；对有证据证明已经或者可能转移或者隐匿违法资金、证券等涉案财产或者隐匿、伪造、毁损重要证据的，经国务院证券监督管理机构主要负责人批准，可以冻结或者查封；⑦ 在调查操纵证券市场、内幕交易等重大证券违法行为时，经国务院证券监督管理机构主要负责人批准，可以限制被调查事件当事人的证券买卖，但限制的期限不得超过十五个交易日；案情复杂的，可以延长十五个交易日。

2. 证券业协会

（1）证券业协会的概念。证券业协会是证券业的自律性组织，是社会团体法人。证券公司应当加入证券业协会。证券业协会的权力机构为全体会员组成的会员大会。证券业协会设理事会。

（2）证券业协会的职责范围。证券业协会履行下列职责：① 教育和组织会员遵守证券法律、行政法规；② 依法维护会员的合法权益，向证券监督管理机构反映会员的建议和要求；③ 收集整理证券信息，为会员提供服务；④ 制定会员应遵守的规则，组织会员单位的从业人员的业务培训，开展会员间的业务交流；⑤ 对会员之间、会员与客户之间发生的证券业务纠纷进行调解；⑥ 组织会员就证券业的发展、运作及有关内容进行研究；⑦ 监督、检查会员行为，对违反法律、行政法规或者协会章程的，按照规定给予纪律处分；⑧ 证券业协会章程规定的其他职责。

案例分析

某股份有限公司申请股票上市，其股票经国务院证券监督管理机构核准已公开发行，公司股本总额为人民币 4 000 万元，公开发行的股份为 900 万元。公司最近两年无重大违法行为，财务会计报告无虚假记载。

问题： 上述情况哪些不符合股票上市条件？

分析：《证券法》第五十条规定，股份有限公司申请股票上市，应当符合下列条件：① 股票经国务院证券监督管理机构核准已公开发行；② 公司股本总额不少于人民币三千万元；③ 公开发行的股份达到公司股份总数的 25%以上；公司股本总额超过人民币四亿元的，公开发行股份的比例为 11%以上；④ 公司最近三年无重大违法行为，财务会计报告无虚假记载。本案例中，该公司公开发行的股份为 900 万元不符合法律规定，按规定应达到 1 000 万元以上；该公司最近两年无重大违法行为不符合法律规定，按规定公司应最近三年无重大违法行为。

（资料来源：叶朱，周燕．经济法概论习题集．上海：上海财经大学出版社，2000）

本章小结

重点概念

证券　证券代销　证券包销　内幕交易行为　操纵市场行为　欺诈客户行为　证券交易所　证券公司

知识点

（1）证券法概述。① 证券是指证明有关经济权利的凭证。证券法是调整证券发行、交易和证券监管过程中发生的经济关系的法律规范的总称。我国《证券法》调整的证券包括股票、公司债券和国务院依法认定的其他证券。② 证券活动与证券管理的原则。

（2）证券发行。① 公司公开发行新股应当具备的条件。② 公开发行公司债券应当具备的条件。③ 证券承销业务采取代销或者包销方式。

（3）证券交易。① 股份有限公司申请股票上市应当符合的条件。② 公司申请公司债券上市交易应当符合的条件。③ 禁止的交易行为。

（4）证券机构。① 证券交易所是为证券集中交易提供场所和设施，组织和监督证券交易，实行自律管理的法人。证券公司是指依法设立的经营证券业务的有限责任公司或股份有限公司。证券登记结算机构是为证券交易提供集中登记、存管与结算服务，不以营利为目的的法人。② 国务院证券监督管理机构依法对证券市场实行监督管理，维护证券市场秩序，保障其合法运行。证券业协会是证券业的自律性组织，是社会团体法人。

复习思考题

（1）证券活动与证券管理的原则有哪些？
（2）公司公开发行新股应符合哪些条件？
（3）公开发行公司债券应符合哪些条件？
（4）股份有限公司申请股票上市应符合哪些条件？
（5）公司申请公司债券上市交易应符合哪些条件？
（6）设立证券公司应当具备哪些条件？

第 11 章　票据法

本章学习目标

- 掌握票据的概念和法律特征；
- 掌握汇票的出票、背书、保证、承兑、付款等票据行为；
- 了解票据法的概念和法律特征；
- 熟悉汇票、本票、支票三者之间的区别。

11.1　票据法概述

11.1.1　票据的概念与法律特征

1．票据的概念

票据是指出票人依票据法签发的，由本人或委托他人在见票时或者在票载日期无条件支付确定的金额给收款人或持票人的一种有价证券。票据一词有广义和狭义之分。广义的票据，是指商业活动中的一切票证，包括各种有价证券和凭证，如股票、债券、本票、提货单、车船票、借据等。狭义的票据，仅指以支付一定金额为目的的有价证券。《中华人民共和国票据法》（以下简称《票据法》）第二条规定：“本法所称票据是指汇票、本票、支票。”可见，我国票据法所指票据仅指狭义的票据。

2．票据的法律特征

（1）票据是一种完全有价证券。所谓有价证券，是表示或代表一定财产权利的证券。票据上所表示的权利是支付一定的金额给权利人的债权，票据所表示的权利与票据本身不可分离。有价证券又可再分为完全有价证券和不完全有价证券。证券与权利在一定情况下可以分离，为不完全有价证券。例如，仓单丢失后，货主并不真正丧失物权，可以用其他方法证明自己的物权。证券与权利不可分离时为完全有价证券。票据作为完全有价证券，其权利与票据的占有不可分离。行使权利时，必须提示票据；转移权利时，必须交付票据；受领票据金额后，必须将票据缴回于付款人才能消灭票据关系。

（2）票据为设权证券。证券有证权证券与设权证券之分。证权证券是权利义务产生于证券作成之前，证券的主要作用在于证明已经存在的权利。比如，公司的股票，公司成立后，股东的权利义务就随之确定，公司发行的股票可以进一步证明这一权利义务关系。所谓设权证券，是指票据权利的发生必须首先作成证券，票据权利是由票据行为——出票而创设的。票据作成前，票据权利并不存在。

（3）票据为文义证券。票据上的一切权利义务，必须严格依照票据上记载的文义而定，文义以外的任何理由、事项均不得作为根据。也就是说票据上记载的文义即使有错，也不能用票据之外的其他证明方法变更或补充。例如，票据上记载的出票日与实际出票日不一致的，以票据上记载的日期为准。票据的这个特征主要是为了保护善意持票人，以维护交易安全。

（4）票据为要式证券。票据制作的格式和记载事项，必须依票据法的规定进行，才能产生票据效力。票据法对票据上的绝对应当记载事项、相对应当记载事项、记载致使票据无效的事项等均做了严格的规定，不遵守票据法的规定，将影响票据的效力。例如，欠缺法律规定的绝对应记载事项时，会造成票据无效。

（5）票据为无因证券。所谓无因，是指票据如果具备票据法上的条件，票据权利就成立，至于持票人取得票据的原因或作成票据的原因均不问，即使发行、转让票据的原因发生错误或无效，仍不影响票据的权利和流通。票据关系与发行、转让票据的原因关系互相分离，互相独立，此即票据的无因性。因此，在票据转让时，受让人无须了解出让人取得票据的原因；票据债务人在履行票据债务、支付票据金额时，也无须了解持票人取得票据的原因，以此来维护和保障票据的流通性。

（6）票据是流通证券。票据权利可以依背书或直接交付的方式转让，而且无须通知债务人，票据持有人可以按照自己的意愿自由转让票据，正是由于票据具有此流通性，使得一张票据可以在许多人之间辗转，在更大的领域发挥着票据的经济职能。

11.1.2 票据法的概念与法律特征

1. 票据法的概念

票据法是指调整票据关系以及与票据关系有关的其他社会关系的法律规范的总称。票据关系是指票据当事人（票据债权人和票据债务人）之间因票据行为而产生的票据权利义务关系。与票据关系有关的其他社会关系是指为保障票据关系的依法产生、变更、实现而产生的社会关系，如因票据付款而产生的请求持票人缴回票据的关系，因票据的丧失而产生的请求交还票据关系，因利用票据为非法行为而产生的刑事制裁、行政处罚以及民事赔偿关系等。

票据法有广义和狭义之分。广义的票据法是指一切有关票据的法律规范，即除了以“票据法”命名的票据法规外，还包括了民法、民事诉讼法、刑法和其他法律法规中有关票据的具体规定。狭义的票据法是指以“票据法”命名的法律、法规及其实施细则。我国《票据法》是规定我国现行票据制度的基本法律，该法于1995年5月10日通过，并于1996年1月1日实施，共七章，一百一十条。

2. 票据法的法律特征

（1）票据法是私法，但具有一定的公法性。票据法调整的是平等主体之间因票据而产生的社会关系，其应属于私法范畴。但票据事务不仅涉及票据当事人的利益，而且作为流通工具和金融工具，与社会经济秩序关系密切。为了维护正常的社会经济秩序，票据法不仅对票据行为的大部分内容采取了法定主义，而且还明确规定了伪造、变造票据等金融欺诈的刑事责任，及金融机构及其工作人员在票据活动中的违法行为和行政处罚，所以票据法具有一定的公法性。

（2）票据法是国内法，同时兼具国际性。票据法是由一个主权国家制定，在本国领土上生效的法律，属于国内法范畴。但票据是一种支付工具，具有极大的流通性，这种流通不仅限于一国之内，在国际贸易日益繁荣的今天，跨国间的票据流通是常有的事，不同国家的票据法也正逐步走向统一。

（3）票据法具有技术性，而非伦理性。相对于“杀人偿命”“欠债还钱”这些具有较强伦理道德色彩的刑法、民法规范来讲，票据法的制定更多的是出于一种方便交易、保证流通、繁荣市场的技术上的考虑。与交通规则相类似，它具有明显的技术性。

（4）票据法是强行法而非任意法。在票据法中，从票据的种类、票据的格式、票据行为的规则直至票据权利义务的享有和承担等规定，大都属于强制性的规定，除了有限的方面允许当事人依自由意志另行约定外，一般不允许当事人以自己的意志随意变更和任意适用。

11.2 汇票、本票、支票

11.2.1 汇票

1. 汇票的概念与分类

汇票是出票人签发的，委托付款人在见票时或者在指定日期无条件支付确定的金额给收款人或者持票人的票据。

根据不同的标准，可以将票据做不同的分类。

（1）根据出票人的不同，可以将汇票分为银行汇票和商业汇票。银行汇票是银行签发的汇票。银行汇票根据其用途，又分为现金银行汇票和转账银行汇票。商业汇票是由银行以外的人签发的票据。商业汇票根据承兑人的不同，又分为银行承兑汇票和商业承兑汇票。由银行承兑并付款的汇票为银行承兑汇票。由银行以外的人承兑并付款的汇票为商业承兑汇票。

（2）依据付款日期确定方式的不同，汇票可以分为即期汇票和远期汇票。见票即付的汇票，为即期汇票。除见票即付的汇票之外，另定付款日期的，为远期汇票。远期汇票又可分为3种。① 定日付款的汇票，是指出票人签发时记载一个固定日期为到期日的汇票。例如，“于某年某月某日付款”。② 出票后定期付款的汇票，是指出票后经过一定期间付款的汇票。例如，“自出票日6个月付款”。③ 见票后定期付款汇票，是见票后一定期间付款的汇票，如记载“见票后3个月付款”。

（3）按照汇票上记载权利人的方式不同，汇票可以分为记名式汇票、指示式汇票和无记名式汇票3种。① 记名式汇票指出票人在票面上明确记载收款人姓名或名称的汇票，收款人如要转让该票据，仅能依背书的方式进行。② 指示式汇票不仅明确记载收款人的姓名，而且附加“或其指定人”字样的汇票，此种汇票也仅能依背书转让。③ 无记名式汇票是没有记载收款人姓名，或仅记载“将票据金额付与来人”字样的汇票，对于这种票据收款人仅依交付就可以转让。我国票据法不承认无记名式汇票。

2. 汇票的出票

（1）出票的概念。出票是指出票人签发票据并将其交付给收款人的票据行为。票据的出票是创设票据的票据行为，可以说票据的权利因票据的出票得以产生。从内容上看，出票是一种委托付款人向收款人支付一定金额的行为。从形式上看，票据的出票由两部分行为构成：一是作成票据，二是交付票据。

（2）汇票的记载事项。作成票据是出票人依法定款式将票据上的应记载事项记载完备的行为。根据我国《票据法》的规定，汇票的应记载事项分为绝对应记载事项和相对应记载事项。绝对应记载事项是必须在汇票上做记载，否则该汇票无效的事项，分别是：① 表明“汇票”的字样；② 无条件支付的委托；③ 确定的金额；④ 付款人的名称；⑤ 收款人名称；⑥ 出票日期；⑦ 出票人签章。相对应记载事项是应当记载，如果不记载并不影响汇票效力，而依法律进行推定的事项，包括：① 汇票上未记载付款日期的，为见票即付；② 汇票上未记载付款地的，付款人的营业场所、住所或者经常居住地为付款地；③ 汇票上未记载出票地的，出票人的营业场所、住所或者经常居住地为出票地。

出票人按照票据法的规定做成汇票后，即对有关当事人产生效力。对于出票人而言，要承担保证该汇票承兑和付款的责任。收款人取得票据后，享有票据上的付款请求权和追索权。出票行为对付款人的效力，是使其取得对汇票进行承兑和付款的资格，而非义务，至于付款人是否承兑或者付款由自己决定。但是，一旦对汇票进行了承兑，就必须对汇票付款。

3. 汇票的背书

（1）背书的概念。汇票是一种流通证券，转让是使其流通的手段，汇票的转让方式有交付与背书两种，由于我国不承认无记名汇票，因此我国汇票转让的方式只有背书一种。背书是指持票人在票据背面或者粘单上记载有关事项并签章的票据行为。

（2）背书的特征。背书具有以下特征。① 背书转让不必通知债务人就可发生转让的效力。而普通债权转让必须以通知债务人为条件，否则权利的转让对债务人不生效力。相比之下，依背书的方式转让权利更加简便、迅速，更利于票据的流通。② 依背书转让权利后，转让人不退出债权关系，而是由先前的权利人成为新的债务人。受让人不仅对其直接转让人享有追索权，而且对票据上的所有背书人都享有追索权。这样，受让人的权利得到极大的保障，票据上的背书人越多，票据的信用度越高，票据的流通程度也就越高。③ 依背书转让权利。最后持票人只要所持票据上的背书在形式上具有连续性，就当然地被认为是正当的票据权利人，而无须提供其他证明。

（3）背书的种类。① 以背书的目的为标准，背书可分为转让背书和非转让背书。转让背书是以转让票据权利为目的而为的背书；非转让背书是以授予他人行使一定票据权利为目的而为的背书。② 依转让背书的权利转移和担保效力不同，可分为一般转让背书和特殊转让背书。正常情形的转让背书为一般转让背书，又包括两种：记名背书和空白背书，我国不承认空白背书的效力。包含有特殊情形的转让背书为特殊转让背书，又分为限制背书、回头背书、期后背书。限制背书是在背书中附加某些特别的记载，从而对转让的票据权利给予一定限制的背书。例如，在背书中记载“不得转让”，则使该背书成为禁止转让背书，如果其后手再背书转让的，原背书人对后手的被背书人不承担保证责任。回头背书是指以票据上的原债务人为被背书人的背书。期后背书是指票据被拒绝承兑、被拒绝付款或超过付款提示期限后所为的背书。③ 依非转让背书的目的不同，可分为委托收款背书和质押背书。前者是人委托他人代为收款为目的而为的背书；后者是以为担保债务而在票据上设定质权为目的而为的背书。

（4）背书的记载事项。背书的记载事项与出票一样，可以分为应记载事项、可以记载事项、不得记载事项、不具有票据效力的记载事项等。

1）应记载事项。主要有 3 项。① 背书人签章。为使背书人负责并证明票据权利转让的有效，背书行为必须由背书人签章，否则背书行为无效。② 被背书人名称。欠缺被背书人名称，可以造成背书不连续。③ 背书日期。为相对应记载事项，未记载背书日期的，视为在汇票到期日前背书。

2）可以记载事项。背书人可以在背书时记载禁止转让文句。背书人在汇票上记载“不得转让”字样，其后手再背书转让的，原背书人对后手的被背书人不承担保证责任。

3）不得记载事项，即使背书无效的事项。我国《票据法》规定：“将汇票金额的一部分转让的背书或者将汇票金额分别转让给两人以上的背书无效。”

4）不具有票据效力的记载事项。背书不得附条件，背书时附有条件的，所附条件不具有汇票上的效力。

4．汇票的承兑

（1）承兑的概念与意义。承兑是指远期汇票的付款人在票据的正面记载有关事项并签章，然后将票据交付请求承兑之人，承诺在汇票到期日无条件支付汇票金额的票据行为。承兑是汇票所特有的制度。在汇票关系中，出票人通常不是付款人，他签发的汇票只是单方面委托付款人对持票人付款。付款人是否接受委托并不一定，因此付款人没有绝对付款义务。而付款人一经承兑而成为承兑人之后，才成为票据债务人，并成为第一债务人，才承担到期付款的责任。

（2）承兑的程序。承兑的程序主要为：持票人提示汇票要求承兑简称为提示承兑；付款人对提示汇票进行承兑，简称为承兑汇票。

1）提示承兑是指持票人向付款人出示汇票，并要求付款人在票据上表示在票据到期日愿意对票据付款的行为。票据为完全有价证券，票据权利人行使票据债权，应以持有票据来证明自己享有票据权利，所以持票人请求承兑，必须提示汇票。是否提示承兑虽然是持票人的自由，但在什么期间内必须提示承兑，法律对此做了规定。根据《票据法》规定，定日付款或者出票后定期付款的汇票，持票人应当在汇票到期日前向付款人提示承兑。见票后定期付款的汇票，持票人应当自出票日起一个月内向付款人提示承兑。汇票未按照规定期限提示承兑的，持票人丧失对其前手的追索权。见票即付的汇票无须提示承兑。持票人出示票据，请求承兑时，付款人如果不愿意承担付款责任的，可以拒绝承兑；付款人愿意承担付款责任的，应依法定的方式和程序进行。

2）付款人对向其提示承兑的汇票，应当自收到提示承兑的汇票之日起三日内承兑或拒绝承兑。付款人收到持票人提示承兑的汇票时，应当向持票人签发收到汇票的回单。回单上应当记明汇票提示承兑的日期并签章。付款人承兑汇票的，应当在汇票正面记载“承兑”字样和承兑日期并签章；见票后定期付款的汇票，应当在承兑时记载付款日期。付款人承兑汇票，不得附有条件；承兑附有条件的，视为拒绝承兑。

（3）承兑的效力。付款人作成承兑并将汇票交还持票人后，承兑即发生法律效力，对付款人、持票人、出票人和背书人均发生一定的效力。其表现为以下几个方面。① 对付款人的效力。付款人一经承兑，即承担到期付款的责任。即使承兑人与出票人之间并不存在事实上的资金关系，而且在持票人未按期提示付款时，即使其对背书人、保证人等的追索权因未按期提示付款而丧失，持票人仍有权对承兑人主张权利。② 对持票人的效力。在付款人承兑之前，持票人所享有的付款请求权为期待权，是一种不确定的权利，不一定能够实现。付款人一经承兑，则持票人所享有的付款请求权成为现实的权利，以承兑人的责任作为保障。③ 对出票人的背书人的效力。付款人承兑后，出票人和背书人都免于受到由于票据被拒绝承兑而引发的期前追索。就汇票本身而言，承兑增强其信用，并促进其流通。

5．汇票的保证

（1）汇票保证的概念和特征。汇票保证是指汇票的债务人以外的第三人为担保票据债务的履行，在汇票上签章及记载有关事项的票据行为。

民法上的保证也是一种担保债务履行的担保方式，票据保证与之相比有下列特点。① 票据保证是要式行为，保证人为保证行为必须在票据或者粘单上记载票据法规定的事项，否则不产生效力；民法上的保证虽然也是要式行为，但其内容和形式没有票据保证规定得严格。② 票据保证是单方法律行为。票据保证只须保证人完成保证记载即可成立；而民法上的保证是保证人与主债权人之间订立的合同，必须双方达成合意才能成立，是双方法律行为。③ 票据保证具有一定独立性。即使被保证人的债务无效，保证人仍要负票据责任；而民法上的保证是从债务，当主债务无效或被撤销时，保证债务便因此而无效或被撤销。④ 票据保证人如果为二人以上的，所有保证人都必须对债权人负连带责任。而民法上的保证有一般保证与连带责任保证之分，在一般保证中债权人必须先向被保证人请求，得不到满足后才能向保证人请求。

（2）保证的记载事项。保证是要式行为，依《票据法》的规定，保证人应当在汇票或者粘单上记载下列事项。① 绝对应当记载事项。绝对应当记载事项有：表明“保证”的字样；保证人名称和住所；保证人签章。如无上述事项，会导致保证行为无效。② 相对应当记载事项。相对应当记载事项是保证人应当在汇票上记载，但如果不记载并不使保证行为无效，而由法律进行推定的事项。包括被保证人的名称和保证日期两项。保证人在汇票或者粘单上未记载被保证人名称的，已承兑的汇票，承兑人为被保证人；未承兑的，出票人为被保证人；未记载保证日期的，出票日期为保证日期。

另外，保证不得附条件。附有条件的，不影响对汇票的保证责任，即不产生票据法上的效力，但该记载会在其他法（如民法）上发生效力。

（3）保证的效力。保证人对合法取得汇票的持票人所享有的汇票权利，承担保证责任。但是，被保证人的债务因汇票记载事项欠缺而无效的除外。被保证的汇票，保证人应当与被保证人对持票人承担连带责任。汇票到期后得不到付款的，持票人有权向保证人请求付款，保证人应当足额付款。保证人清偿汇票债务后，可以行使持票人对被保证人及其前手的追索权。保证人为二人以上的，保证人之间承担连带责任。

6．汇票的付款

（1）付款的概念。票据付款指付款人或承兑人在票据到期时，对持票人所进行的票据金额的支付。请求付款是持票人的汇票权利，也是其拥有汇票的目的；而付款则是汇票债务人的责任，付款人依法足额付款后，全体汇票债务人的责任解除，票据关系消灭。

（2）付款的程序。付款程序主要包括两项内容：一是持票人提示付款；二是付款人支付票据金额。

所谓提示付款，是指持票人或其代理人向付款人或者代理付款人现实地出示票据请求其付款的行为。持票人应当按照下列期限提示付款：见票即付的汇票，自出票日起一个月内向付款人提示付款；定日付款、出票后定期付款或者见票后定期付款的汇票，自到期日起十日内向承兑人提示付款。持票人如果未按照法定付款提示期限进行付款提示的，在做出说明后，承兑人或者付款人仍应当继续对持票人承担付款责任，但丧失对其前手的追索权。

持票人于到期日及付款提示期限内提示票据的，付款人必须在当日足额付款。持票人获得付款的，应当在汇票上签收，并将汇票交给付款人。持票人委托银行收款的，受委托的银行将代收的汇票金额转账收入持票人账户，视同签收。

付款人在付款时负有审查义务。根据《票据法》第五十七条的规定：“付款人及其代理付款人付款时，应当审查汇票背书的连续，并审查提示付款人的合法身份证明或者有效证件。付款人及其代理人以恶意或者有重大过失付款的，应当自行承担责任。”可见，付款人在通常情形下并不负实质性的审查义务，而仅负形式上的审查义务。

（3）付款的效力。合法有效的付款行为主要发生两方面效力。① 汇票法律关系归于消灭。付款人依法足额付款后，汇票法律关系全部归于消灭，出票人、付款人、背书人等全体票据债务人的票据责任因此而得以免除。当然，如果付款人的付款属于恶意或者重大过失付款的，不能发生以上法律效果。② 付款人取得向出票人求偿的权利。从汇票法律关系的实质上看，付款人之所以能按照汇票文义向持票人无条件付款，主要是基于付款人与出票人之间存在一定的委托付款关系，在出票人未向付款人提供资金或者未能提供足够资金的情形下，付款人于付款后取得向出票人求偿的权利。但此时票据关系已告终结，这种求偿权只能基于民法上的一般规定。

7. 汇票的追索权

（1）追索权的概念和特征。追索权是指汇票的持票人在法定期限内提示承兑或提示付款而遭拒绝，或者有其他法定事由时，向其前手请求偿还票据金额、利息及其他法定款项的一种票据权利。追索权有以下法律特征。① 具有选择性。持票人可以自由选择行使汇票追索权的对象，而不必依照票据债务人在汇票上承担债务的先后顺序逐次向前追索。② 具有变更性。持票人不受已开始行使的追索权的限制，在未实现其追索权之前，可再进行新的追索。③ 具有代位性。持票人行使追索权在获得相应清偿后，追索权并未消灭，而是移转给被追索人；被追索人在清偿债务后，即与持票人享有同一权利，可以继续进行追索。

（2）追索权行使的原因。行使追索权，必须出于法定的情形或原因，追索权行使的原因依行使时间的不同，可以分为两类：其一是到期日行使追索权的原因。汇票到期被拒绝付款的，持票人可以对背书人、出票人以及汇票的其他债务人行使追索权。其二是到期日前行使追索权的原因。主要有3种情形：① 汇票被拒绝承兑的；② 承兑人或者付款人死亡、逃匿的；③ 承兑人或者付款人被依法宣告破产的或者因违法被责令终止业务活动的。

（3）追索权行使的条件。持票人行使追索权时，应当提供被拒绝承兑或者被拒绝付款的有关证明及其他合法证明。包括承兑人或者付款人出具的拒绝证明；退票理由书；医院或者有关单位出具的承兑人、付款人死亡证明；司法机关出具的承兑人、付款人逃匿的证明；人民法院的有关司法文书及有关行政主管部门的处罚决定。持票人不能出示拒绝证明、退票理由书或者未按照规定期限提供其他合法证明的，丧失对其前手的追索权。但是承兑人或者付款人仍应当对持票人承担责任。

（4）追索权行使的程序。持票人应当自收到被拒绝承兑或者被拒绝付款的有关证明之日起三日内，将被拒绝事由书面通知其前手；其前手应当自收到通知之日起三日内书面通知其再前手。持票人也可以同时向各汇票债务人发出书面通知。未按规定期限通知的，因延期通知给其前手或者出票人造成损失的，由没有按照规定期限通知的汇票当事人承担对该损失的赔偿责任。

（5）追索的金额。追索金额是指持票人或者其他追索权人向偿还义务人行使追索权，请求其支付的金额。追索金额包括：① 被拒绝付款的汇票金额；② 汇票金额从到期日或者提示付款日起至清偿日止，按照中国人民银行规定的利率计算的利息；③ 取得有关拒绝证明和发出通知书的费用。

被追索人按照上述要求清偿后，可以向其他汇票债务人行使再追索权，请求其他汇票债务人支付下列金额和费用：① 已清偿的全部金额；② 汇票金额自清偿日起至再追索清偿日止，按照中国人民银行规定的利率计算的利息；③ 发出通知书的费用。

11.2.2 本票

1. 本票的概念和特征

本票是出票人签发的，承诺自己在见票时无条件支付确定的金额给收款人或者持票人的票据。我国票据法所称本票，是指银行本票。本票与汇票、支票一样，是一种完全的有价证券，具有一切票据共同的性质，但其也有自己的一些特征。

（1）本票是自付证券。本票是由出票人本人承诺对持票人付款，本票的出票人就是付款人。

（2）本票的当事人少，只有出票人和收款人两方，其债权债务关系也相对简单些。

（3）本票中没有承兑制度。本票是出票人自己无条件付款的票据。收款人或者持票人向出票人要求付款是确定的权利，无须承兑来转化为现实权利。

2. 本票的出票

本票的出票从形式上看，与汇票一样，都是指出票人制作票据，并将票据交付给收款人的票据行为。但是本票的出票人必须是银行，而且出票人资格由中国人民银行审定。本票的出票人必须具有支付本票金额的可靠资金来源，并保证支付。

本票必须记载下列事项：① 表明“本票”的字样；② 无条件支付的承诺；③ 确定的金额；④ 收款人名称；⑤ 出票日期；⑥ 出票人签章。本票上未记载付款地的，出票人的营业场所为付款地。本票上未记载出票地的，出票人的营业场所为出票地。我国《票据法》将本票限定为见票即付，所以本票不需记载付款日期。

3．本票的付款

本票的出票人在持票人提示见票时，必须承担付款的责任。见票是指收款人或持票人以本票原件给出票人审查，如果本票上的背书及有关记载没有违反票据法规定的，出票人应当足额付款。本票自出票日起，付款期限最长不得超过两个月。本票的持票人未按照规定期限提示见票的，丧失对出票人以外的前手的追索权。

4．本票准用汇票的有关规定

由于本票与汇票一样均是可以流通的金融支付工具，本票具有汇票的很多特征及功能，所以《票据法》规定："本票的背书、保证、付款行为和追索权的行使，除本章规定外，适用本法有关汇票的规定。本票的出票行为，除本章规定外，适用本法关于汇票的规定。"

11.2.3 支票

1．支票的概念和特征

支票是出票人签发的，委托办理支票存款业务的银行或者其他金融机构在见票时无条件支付确定金额给收款人或者持票人的票据。

支票与汇票、本票相比较，其主要特点如下。① 付款人有资格限制。支票的付款人是银行和其他金融机构，除此之外所有的公司和个人都不能担当支票的付款人。② 见票即付。这是由支票的支付工具的职能所决定的。

《票据法》对于支票的规定，也采用了与本票相同的立法技术处理。对于属于支票的特别规则，单独做出规定，而对于与汇票规则相同的部分，则规定适用汇票的相应规定。

2．支票的出票制度

（1）支票出票人的资格。出票人应满足以下3个条件。① 建立账户。开立支票存款账户，申请人必须使用其本名，并提交证明其身份的合法证件。② 存入足额支付的款项。开立支票存款账户和领用支票，应当有可靠的资信，并存入一定的资金，否则构成空头支票。③ 预留印鉴。开立支票存款账户，申请人应当预留其本名的签名式样和印鉴，支票的出票人不得签发与其预留本名的签名式样或者印鉴不符的支票。

（2）支票的记载事项。支票必须记载下列事项：表明"支票"字样；无条件支付的委托；确定的金额；付款人名称；出票日期；出票人签章。支票未记载上述规定之一的，支票无效。支票上的金额可以由出票人授权补记，未补记前的支票，不得使用。支票上未记载收款人名称的，经出票人授权，可以补记。支票上未记载付款地的，付款人的营业场所为付款地。支票上未记载出票地的，出票人的营业场所、住所或者经常居住地为出票地。出票人可以在支票上记载自己为收款人。

3．支票的付款

出票人必须按照签发的支票金额承担保证向持票人付款的责任。出票人在付款人处的存款足以支付支票金额时，付款人应当在当日足额付款。支票限于见票即付，不得另行记载付款日期。另行记载付款日期的，该记载无效。支票的持票人应当自出票日起十日内提示付款；异地使用的支票，其提示付款的期限由中国人民银行另行规定。超过提示付款期限的，付款人可以不予付款；付款人不予付款的，出票人仍应当对持票人承担票据责任。付款人依法支付支票金额的对出票人不再承担受委托付款的责任，对持票人不再承担付款的责任。但是，付款人以恶意或者有重大过失付款的除外。

11.3　违反票据法的法律责任

11.3.1　票据欺诈行为的法律责任

票据欺诈属于金融欺诈的一种，是利用票据进行欺诈活动的行为。

有下列票据欺诈行为之一的，依法追究刑事责任：① 伪造、变造票据的；② 故意使用伪造、变造的票据的；③ 签发空头支票或者故意签发与其预留的本名签名式样或者印鉴不符的支票，骗取财物的；④ 签发无可靠资金来源的汇票、本票，骗取资金的；⑤ 汇票、本票的出票人在出票时做虚假记载，骗取财物的；⑥ 冒用他人的票据，或者故意使用过期或者作废的票据，骗取财物的；⑦ 付款人同出票人、持票人恶意串通，实施前六项所列行为之一的。有上述行为之一，情节轻微，不构成犯罪的，依照国家有关规定给予行政处罚。

11.3.2　相关人员违法行为的法律责任

1．金融机构工作人员违法行为的法律责任

金融机构工作人员在票据业务中玩忽职守，对违反《票据法》有关规定的票据予以承兑、付款或者保证的，给予处分；造成重大损失，构成犯罪的，依法追究刑事责任。由于金融机构工作人员上述行为给当事人造成损失的，由该金融机构和直接责任人员依法承担赔偿责任。

2．票据付款人违法行为的法律责任

票据的付款人对见票即付或者到期的票据故意压票，拖延支付的，由金融机构的行政管理部门予以罚款，对直接责任人员予以处分。付款人的上述行为给持票人或者他人造成损失的，依法承担赔偿责任。

案例分析

甲、乙、丙均系个体经营者，甲因从乙处进货而拖欠3万余元货款，乙又因借贷而拖欠丙3万元，现离借款到期日还有4个月。乙在征得甲、丙同意后，决定以汇票结清他们之间的债权债务关系，乙做出票人，甲做付款人，丙做收款人，票据金额3万元，出票后4个月付款。甲与乙之间汇票结算后的尾数使用现金了结，丙拿到汇票后便于流通便找甲进行承兑。此后，丙在从某铝厂进货时，将汇票背书转让给了铝厂。铝厂接收汇票时距到期日期还有近3个月，遂又决定用该汇票采购铝材，采购员张某携带已在票据背书栏签有本单位章的汇票外出时不慎丢失，张某将丢失汇票的情况反映给铝厂，铝厂立即向甲办理了挂失止付的手续，但未采取其他措施。该丢失汇票被赵某捡到，赵某发现票据背面的最后一次背书未超时，冒充被背书人，便喜出望外地签了名，然后持汇票到某掌上电脑公司购置了一台价值3万元的掌上电脑，并将汇票背书后交给了掌上电脑公司，掌上电脑公司未进行票据的转让，现汇票到期，掌上电脑公司持汇票请求甲某付款，甲某以汇票已经挂失止付为由拒绝付款。掌上电脑公司只好追索并对所有前手发出通知，铝厂接到通知后提出自己是票据权利人，掌上电脑公司的票据权利有缺陷，请求返还票据，双方发生争议，诉至法院。

问题：

（1）掌上电脑公司有无票据权利？为什么？

（2）掌上电脑公司对所有前手发出追索通知的做法是否妥当？为什么？

（3）甲作为承兑人能否以挂失止付为由拒绝付款？为什么？

分析：

（1）掌上电脑公司具有票据权利。原因是：票据是一种完全有价证券，一般情况下，持有票据且票据记载事项符合票据法的规定，票据背书连续，持票人就享有票据权利。同时《票据法》第12条规定：“以欺诈，偷盗或者胁迫等手段取得票据的，或者明知有前开情形，出于恶意取得票据的，不得享有票据权利。持票人因重大过失取得不符合本法规定的票据的，也不得享有票据权利。”由此可以看出，票据法保护正当持票人和善意持票人。本案中，铝厂从丙某手中取得票据时，票据本身没有缺陷，背书也不存在问题，因此铝厂是正当的票据权利人。

（2）妥当。我国的《票据法》第68条已有明确规定：“汇票的出票人、背书人、承兑人和保证人对持票人承担连带责任。持票人可以不按照汇票债务人的先后顺序，对其中任何一人、数人或者全体行使追索权，持票人对汇票债务人中的一人或者数人已经进行追索的，对其他汇票债务人仍可以行使追索权。被追索人清偿债务后，与持票人享有同一权利。”由此规定可以看出，票据的追索权和一般的民事追索权不同，前者是不受顺位和人数限制的，本案中的掌上电脑公司对其所有前手发出追索通知是有法律依据的。

（3）甲能够拒绝付款。一般情况下，承兑人应承担到期无条件付款的责任，但同时《票据法》第 15 条第 2 款、第 57 条第 2 款分别规定：“收到挂失止付通知的付款人，应当暂停支付。”“付款人及其代理付款人以恶意或者有重大过失付款的，应当自行承担责任。”这就决定了本案中的甲要对持票人作拒绝付款的处理，否则要对申请挂失的铝厂负赔偿责任。

（资料来源：http：//www.edu12.4.cn 华夏学习网）

本章小结

重点概念

票据　票据法　汇票　出票　记载事项　背书　提示承兑　承兑　保证　追索权　本票　支票

知识点

（1）票据法概述。① 票据，是指出票人依票据法签发的，由本人或委托他人在见票时或者在票载日期无条件支付确定的金额给收款人或持票人的一种有价证券。② 票据法，是指调整票据关系以及与票据关系有关的其他社会关系的法律规范的总称。

（2）汇票、本票、支票。汇票是出票人签发的，委托付款人在见票时或者在指定日期无条件支付确定的金额给收款人或者持票人的票据。本票是出票人签发的，承诺自己在见票时无条件支付确定的金额给收款人或者持票人的票据。支票是出票人签发的，委托办理支票存款业务的银行或者其他金融机构在见票时无条件支付确定金额给收款人或者持票人的票据。

（3）违反票据法的法律责任。① 票据欺诈行为的法律责任。② 金融机构工作人员违法行为的法律责任。③ 票据付款人违法行为的法律责任。

复习思考题

（1）票据有哪些法律特征？
（2）汇票、本票、支票各自的概念是什么？其特征有哪些？
（3）汇票出票的记载事项有哪些？
（4）汇票承兑的程序和效力是什么？
（5）如何行使汇票的追索权？

第 12 章　税法

本章学习目标

- 掌握税收的主要特征；
- 掌握税法的概念与构成要素；
- 掌握各税种的基本内容，正确计算税额；
- 掌握税务管理、税款征收、税务检查的内容；
- 了解我国现行的税种。

12.1　税法概述

12.1.1　税收的概念与特征

1．税收的概念

税收是国家为了实现其职能，按照法律预先规定的标准，凭借政治权力，强制地、无偿地征收货币或实物的一种经济活动，也是国家参与国民收入分配和再分配的一种方法。税收是国家参与经济管理，实行宏观调控的重要手段之一。

2．税收的主要特征

（1）强制性。主要是指国家以社会管理者的身份，用法律、法规等形式对征收捐税加以规定，并依照法律强制征税。

（2）无偿性。主要是指国家征税后，税款即成为财政收入，不再归还纳税人，也不支付任何报酬。

（3）固定性。主要是指在征税之前，以法令的形式预先规定了课税对象、课税额度和课税方法等。

12.1.2　税法的概念与构成要素

1．税法的概念

税法是国家制定的用以调整国家与纳税人之间在征纳税方面的权利及义务关系的法

律规范的总称。它是国家及纳税人依法征税、依法纳税的行为准则，其目的是保障国家利益和纳税人的合法权益，维护正常的税收秩序，保证国家的财政收入。

2．税法的构成要素

税法的构成即税收法律规范的内部结构，它主要由以下要素构成。

（1）纳税主体。又称纳税义务人，主要是指一切履行纳税义务的法人、自然人及其他组织。

（2）征税对象。又称征税客体，主要是指税收法律关系中征纳双方权利、义务所指向的物或行为。征税对象是税收制度最基本的要素，也是一种税收区别于另一种税收的主要标志。

（3）税目。指税法中规定的征税对象的具体项目，是征税对象的具体体现。税目体现了征税对象的广度。

（4）税率。税率是应纳税额与征税对象之间的比例，通常用百分比表示。税率的高低直接关系到国家征税的数量和纳税人的税收负担，因而它是税收制度的中心环节。税率主要有以下几种形式：① 比例税率；② 累进税率；③ 定额税率。

（5）纳税环节。主要指税法规定的征税对象在从生产到消费的流转过程中应当缴纳税款的环节。

（6）纳税期限。纳税期限是指纳税人发生纳税义务后向国家缴纳税款的期限。

（7）减税免税。主要是对某些纳税人和征税对象采取减少征税或者免予征税的特殊规定。

（8）违章处理。指税务机关对纳税人违反税法的行为采取的处罚性措施。

12.2　我国现行税种

12.2.1　流转税

流转税又称商品税，是以纳税人的商品流转额和非商品流转额为征税对象的一类税收。其中，商品流转额是指因销售或购进商品而发生的货币金额，既可以是销售商品的收入额，也可以是购进商品支付的金额；非商品流转额是指各种劳动收入或服务性业务收入金额。

流转税主要包括增值税、消费税、关税等，是我国税收的主要来源。流转税法律制度在整个税法体系中也占有重要地位。

1．增值税

我国现行增值税的基本规范是 2008 年 11 月国务院发布的《中华人民共和国增值税暂行条例》，2008 年 12 月财政部制定的《中华人民共和国增值税暂行条例实施细则》，2008

年12月财政部、国家税务总局印发的《关于全国实施增值税转型改革若干问题的通知》和《关于调整增值税纳税申报有关事项的通知》，2016年3月财政部、国家税务总局颁布的《关于全面推开营业税改征增值税试点的通知》等。现行最新增值税的相关规定为2018年4月财政部、税务总局下发的《关于调整增值税税率的通知》。

（1）增值税的含义

增值税是指以在中华人民共和国境内销售货物或者提供加工、修理修配劳务和销售服务以及以进口货物的单位和个人取得的增值额为课税对象计算税款，并实行税款抵扣制的一种税。增值税以增值额为课税对象，以销售额或营业额为计税依据，同时实行税款抵扣制的计税方式，决定其属于流转税性质的税种。

《关于全面推开营业税改征增值税试点的通知》（财税〔2016〕36号）规定，经国务院批准，自2016年5月1日起，在全国范围内全面推开营业税改征增值税（简称营改增）试点，建筑业、房地产业、金融业、生活服务业等全部营业税纳税人纳入试点范围，由缴纳营业税改为缴纳增值税。

对于增值税定义的理解，应当重点界定几个词汇。货物，是指有形动产，包括电力、热力、气体在内。加工，是指受托加工货物，即委托方提供原料及主要材料，受托方按照委托方的要求，制造货物并收取加工费的业务。修理修配，是指受托对损伤和丧失功能的货物进行修复，使其恢复原状和功能的业务。销售货物，是指有偿转让货物的所有权，单位或者个体工商户聘用的员工为本单位或者雇主提供加工、修理修配劳务，不包括在内。销售服务，是指提供交通运输服务、邮政服务、电信服务、建筑服务、金融服务、现代服务、生活服务。

另外，为避免单位或者个体工商户不合理避税，对于下列行为，视同销售货物：将货物交付其他单位或者个人代销；销售代销货物；设有两个以上机构并实行统一核算的纳税人，将货物从一个机构移送其他机构用于销售，但相关机构设在同一县（市）的除外；将自产或者委托加工的货物用于非增值税应税项目；将自产、委托加工的货物用于集体福利或者个人消费；将自产、委托加工或者购进的货物作为投资，提供给其他单位或者个体工商户；将自产、委托加工或者购进的货物分配给股东或者投资者；将自产、委托加工或者购进的货物无偿赠送其他单位或者个人。

（2）纳税人

增值税的纳税人为在中国境内销售货物、进口货物和提供加工修理修配劳务，以及提供应税行为的单位和个人。其中，单位是指企业、行政单位、事业单位、军事单位、社会团体和其他单位；个人是指个体工商户和其他个人。单位以承包、承租、挂靠方式经营的，承包人、承租人、挂靠人（统称承包人）以发包人、出租人、被挂靠人（统称发包人）名义对外经营并由发包人承担相关法律责任的，以该发包人为纳税人，否则以承包人为纳税人。

根据经营规模大小及会计核算健全与否，纳税人分为一般纳税人和小规模纳税人。小规模纳税人的认定标准是：

1）从事货物生产或者提供应税劳务的纳税人，以及以从事货物生产或者提供应税劳务为主，并兼营货物批发或者零售的纳税人，年应征增值税销售额（简称应税销售额）在 50 万元以下（含本数，下同）的。

2）纳税人提供应税服务，年应税销售额在 500 万元以下的；其他纳税人，年应税销售额在 80 万元以下的。

3）年应税销售额超过小规模纳税人标准的其他个人按小规模纳税人纳税；非企业性单位、不经常发生应税行为的企业可选择按小规模纳税人纳税。小规模纳税人的销售额不包括其应纳税额。

（3）征税范围

增值税法规定，增值税的征税范围为在中国境内销售货物，进口货物，提供加工修理修配劳务、销售服务，销售无形资产和销售不动产（后三者简称应税行为）。所称在中国境内，是指销售货物的起运地或所在地在境内，提供的应税劳务发生在境内。

（4）税率

增值税税率适用于一般纳税人，目前有 16%、10%、6%和 0 共四档。16%：除适用 10%税率和 0 税率之外的销售或进口货物、提供加工修理修配劳务、有形动产租赁服务；10%：转让土地使用权、销售不动产、租赁不动产、基础电信服务、邮政服务、建筑服务、交通运输服务等，销售或者进口农产品（含粮食）、自来水、暖气、石油液化气等货物；6%：现代服务、生活服务、增值电信服务、金融服务以及除转让土地使用权以外的销售无形资产等）；出口货物执行 0 税率。

小规模纳税人增值税征收税率为 3%。

（5）我国增值税的计算方法

增值税分为生产型、收入型和消费型 3 种，主要依据对外购固定资产处理方式的不同而划分。

按照增值税的计税原理，增值税应按全部销售额计算税款，但只对货物或劳务价值中新增价值部分征税；实行税款抵扣制度，对以前环节已纳税款予以扣除。

为此，增值税的计算方法有两种：直接计算法和间接计算法。我国采用间接计算法，即不直接根据增值额计算增值税，而是应算出应税货物或劳务的整体税负，然后从整体税负中扣除法定的外购项目已纳税款。

1）一般纳税人。一般纳税人发生应税行为（销售货物，提供加工修理修配劳务，销售服务、不动产或转让无形资产），应纳税额为当期销项税额抵扣当期进项税额后的余额。其应纳税额计算公式为：

$$应纳税额=当期销项税额-当期进项税额$$

$$销项税额=销售额\times税率$$

$$进项税额=买价\times扣除率$$

纳税人发生应税行为，按照销售额和相应税率计算并向购买方收取的增值税额，为销项税额。销售额为纳税人发生应税行为向购买方收取的全部价款和价外费用，但是不包括收取的销项税额。

纳税人购进货物或者应税服务，取得的增值税扣税凭证不符合法律、行政法规或者国务院税务主管部门有关规定的，其进项税额不得从销项税额中抵扣。下列项目的进项税额不得从销项税额中抵扣：用于非增值税应税项目、免征增值税项目、集体福利或者个人消费的购进货物或者应税服务；非正常损失的购进货物及相关的应税服务；非正常损失的在产品、产成品所耗用的购进货物或者应税服务；国务院财政、税务主管部门规定的纳税人自用消费品。

当期销项税额小于当期进项税额不足抵扣时，其不足部分可以结转下期继续抵扣。

2）小规模纳税人。小规模纳税人发生应税行为，实行按照销售额和征收率计算应纳税额的简易办法，并不得抵扣进项税额。其应纳税额计算公式为：

应纳税额=销售额×征收率

在实际中，小规模纳税人发生应税行为一般多采用销售额和应纳税额合并定价方法，按下列公式计算销售额：

销售额=含税销售额÷（1+征收率）

（6）减免税

增值税制度实行价外征收，因其多环节多次征收，中间环节减免税没有任何意义，为此增值税的减免税是指最终环节的减免。

免征增值税的项目有：农业生产者销售的自产农产品；避孕药品和用具；古旧图书；直接用于科学研究、科学试验和教学的进口仪器、设备；外国政府、国际组织无偿援助的进口物资和设备；由残疾人的组织直接进口供残疾人专用的物品；销售的自己使用过的物品。

2. 消费税

消费税是我国1994年税制改革中新设置的一个税种，目的是调节产品结构，引导消费方向，保证国家财政收入。我国现行消费税的基本规范是2008年11月5日国务院第34次常务会议修订通过的《中华人民共和国消费税暂行条例》及其实施细则，自2009年1月1日起施行。

（1）消费税的含义

消费税又称货物税，是在我国境内生产、委托加工和进口应税消费品的单位和个人，以及销售应税消费品的其他单位和个人就其销售额和销售数量，在特定环节征收的一种流转税。简而言之，消费税就是以特定消费品和消费行为为课税对象所征收的一种税。其具有征税项目有选择性、征税环节单一性、征收方法多样性、税收调节具有特殊性及消费税具有转嫁性等特征。

（2）纳税主体

消费税的纳税人是指我国境内生产、委托加工和进口应税消费品的单位和个人，以及销售应税消费品的其他单位和个人。单位，是指企业、行政单位、事业单位、军事单位、社会团体及其他单位；个人，是指个体工商户及其他个人。

（3）征税对象

消费税的征税对象是在我国境内生产、委托加工、进口的特定消费品，主要包括烟、酒、高档化妆品、贵重首饰及珠宝玉石、鞭炮焰火、成品油、摩托车、小汽车、高尔夫球及球具、高档手表、游艇、木制一次性筷子、实木地板、电池和涂料等。

（4）税率

消费税采用比例税率和定额税率两种形式，以适应不同应税消费品的实际情况。消费税税目税率表如表 12-1 所示。

实行从量定额办法计算应纳税额的应税消费品，计量单位的换算标准如下：①黄酒 1 吨=962 升；②啤酒 1 吨=988 升；③汽油 1 吨=1 388 升；④柴油 1 吨=1 176 升；⑤航空煤油 1 吨=1 246 升；⑥石脑油 1 吨=1 385 升；⑦溶剂油 1 吨=1 282 升；⑧润滑油 1 吨=1 126 升；⑨燃料油 1 吨=1 015 升。

（5）计税方法

消费税实行从价定率、从量定额，或者从价定率和从量定额复合计税（以下简称复合计税）的办法计算应纳税额。纳税人销售的应税消费品以人民币计算销售额。

表 12-1　消费税税目税率表

税　目	税　率
1．烟	
（1）卷烟	
①甲类卷烟	56%加 0.003 元/支
②乙类卷烟	36%加 0.003 元/支
③批发环节	11%加 0.005 元/支
（2）雪茄烟	36%
（3）烟丝	30%
2．酒	
（1）白酒	20%加 0.5 元/500 克（或者 500 毫升）
（2）黄酒	240 元/吨
（3）啤酒	
①甲类啤酒	250 元/吨
②乙类啤酒	220 元/吨
（4）其他酒	10%
3．高档化妆品	15%

续表

税　目	税　率
4．贵重首饰及珠宝玉石	
（1）金银首饰、铂金首饰和钻石及钻石饰品	5%（零售环节纳税）
（2）其他贵重首饰和珠宝玉石	10%（生产、进口、委托加工提货环节纳税）
5．鞭炮、焰火	15%
6．成品油	
（1）汽油	1.52元/升
（2）柴油	1.2元/升
（3）航空煤油	1.2元/升
（4）石脑油	1.52元/升
（5）溶剂油	1.52元/升
（6）润滑油	1.52元/升
（7）燃料油	1.2元/升
7．摩托车	
（1）汽缸容量（排气量，下同）在250毫升（含250毫升）以下的	3%
（2）汽缸容量在250毫升以上的	10%
8．小汽车	
（1）乘用车	
①汽缸容量（排气量，下同）在1.0升（含1.0升）以下的	1%
②汽缸容量在1.0升以上至1.5升（含1.5升）的	3%
③汽缸容量在1.5升以上至2.0升（含2.0升）的	5%
④汽缸容量在2.0升以上至2.5升（含2.5升）的	9%
⑤汽缸容量在2.5升以上至3.0升（含3.0升）的	12%
⑥汽缸容量在3.0升以上至4.0升（含4.0升）的	25%
⑦汽缸容量在4.0升以上的	40%
（2）中轻型商用客车	5%
9．高尔夫球及球具	10%
10．高档手表	20%
11．游艇	10%
12．木制一次性筷子	5%
13．实木地板	5%
14．电池	4%
15．涂料	4%

消费税的应纳税额计算公式：

实行从价定率办法计算的应纳税额=销售额×比例税率

实行从量定额办法计算的应纳税额=销售数量×定额税率

实行复合计税办法计算的应纳税额=销售额×比例税率+销售数量×定额税率

公式中的销售额包括价款和价外费用。价外费用，是指价外向购买方收取的手续费、补贴、基金、集资费、返还利润、奖励费、违约金、滞纳金、延期付款利息、赔偿金、代收款项、代垫款项、包装费、包装物租金、储备费、优质费、运输装卸费以及其他各种性质的价外收费。

这里的销售额不包括应向购货方收取的增值税税款。如果纳税人应税消费品的销售额中未扣除增值税税款或者因不得开具增值税专用发票而发生价款和增值税税款合并收取的，在计算消费税时，应当换算为不含增值税税款的销售额。其换算公式为：

应税消费品的销售额=含增值税的销售额÷（1+增值税税率或者征收率）

应税消费品连同包装物销售的，无论包装物是否单独计价以及在会计上如何核算，均应并入应税消费品的销售额中缴纳消费税。如果包装物不作价随同产品销售，而是收取押金，此项押金则不应并入应税消费品的销售额中征税。但对因逾期未收回的包装物不再退还的或者已收取的时间超过 12 个月的押金，应并入应税消费品的销售额，按照应税消费品的适用税率缴纳消费税。

对既作价随同应税消费品销售，又另外收取押金的包装物的押金，凡纳税人在规定的期限内没有退还的，均应并入应税消费品的销售额，按照应税消费品的适用税率缴纳消费税。

例如，某企业 5 月 20 日销售白酒 1 000 千克，每千克售价 10 元，销售款项已收到。则其应纳消费税为：

实行复合计税办法计算的应纳税额=销售额×比例税率+销售数量×定额税率

=1 000×10×20%+1 000×2×0.5

=3 000（元）

3．关税

关税是在边境、沿海口岸或国家指定的其他水、陆、空国际交往通道的关口，对进出国境或边境的货物及物品征收的一种税。关税由进口关税和出口关税构成。关税的基本内容如下：

（1）纳税主体。进口货物的收货人、出口货物的发货人、进出境物品的所有人是关税的纳税义务人。

（2）征税对象。关税的征税对象是准许进出境的货物和物品。货物是指贸易性商品；物品是指入境旅客随身携带的行李物品，个人邮递物品，各种运输工具上的服务人员携带进口的自用物品、馈赠物品，以及以其他方式进境的个人物品。

（3）税率。关税税率分为进口货物税率、进口物品税率和出口货物税率 3 种。

12.2.2 个人所得税

所得税又称收益税，是以纳税人的法定所得额或收益额为课税对象的一类税。其特点是以纳税人的所得额为计税依据，以纳税人的实际负担能力确定税负，多得多征，少得少征，无所得不征。所得税主要包括个人所得税和企业所得税。

个人所得税是对个人（自然人）取得的各项应税所得征收的一种税。我国规范个人所得税的基本法律规范是2011年6月30日全国人民代表大会常务委员会修订颁布、自2011年9月1日施行的《中华人民共和国个人所得税法》（以下简称《个人所得税法》）。

1．纳税主体

凡在中华人民共和国境内有住所，或者无住所而在境内居住满1年的个人，以及在中国境内无住所又不居住或者无住所而在境内居住不满1年的个人，只要达到我国税法规定的纳税标准，都是个人所得税的纳税人。

2．征税对象

个人所得税以个人取得的各项所得为征税对象。

（1）工资、薪金所得，是指个人因任职或者受雇而取得的工资、薪金、奖金、年终加薪、劳动分红、津贴、补贴以及与任职或者受雇有关的其他所得。

（2）个体工商户的生产、经营所得，是指：①个体工商户从事工业、手工业、建筑业、交通运输业、商业、饮食业、服务业、修理业以及其他行业生产、经营所得；②个人经政府有关部门批准，取得执照，从事办学、医疗、咨询以及其他有偿服务活动所得；③其他个人从事个体工商业生产、经营所得；④上述个体工商户和个人取得的与生产、经营有关的各项应纳税所得。

（3）对企事业单位的承包经营、承租经营所得，是指个人承包经营、承租经营以及转包、转租所得，包括个人按月或者按次取得的工资、薪金性质的所得。

（4）劳务报酬所得，是指个人从事设计、装潢、安装、制图、化验、测试、医疗、法律、会计、咨询、讲学、新闻、广播、翻译、审稿、书画、雕刻、影视、录音、录像、演出、表演、广告、展览、技术服务、介绍服务、经纪服务、代办服务以及其他劳务所得。

（5）稿酬所得，是指个人因其作品以图书、报刊形式出版、发表所得。

（6）特许权使用费所得，是指个人提供专利权、商标权、著作权、非专利技术以及其他特许权的使用权所得；提供著作权的使用权所得，不包括稿酬所得。

（7）利息、股息、红利所得，是指个人拥有债权、股权而取得的利息、股息、红利所得。

（8）财产租赁所得，是指个人出租建筑物、土地使用权、机器设备、车船以及其他财产所得。

（9）财产转让所得，是指个人转让有价证券、股权、建筑物、土地使用权、机器设备、车船以及其他财产所得。

（10）偶然所得，是指个人得奖、中奖、中彩以及其他偶然性质的所得。

个人所得，难以界定应纳税所得项目的，由主管税务机关确定。

（11）其他所得。

3. 税率

个人所得税大部分应税项目都是按月计算的。工资、薪金所得适用超额累进税率。个体工商户的生产、经营所得适用 5%～35%的五级超额累进税率。对于其他种类的收入，适用 20%的统一税率，但也存在特殊税率减免以及额外加征的情况。

（1）工资、薪金所得，适用超额累进税率，税率为 3%～45%，具体如表 12-2 所示。

表 12-2 工资、薪金所得适用税率表

级 数	全月应纳税所得额	税 率	速算扣除数（元）
1	不超过 1 500 元	3%	0
2	超过 1 500 元至 45 00 元	10%	105
3	超过 4 500 元至 9 000 元	20%	555
4	超过 9 000 元至 35 000 元	25%	1 005
5	超过 35 000 元至 55 000 元	30%	2 755
6	超过 55 000 元至 80 000 元	35%	5 505
7	超过 80 000 元	45%	13 505

注：本表所称全月应纳税所得额是指依照《个人所得税法》第六条的规定，以每月收入额减除费用 3 500 元以及附加减除费用后的余额。

（2）个体工商户的生产、经营所得和对企事业单位的承包经营、承租经营所得，适用 5%～35%的超额累进税率，具体如表 12-3 所示。

表 12-3 个体工商户的生产、经营所得和对企事业单位的承包经营、承租经营所得适用税率表

级 数	全年应纳税所得额	税 率	速算扣除数（元）
1	不超过 15 000 元的	5%	0
2	超过 15 000 元至 30 000 元的部分	10%	750
3	超过 30 000 元至 60 000 元的部分	20%	3 750
4	超过 60 000 元至 100 000 元的部分	30%	9 750
5	超过 100 000 元的部分	35%	14 750

注：本表所称全年应纳税所得额是指依照《个人所得税法》第六条的规定，以每一纳税年度的收入总额，减除成本、费用以及损失后的余额。

（3）稿酬所得，适用比例税率，税率为 20%，并按应纳税额减征 30%。

（4）劳务报酬所得，适用比例税率，税率为 20%。对劳务报酬所得一次收入过高的，可以实行加成征收，具体办法由国务院规定。

（5）特许权使用费所得，利息、股息、红利所得，财产租赁所得，财产转让所得，偶然所得和其他所得，适用比例税率，税率为 20%。

4. 个人所得税计税依据

个人所得税的计税依据为个人取得的各项应税收入减去规定扣除项目或金额的余额，即应纳税所得额。个人取得的应纳税所得额包括现金、实物和有价证券。个人所得项目应纳税所得额的计算方法如下：

（1）工资、薪金所得，以每月收入额减除费用3 500元后的余额，为应纳税所得额。外籍人员和在境外工作的中国公民在3 500元扣除额的基础上，再附加1 300元的费用扣除额。

（2）个体工商户的生产、经营所得，以每一纳税年度的收入总额，减除成本、费用以及损失后的余额，为应纳税所得额。

（3）对企事业单位的承包、承租经营所得，以某一纳税年度的收入总额，减除必要的费用后的余额，为应纳税所得额。

（4）劳务报酬所得、稿酬所得、特许权使用费所得、财产租赁所得，每次收入不超过4 000元的，减除费用800元；4 000元以上的，减除20%的费用，其余额为应纳税所得额。

（5）财产转让所得，以转让财产的收入额减除财产原值和合理费用后的余额，为应纳税所得额。

（6）利息、股息、红利所得，偶然所得和其他所得，以每次收入额为应纳税所得额。

除上述规定外，对个人将其所得通过中国境内社会团体、国家机关向教育、公益事业和遭受严重自然灾害地区、贫困地区的捐赠，捐赠额不超过应纳税所得额的30%的部分，可以从其应纳税所得额中扣除；个人通过非营利性的社会团体和国家机关向红十字事业、公益性青少年活动场所、农村义务教育、福利性和非营利性的老年服务机构、完善城镇社会保障体系试点地区中的非营利性机构的捐赠，在计算缴纳个人所得税时准予全额扣除。

5．个人所得税应纳税额的计算

个人所得税应纳税额以应纳税所得额为计税依据，基本计算公式为：

全月应纳税所得额=月薪金收入总额（包括加班费等）−3 500−个人支付的社保和公积金费用

全月应纳税额=全月应纳税所得额×适用税率−速算扣除数

年终奖金应纳税额，基本计算公式为：

年终奖应纳税额=年终奖金总额×年终奖适用税率−速算扣除数

年终奖金的个人所得税适用的税率：年终奖金总额除以12后再对应适用税率。

例如，中国公民郑某2017年6月月工资为4 000元。计算郑某2017年6月应缴纳的个人所得税。

公民郑某2017年6月应当缴纳的个人所得税=（4 000−3 500）×3%=15（元）

再如，某员工2017年1月工资收入5 000元，并同时获发2016年度年终奖总额10 000元。该员工2017年1月的个人所得税计算如下：

当月工资收入的个人所得税=[5 000−3 500−5 000×10%（个人社保部分）−5 000×5%（个人住房公积金部分）]×3%−0（速算扣除数）=22.5（元）

该员工年度奖金的个人所得税适用的税率：

10 000÷12=833.33（元）

其相对应的适用税率是 3%，速算扣除数为 0。

该员工年终奖金应纳个人所得税=10 000×3%−0=300（元）

总纳税额：

2017 年 1 月应纳个人所得税=22.5+300=322.5（元）

6．个人所得税纳税申报

个人所得税的纳税办法有自行申报和代扣代缴两种。

（1）自行申报纳税

自行申报纳税是由纳税人自行在税法规定的纳税期限内，向税务机关申报取得的应税所得项目和数额，如实填写个人所得税申报表，并按照税法规定计算应纳税额，据此缴纳个人所得税的一种方法。

按照《中华人民共和国个人所得税法实施条例》的规定，凡在中国境内负有个人所得税纳税义务的纳税人，具有以下 5 种情形之一的，应当按照规定自行向税务机关办理纳税申报：年所得 12 万元以上的；从中国境内两处或两处以上取得工资、薪金所得的；从中国境外取得所得的；取得应税所得，没有扣缴义务人的；国务院规定的其他情形。

（2）代扣代缴

代扣代缴是按照税法规定负有扣缴税款义务的单位或者个人，在向个人支付应纳税所得时，应计算应纳税款，从其所得中扣除并交入国库，同时向税务机关报送纳税申报表。

7．减免税

下列各项个人所得，免纳个人所得税：省级人民政府、国务院部委和中国人民解放军军以上单位，以及外国组织、国际组织颁发的科学、教育、技术、文化、卫生、体育、环境保护等方面的奖金；国债和国家发行的金融债券利息；按照国家统一规定发给的补贴、津贴；福利费、抚恤金、救济金；保险赔款；军人的转业费、复员费；按照国家统一规定发给干部、职工的安家费、退职费、退休工资、离休工资、离休生活补助费；依照我国有关法律规定应予免税的各国驻华使馆、领事馆的外交代表、领事官员和其他人员的所得；中国政府参加的国际公约、签订的协议中规定免税的所得；经国务院财政部门批准免税的所得。

12.2.3 企业所得税

我国现行企业所得税法的主要依据是第十届全国人民代表大会第五次会议于 2007 年 3 月 16 日通过，自 2008 年 1 月 1 日起施行的《中华人民共和国企业所得税法》（以下简称《企业所得税法》）和 2007 年 11 月 28 日国务院第一百九十七次常务会议通过，自 2008 年 1 月 1 日起施行的《中华人民共和国企业所得税法实施条例》。

1. 企业所得税的含义

企业所得税是指对在我国境内的企业和其他取得收入的组织的生产经营所得和其他所得征收的一种税。

2. 纳税人

在中华人民共和国境内，企业和其他取得收入的组织（以下统称企业）为企业所得税的纳税人。

企业分为居民企业和非居民企业。居民企业，是指依法在中国境内成立，或者依照外国（地区）法律成立但实际管理机构在中国境内的企业。非居民企业，是指依照外国（地区）法律成立且实际管理机构不在中国境内，但在中国境内设立机构、场所的，或者在中国境内未设立机构、场所，但有来源中国境内所得的企业。

《企业所得税法》所称依法在中国境内成立的企业，包括依照中国法律、行政法规在中国境内成立的企业、事业单位、社会团体以及其他取得收入的组织。

《企业所得税法》所称依照外国（地区）法律成立的企业，包括依照外国（地区）法律成立的企业和其他取得收入的组织。

个人独资企业、合伙企业不是企业所得税的纳税人。

3. 征税对象

企业所得税的征税对象是纳税人的法定所得额或收益额。这里的所得，包括销售货物所得、提供劳务所得、转让财产所得、股息红利等权益性投资所得、利息所得、租金所得、特许权使用费所得、接受捐赠所得和其他所得。

居民企业应当就其来源中国境内、境外的所得缴纳企业所得税；非居民企业在中国境内设立机构、场所的，应当就其所设机构、场所取得的来源中国境内的所得，以及发生在中国境外但与其所设机构、场所有实际联系的所得，缴纳企业所得税；非居民企业在中国境内未设立机构、场所的，或者虽设立机构、场所但取得的所得与其所设机构、场所没有实际联系的，应当就其来源中国境内的所得缴纳企业所得税。

4. 税率

企业所得税的税率为 25%非居民企业在中国境内未设立机构、场所的，或者虽设立机构、场所但取得的所得与其所设机构、场所没有实际联系的，应当就其来源中国境内的所得按照 20%的税率缴纳企业所得税。

5. 企业所得税应纳税所得额的计算

企业所得税的计税依据是应纳税所得额。企业每一纳税年度的收入总额，减除不征税收入、免税收入、各项扣除以及允许弥补的以前年度亏损后的余额，为应纳税所得额。用公式表示为：

应纳税所得额=每一纳税会计年度的收入总额-准予扣除项目金额-以前年度亏损[①]

企业应纳税所得额的计算以权责发生制为原则。属于当期的收入和费用，不论款项是否收付，均作为当期的收入和费用；不属于当期的收入和费用，即使款项已经在当期收付，均不作为当期的收入和费用。

（1）收入总额的确定

企业以货币形式和非货币形式从各种来源取得的收入为收入总额，包括：销售货物收入；提供劳务收入；转让财产收入；股息、红利等权益性投资收益；利息收入；租金收入；特许权使用费收入；接受捐赠收入；其他收入。

收入总额中的下列收入为不征税收入：财政拨款；依法收取并纳入财政管理的行政事业性收费、政府性基金；国务院规定的其他不征税收入。

（2）准予扣除项目

企业实际发生的与取得收入有关的、合理的支出，包括成本、费用、税金、损失和其他支出，准予在计算应纳税所得额时扣除。这里的成本，是指企业在生产经营活动中发生的销售成本、销货成本、业务支出以及其他耗费；费用，是指企业在生产经营活动中发生的销售费用、管理费用和财务费用，已经计入成本的有关费用除外；税金，是指企业发生的除企业所得税和允许抵扣的增值税以外的各项税金及其附加；损失，是指企业在生产经营活动中发生的固定资产和存货的盘亏、毁损、报废损失，转让财产损失，呆账损失，坏账损失，自然灾害等不可抗力因素造成的损失以及其他损失。

准予扣除项目包括：企业发生的合理的工资薪金支出；企业依照国务院有关主管部门或者省级人民政府规定的范围和标准为职工缴纳的基本养老保险费、基本医疗保险费、失业保险费、工伤保险费、生育保险费等基本社会保险费和住房公积金；企业在生产经营活动中发生的合理的不需要资本化的借款费用；企业在生产经营活动中发生的利息支出；企业发生的职工福利费支出，不超过工资薪金总额 14%的部分；企业拨缴的工会经费，不超过工资薪金总额 2%的部分；企业发生的职工教育经费支出，不超过工资薪金总额 2.5%的部分（超过部分，准予在以后纳税年度结转扣除）；企业发生的与生产经营活动有关的业务招待费支出，按照发生额的 60%扣除，但最高不得超过当年销售（营业）收入的 5‰；企业发生的符合条件的广告费和业务宣传费支出，不超过当年销售（营业）收入 15%的部分（超过部分，准予在以后纳税年度结转扣除）；企业依照法律、行政法规有关规定提取的用于环境保护、生态恢复等方面的专项资金（专项资金提取后改变用途的，不得扣除）；企业参加财产保险，按照规定缴纳的保险费；企业发生的合理的劳动保护支出；非居民企业在中国境内设立的机构、场所，就其中国境外总机构发生的与该机构、场所生产经营有关的费用，能够提供总机构出具的费用汇集范围、定额、分配依据和方法等证明文件，并

① 亏损，是指企业依照《企业所得税法》及其实施条例的规定将每一纳税年度的收入总额减除不征税收入、免税收入和各项扣除后小于零的数额。

合理分摊的；企业发生的公益性捐赠支出，不超过年度利润总额12%的部分。

（3）不得扣除项目

在计算应纳税所得额时，下列支出不得扣除：①向投资者支付的股息、红利等权益性投资收益款项；②企业所得税税款；③税收滞纳金；④罚金、罚款和被没收财物的损失；⑤公益性捐赠支出以外的捐赠支出；⑥企业发生的与生产经营活动无关的各种非广告性质支出，即赞助支出；⑦未经核定的准备金支出，主要是不符合国务院财政、税务主管部门规定的各项资产减值准备、风险准备等准备金支出；⑧企业之间支付的管理费、企业内营业机构之间支付的租金和特许权使用费，以及非银行企业内营业机构之间支付的利息；⑨与取得收入无关的其他支出。这是指除《企业所得税法》及其实施条例规定的法定支出之外的，财政部、国家税务总局规定的与企业取得收入无关的各项支出。

在计算应纳税所得额时，企业财务会计处理办法与税收法律、行政法规的规定不一致的，应当依照税收法律、行政法规的规定计算纳税。

（4）以前年度亏损

企业纳税年度发生的亏损，准予向以后年度结转，用以后年度的所得弥补，但结转年限最长不得超过5年。

6．应纳税额

企业的应纳税所得额乘以适用税率，减除依照《企业所得税法》关于税收优惠的规定减免和抵免的税额后的余额，为应纳税额，计算公式为：

应纳税额=应纳税所得额×税率

企业取得的下列所得已在境外缴纳的所得税税额，可以从其当期应纳税额中抵免，抵免限额为该项所得依照规定计算的应纳税额；超过抵免限额的部分，可以在以后5个年度内，用每年度抵免限额抵免当年应抵税额后的余额进行抵补：居民企业来源中国境外的应税所得；非居民企业在中国境内设立机构、场所，取得发生在中国境外但与该机构、场所有实际联系的应税所得。

7．税收优惠

国家对重点扶持和鼓励发展的产业和项目，给予企业所得税优惠。

（1）企业的免税收入

1）国债利息收入；

2）符合条件的居民企业之间的股息、红利等权益性投资收益；

3）在中国境内设立机构、场所的非居民企业从居民企业取得与该机构、场所有实际联系的股息、红利等权益性投资收益；

4）符合条件的非营利公益组织的收入。

（2）企业的下列所得，可以免征、减征企业所得税

1）从事农、林、牧、渔业项目的所得；

2）从事国家重点扶持的公用基础设施项目投资经营的所得；

3）从事符合条件的环境保护、节能节水项目的所得；

4）符合条件的技术转让所得，即一个纳税年度内，居民企业技术转让所得不超过 500 万元的部分，免征企业所得税；超过 500 万元的部分，减半征收企业所得税；

5）非居民企业在中国境内未设立机构、场所的，或者虽设立机构、场所但取得的所得与其所设机构、场所没有实际联系的，应当就其来源中国境内的所得缴纳企业所得税。

（3）减征

1）符合条件的小型微利企业，减按 20%的税率征收企业所得税；

2）国家需要重点扶持的高新技术企业，减按 15%的税率征收企业所得税。

（4）加计扣除

企业的下列支出，可以在计算应纳税所得额时加计扣除。

1）开发新技术、新产品、新工艺发生的研究开发费用。研究开发费用的加计扣除，是指企业为开发新技术、新产品、新工艺发生的研究开发费用，未形成无形资产计入当期损益的，在按照规定据实扣除的基础上，按照研究开发费用的 50%加计扣除；形成无形资产的，按照无形资产成本的 150%摊销。

2）安置残疾人员及国家鼓励安置的其他就业人员所支付的工资。企业安置残疾人员所支付的工资的加计扣除，是指企业安置残疾人员的，在按照支付给残疾职工工资据实扣除的基础上，按照支付给残疾职工工资的 100%加计扣除。残疾人员的范围适用《中华人民共和国残疾人保障法》的有关规定。

（5）其他税收优惠

其他税收优惠有：创业投资企业从事国家需要重点扶持和鼓励的创业投资，可以按投资额的一定比例抵扣应纳税所得额；企业的固定资产由于技术进步等原因，确需加速折旧的，可以缩短折旧年限或者采取加速折旧的方法；企业综合利用资源，生产符合国家产业政策规定的产品所取得的收入，可以在计算应纳税所得额时减计收入；企业购置用于环境保护、节能节水、安全生产等专用设备的投资额，可以按一定比例实行税额抵免。

所得税又称收益税，是以纳税人的所得额或收益额为课税对象的一类税，其特点是以纳税人的所得额为计税依据，以纳税人的实际负担能力确定税负，多得多征，少得少征，无所得不征。在我国，所得税仅次于流转税，在税制结构中排第二位，主要有企业所得税、个人所得税、外商投资企业所得税等。

12.2.4 财产税

财产税是以纳税人拥有和支配的财产额为征税对象所征收的一类税。财产税是一个历史悠久的税种。现代意义上的财产税始于 1892 年的荷兰，随后为世界各国所接受。我国开征的财产税主要有房产税和契税。

1. 房产税

房产税是对我国境内拥有房产的单位和个人，以其房产评估值为计税依据，向房屋产权人征收的一种财产税。我国规范房产税的基本法律规范是1986年9月15日国务院颁布并于1994年修订的《中华人民共和国房产税暂行条例》。

（1）纳税主体。房产税的纳税人包括在我国境内拥有房屋产权的单位和个人。

（2）纳税范围。房产税的征税范围包括城市、县城、建制镇、工矿区和农村的房屋，即凡是在我国境内的房产，除法定免税者外，都属于房产税的征税范围。

（3）税率。我国现行房产税采用的是比例税率，从价计征的税率为1.2%，从租计征的税率为12%。

（4）减免税。下列房产免征房产税：① 国家机关、人民团体、军队自用的房产；② 由国家财政部门拨付事业费的单位自用的房产；③ 宗教寺庙、公园、名胜古迹自用的房产；④ 个人所有非营业性的房产。

2. 契税

契税是在房屋所有权转移登记时向不动产取得人征收的一种财产税。我国规范契税的基本法律规范是1997年7月7日国务院发布的《中华人民共和国契税暂行条例》。

（1）纳税主体。契税的纳税义务人是在我国境内承受土地和房屋权属转移的单位和个人。

（2）征税范围。契税的征税对象包括国有土地使用权出让、土地使用权转让、房屋买卖、房屋赠与、房屋交换等。

（3）税率。契税实行3%～5%的幅度税率。省、自治区、直辖市人民政府可以在3%～5%的幅度内，按照本地区的实际情况确定。

（4）契税的计算和征收。契税的应纳税额=计税依据×适用税率。

12.2.5 行为税

行为税是对纳税人的特定行为征收的一类税。对特定行为征税，始于1624年的荷兰。如今，世界上不少国家都有对行为征税的税种。我国现行行为税包括：固定资产投资方向调节税、印花税、车船使用税、筵席税等。下面介绍其中的两种。

1. 印花税

印花税是对经济活动和经济交往中书立、领受《印花税暂行条例》列举的凭证征收的一种税。由于它是采用在凭证上粘贴印花税票的办法进行征税的，故称为印花税。

（1）纳税主体。凡是在中华人民共和国境内书立、领受《印花税暂行条例》所列举凭证的单位和个人，都是印花税的纳税义务人。

（2）征税对象。印花税的征税对象是经济活动中最普遍、最大量的各种商事和产权凭证。具体包括：① 合同或具有合同价值的凭证；② 产权转移书据；③ 营业账簿；④ 权利、许可证照；⑤ 经财政部确定征税的其他凭证。

（3）税率。印花税的税率分两种，即比例税率和定额税率。

（4）计征办法。印花税适用比例税率的，其计算公式为：应纳税额=计税金额×适用税率。印花税适用定额税率的，按件定额贴花五元。

2．车船使用税

车船使用税，是指国家对行驶于境内公共道路的车辆和航行于境内河流、湖泊或领海的船舶，依法征收的一种税。

（1）纳税主体。车船使用税以在我国境内拥有并使用车船的单位和个人为其纳税义务人。

（2）征税范围。车船使用税的征收范围，包括行驶于中国境内公共道路的车辆和航行于中国境内河流、湖泊或领海的船舶两大类。

（3）税率。车船使用税实行定额税率，分别按车船的种类、大小、使用性质规定不同的固定税额。

（4）车船使用税的计算和征收。① 载货车以外的机动车和非机动车税额=应税车辆数量 ×适用税额；② 载货车和机动船应纳税额=净吨位数×适用税额；③ 非机动车船应纳税额=载重吨位数×适用税额。

12.2.6 资源税

资源税是对在我国境内从事开发矿产资源、盐和开发、使用土地的单位和个人所征收的一种税。我国开征的资源税主要有：资源税、城镇土地使用税和耕地占用税。下面介绍其中两种。

1．资源税

资源税是对在中华人民共和国境内开采或者生产应税产品的单位和个人征收的一种税。我国规范资源税的基本法律规范是 1993 年 12 月 25 日国务院颁布的《中华人民共和国资源税暂行条例》。

（1）纳税主体。资源税的纳税义务人是指在中华人民共和国境内开采应税资源的矿产品或者生产盐的单位和个人。

（2）征税范围。我国目前资源税的征税范围仅限于矿产品和盐。

（3）税率。资源税实行从量定额计征，采用差别定额税率。

（4）资源税的计算与征收。资源税的应纳税额=课税数量×单位税额。

2．城镇土地使用税

城镇土地使用税是以城镇土地为征税对象，对拥有土地使用权的单位和个人征收的一种税。我国目前规范城镇土地使用税的基本法律规范是 1988 年 9 月 27 日国务院颁布的《中华人民共和国城镇土地使用税暂行条例》。

（1）纳税主体。城镇土地使用税的纳税义务人是指承担缴纳城镇土地使用税义务的所有单位和个人。

（2）征税范围。城镇土地使用税的征税范围包括在城市、县城、建制镇和工矿区内的国家和集体所有的土地。

（3）税率。城镇土地使用税采用定额税率，即采用有幅度的差别税额，按大、中、小城市和县城、建制镇、工矿区分别规定每平方米土地使用税年应纳税额。具体标准如下：大城市为0.5～10元；中等城市为0.4～8元；小城市为0.3～6元；县城、建制镇、工矿区为0.2～4元。

（4）城镇土地使用税的计算与征收。城镇土地使用税以纳税人实际占用的土地面积为计税依据，按照规定的适用税额标准计算应纳税额。

（5）减免税。下列土地可以免征城镇土地使用税：① 国家机关、人民团体、军队自用的土地；② 由国家财政部门拨付事业经费单位自用的土地；③ 宗教寺庙、公园、名胜古迹自用的土地；④ 市政街道、广场、绿化地带等公共用地；⑤ 直接用于农、林、牧、渔业的生产用地；⑥ 经批准开山填海整治的土地和改造的废弃土地，从使用的月份起，可以免征土地使用税5～10年；⑦ 由财政部另行规定免税的能源、交通、水利设施用地和其他用地。

12.3 税收征收管理

12.3.1 税收征收管理的概念

税收征收管理是指税务机关对纳税人依法征收税款和实行税务监督管理的总称。税收征收管理是税收管理的重要组成部分。它是税务机关为了贯彻税收的基本法规，实现税收计划，协调征纳关系，组织税款入库而开展的一系列活动。我国税收的征收管理机关，主要是国家税务总局和地方各级税务机关。我国关于税收征收管理的法律规范主要是1992年9月4日第七届全国人民代表大会常务委员会第二十七次会议通过的《中华人民共和国税收征收管理法》（以下简称《税收征收管理法》），该法自1993年1月1日起施行。1995年2月28日第八届全国人民代表大会常务委员会第十二次会议对该法做了修改，2001年4月28日第九届全国人民代表大会常务委员会第二十一次会议对该法再次做了修改，并自2001年5月1日起施行。2002年国务院公布了《中华人民共和国税收征收管理法实施细则》。

12.3.2 税务管理

税务管理包括税务登记管理，账簿、凭证管理和纳税申报管理3个部分。

1. 税务登记管理

税务登记是税务机关对纳税人的生产、经营活动进行登记并据此对纳税人实施税务管理的一种法律制度。税务登记又称纳税登记，它是税务机关对纳税人实施税收管理的首要环节和基础工作，是征纳双方法律关系成立的依据和证明，也是纳税人必须依法履行的义务。

企业及企业在外地设立的分支机构和从事生产、经营的场所，个体工商户和从事生产、经营的事业单位（以下统称从事生产、经营的纳税人）自领取营业执照之日起三十日内，持有关证件向税务机关申报办理税务登记。税务机关应当自收到申报之日起三十日内审核并发给税务登记证件。从事生产、经营的纳税人，税务登记内容发生变化的，自工商行政管理机关办理变更登记之日起三十日内或者在向工商行政管理机关申请办理注销登记之前，持有关证件向税务机关申报办理变更或者注销税务登记。

2. 账簿、凭证管理

账簿是纳税人、扣缴义务人连续地记录其各种经济业务的账簿或簿籍。纳税人、扣缴义务人按照有关法律、行政法规和国务院财政、税务主管部门的规定设置账簿，根据合法、有效凭证记账，进行核算。从事生产、经营的纳税人的财务、会计制度或者财务、会计处理办法和会计核算软件，应当报送税务机关备案。税务机关是发票的主管机关，负责发票印制、领购、开具、取得、保管、缴销的管理和监督。从事生产、经营的纳税人、扣缴义务人必须按照国务院财政、税务主管部门规定的保管期限保管账簿、记账凭证、完税凭证及其他有关资料。账簿、记账凭证、完税凭证及其他有关资料不得伪造、变造或者擅自损毁。

3. 纳税申报管理

纳税申报是纳税人按照税法规定的期限和内容，向税务机关提交有关纳税事项书面报告的行为，是纳税人履行纳税义务、界定纳税人法律责任的主要依据，也是税务机关税收管理信息的主要来源和税务管理的重要制度。纳税人必须依照法律、行政法规规定或者税务机关依照法律、行政法规的规定确定的申报期限、申报内容如实办理纳税申报，报送纳税申报表、财务会计报表以及税务机关根据实际需要要求纳税人报送的其他纳税资料。纳税人、扣缴义务人不能按期办理纳税申报或者报送代扣代缴、代收代缴税款报告表的，经税务机关核准，可以延期申报。

12.3.3　税款征收

税款征收是税收征收管理工作中的中心环节，是全部税收征管工作的目的和归宿，在整个税收工作中占据着极其重要的地位。

1．税款征收方式

税款征收方式是指税务机关根据各税种的不同特点、征纳双方的具体条件而确定的计算征收税款的方法和形式。根据《税收征收管理法》及其实施细则的规定，税款征收方式主要有以下几种：

（1）查账征收。指税务机关按照纳税人提供的账表所反映的经营情况，依照适用税率计算缴纳税款的方式。这种方式适用于财务会计制度比较健全，能够认真履行纳税义务的纳税单位。

（2）查定征收。指税务机关根据纳税人的从业人员、生产设备、采用原材料等因素，在正常生产经营条件下，对其生产、制造的应税产品查实核定产量和销售额，并据以征收税款的一种征收方式。它适用于账册不健全，但能够控制原材料或进销货的纳税单位。

（3）查验征收。指税务机关对纳税人应税商品，通过查验数量，按市场一般销售单价计算其销售收入并据以征税的方式。它适用于经营品种比较单一，经营地点、时间和商品来源不固定的纳税单位。

（4）定期定额征收。指税务机关对纳税人按一定经营时间核定其应纳税收入或所得额和应纳税额，分期征收税款的一种征收方式。它适用于无完整考核依据的小型纳税单位。

（5）其他征收方式。如代扣代缴、代收代缴、委托代征、邮寄申报纳税等。

2．税款征收制度

（1）代扣代缴、代收代缴征收制度。《税收征收管理法》规定，扣缴义务人依照法律、行政法规的规定履行代扣、代收税款的义务。扣缴义务人依法履行代扣、代收税款义务时，纳税人不得拒绝。纳税人拒绝的，扣缴义务人应当及时报告税务机关处理。税务机关按照规定付给扣缴义务人代扣、代收手续费。

（2）税收滞纳金征收制度。纳税人未按照规定期限缴纳税款的，扣缴义务人未按照规定期限解缴税款的，税务机关除责令限期缴纳外，从滞纳税款之日起，按日加收滞纳税款万分之五的滞纳金。

（3）税收保全制度。税务机关有根据认为从事生产、经营的纳税人有逃避纳税义务行为的，可以在规定的纳税期之前，责令限期缴纳应纳税款；在限期内发现纳税人有明显的转移、隐匿其应纳税的商品、货物以及其他财产或者应纳税收入的迹象的，税务机关可以责成纳税人提供纳税担保。如果纳税人不能提供纳税担保，经县以上税务局（分局）局长批准，税务机关可以采取下列税收保全措施：① 书面通知纳税人开户银行或者其他金融机构冻结纳税人的金额相当于应纳税款的存款；② 扣押、查封纳税人的价值相当于应纳税款的商品、货物或者其他财产。

纳税人在规定的限期内缴纳税款的，税务机关必须立即解除税收保全措施；限期期满仍未缴纳税款的，经县以上税务局（分局）局长批准，税务机关可以书面通知纳税人开户银行或者其他金融机构从其冻结的存款中扣缴税款，或者依法拍卖或者变卖所扣押、查封的商品、货物或者其他财产，以拍卖或者变卖所得抵缴税款。个人及其所扶养家属维持生活必需的住房和用品，不在税收保全措施的范围之内。

（4）税收强制执行制度。从事生产、经营的纳税人、扣缴义务人未按照规定的期限缴纳或者解缴税款，纳税担保人未按照规定的期限缴纳所担保的税款，由税务机关责令限期缴纳，逾期仍未缴纳的，经县以上税务局（分局）局长批准，税务机关可以采取下列强制执行措施：① 书面通知其开户银行或者其他金融机构从其存款中扣缴税款；② 扣押、查封、依法拍卖或者变卖其价值相当于应纳税款的商品、货物或者其他财产，以拍卖或者变卖所得抵缴税款。税务机关采取强制执行措施时，对前款所列纳税人、扣缴义务人、纳税担保人未缴纳的滞纳金同时强制执行。个人及其所扶养家属维持生活必需的住房和用品，不在强制执行措施的范围之内。

12.3.4　税务检查

税务检查是税收征收管理的一个重要环节。它是指税务机关依法对纳税人履行缴纳税款义务和扣缴义务人履行代扣、代收税款义务的状况进行的监督检查。纳税人、扣缴义务人必须接受税务机关依法进行的税务检查，如实反映情况，提供有关材料，不得拒绝、隐瞒。税务机关依法进行税务检查时，有关部门和单位应当支持、协助。

税务检查的对象涉及被检查者的商业秘密的，必须慎重进行。税务机关派人执行税务检查时，应当出示税务检查证件，并有责任为被检查人保守秘密。

案例分析

据群众反映，某县木器厂有违反税收法律、法规的行为。税务机关派人去木器厂检查账簿、记账凭证、报表和有关资料，并为此向木器厂的有关负责人刘某询问情况。刘某称纳税的事由分管财务的副厂长具体管理，作为厂长，他只管厂内大事，因工作繁忙，不能接待税务人员。为了进一步查明情况，税务机关又兵分两路：一路去木器厂存放其待售产品的仓库进行检查，该仓库是木器厂向甲单位租用的，甲单位负责人称其单位无违反税收法规的行为，税务人员不得进厂检查。另一路税务人员去木器厂的开户银行，查核木器厂的存款账户。银行以税务人员未持有县税务局局长批准的、全国统一格式的检查存款账户的许可证明为由，拒绝税务人员检查。

问题：

（1）税务机关是否有权对木器厂进行检查？刘某是否有义务回答税务人员的询问？

（2）甲单位负责人是否有权组织税务人员进厂检查木器厂待售产品情况？

（3）银行是否有权拒绝税务人员查核木器厂的存款账户？

分析：

（1）税务检查是税务机关检查纳税人履行纳税义务的一项监督措施，是税收征管的一个重要环节。根据《税收征收管理法》的有关规定，税务机关有权对木器厂进行税务检查。

（2）税务检查的项目包括检查纳税人的账簿、记账凭证、报表和有关资料，到纳税人的生产经营场所和货物存放地检查纳税人应纳税的商品、货物或者其他财产；查核纳税人在银行或者其他金融机构的存款账户等。纳税人必须接受税务机关依法进行的税务检查，如实反映情况，提供有关资料，不得拒绝、隐瞒，有关部门和单位也应当支持、协助税务机关人员依法进行税务检查。本案中，当税务机关询问有关情况时，刘某应当如实反映，不得拒绝、隐瞒。当税务人员去甲单位检查木器厂待售产品时，甲单位应大力协助，不得无理推诿、阻挡。

（3）税务机关因税务检查需要在银行或者其他金融机构查核纳税人的存款账户的，应当经县级以上税务局（分局）局长批准，凭全国统一格式的检查存款账户许可证明进行核查。因此，银行拒绝税务人员查核木器厂的存款账户是有道理的，因为税务人员未按法律规定持经县税务局局长批准的、全国统一格式的检查存款账户许可证明。

（资料来源：李善山．经济法案例分析．上海：上海交通大学出版社，2002）

本章小结

重点概念

税收　税法　增值税　消费税　营业税　企业所得税　个人所得税　财产税　印花税　房产税　资源税　税收征收管理

知识点

（1）税法概述。税收是国家为了实现其职能，按照法律预先规定的标准，凭借政治权力，强制地、无偿地征收货币或实物的一种经济活动。其主要特征为强制性、无偿性、固定性。税法是国家制定的用以调整国家与纳税人之间在征纳税方面的权利及义务关系的法律规范的总称，主要由纳税主体、征税对象、税目、税率、纳税环节、纳税期限、减税免税、违章处理等要素构成。

（2）我国现行税种。我国现行的税种主要有流转税、所得税、财产税、行为税和资源税等几大类。

（3）税收征收管理。税收征收管理是指税务机关对纳税人依法征收税款和实行税务监督管理的总称。税收征收管理是税收管理的重要组成部分。

复习思考题

（1）简述税收的概念及特征。

（2）简述税法的概念及构成要素。

（3）我国现行的税种有哪些？

（4）小规模纳税人的认定标准是什么？
（5）适用增值税低税率的情况有哪些？
（6）如何计算消费税的应纳税额？
（7）哪些项目可以免征营业税？
（8）现行个人所得税的应纳税额是如何规定的？
（9）简述税收征收管理的基本内容。
（10）简述税款的征收方式。

第 13 章　会计法与审计法

本章学习目标

- 掌握会计核算的内容；
- 掌握有关会计监督的法律规定；
- 掌握审计机关的职责与权限；
- 了解审计管理体制；
- 了解审计程序；
- 了解会计管理体制；
- 熟悉违反审计法的法律责任；
- 熟悉违反会计法的法律责任。

13.1　会计法

13.1.1　会计法概述

会计法是调整会计关系的法律规范的总称。《中华人民共和国会计法》（以下简称《会计法》），是从事会计工作、办理会计事务的法律规范，是据以拟订其他会计行政法规和会计准则、会计制度及其他会计规范的依据，该法于 1985 年 1 月 21 日第六届全国人民代表大会常务委员会第九次会议通过， 1993 年 12 月 29 日第八届全国人民代表大会常务委员会第五次会议修正， 1999 年 10 月 31 日第九届全国人民代表大会常务委员会第十二次会议修订，2017 年 11 月 4 日第十二届全国人民代表大会常务委员会第三十次会议修正，自 2017 年 11 月 5 日起施行。

13.1.2　会计管理体制

1．会计工作的领导体制

《会计法》第七条规定：“国务院财政部门主管全国的会计工作。县级以上地方各级人民政府财政部门管理本行政区域内的会计工作。”单位负责人对本单位的会计工作负责。

2．会计制度的制定

《会计法》规定国家实行统一的会计制度。国家统一的会计制度由国务院财政部门根据本法制定并公布。国务院有关部门可以依照《会计法》和国家统一的会计制度制定对会计核算和会计监督有特殊要求的行业实施国家统一的会计制度的具体办法或者补充规定，报国务院财政部门审核批准。

3．会计机构和会计人员

（1）会计机构、会计人员的设置。各单位应当根据会计业务的需要，设置会计机构，或者在有关机构中设置会计人员并指定会计主管人员；不具备设置条件的，应当委托经批准设立从事会计代理记账业务的中介机构代理记账。国有的和国有资产占控股地位或者主导地位的大、中型企业必须设置总会计师。总会计师的任职资格、任免程序、职责权限由国务院规定。从事会计人员应当具备从事会计工作所需要的专业能力。

担任单位会计机构负责人（会计主管人员）的，应当具备会计师以上专业技术职务资格或者从事会计工作三年以上经历。会计人员应当遵守职业道德，提高业务素质。对会计人员的教育和培训工作应当加强。

（2）会计稽核制度。会计机构内部应当建立稽核制度。出纳人员不得兼任稽核、会计档案保管和收入、支出、费用、债权债务账目的登记工作。

（3）会计人员工作交接。会计人员调动工作或者离职，必须与接管人员办清交接手续。一般会计人员办理交接手续，由会计机构负责人（会计主管人员）监交；会计机构负责人（会计主管人员）办理交接手续，由单位负责人监交，必要时主管单位可以派人会同监交。

13.1.3　会计核算

1．会计核算的概念

会计核算是会计最基本的职能，主要是从数量上核算各单位已经发生或已经完成的各种经济活动情况。

2．会计核算的特点

会计核算贯穿会计工作的全过程，从核算的内容来讲，包括对经济活动的确认、计量、记录和报告，它具有以下特点：

（1）以货币为主要计量单位。

（2）会计核算具有连续性、系统性、全面性和综合性。

（3）会计主要核算已经发生或已经完成的经济活动。

（4）会计核算必须遵循国家颁布的会计准则和国家统一的会计制度的规定。

3．会计年度和记账本位币

会计年度自公历1月1日起至12月31日止。

会计核算以人民币为记账本位币。业务收支以人民币以外的货币为主的单位，可以选定其中一种货币作为记账本位币，但是编报的财务会计报告应当折算为人民币。

4．会计核算的内容

单位发生下列经济业务事项，应当办理会计手续，进行会计核算：① 款项和有价证券的收付；② 财物的收发、增减和使用；③ 债权债务的发生和结算；④ 资本、基金的增减；⑤ 收入、支出、费用、成本的计算；⑥ 财务成果的计算和处理；⑦ 需要办理会计手续、进行会计核算的其他事项。

5．会计核算的要求

各单位必须根据实际发生的经济业务事项进行会计核算、填制会计凭证、登记会计账簿、编制财务会计报告。任何单位不得以虚假的经济业务事项或者资料进行会计核算。

会计凭证、会计账簿、财务会计报告和其他会计资料，必须符合国家统一的会计制度的规定。使用电子计算机进行会计核算的，其软件及其生成的会计凭证、会计账簿、财务会计报告和其他会计资料，也必须符合国家统一的会计制度的规定。任何单位和个人不得伪造、变造会计凭证、会计账簿及其他会计资料，不得提供虚假的财务会计报告。

（1）会计凭证。会计凭证包括原始凭证和记账凭证。发生上述会计核算的内容时，必须填制或者取得原始凭证并及时送交会计机构。会计机构、会计人员必须按照国家统一的会计制度的规定对原始凭证进行审核，对不真实、不合法的原始凭证有权不予接受，并向单位负责人报告；对记载不准确、不完整的原始凭证予以退回，并要求按照国家统一的会计制度的规定更正、补充。原始凭证记载的各项内容均不得涂改；原始凭证有错误的，应当由出具单位重开或者更正，更正处应当加盖出具单位印章。原始凭证金额有错误的，应当由出具单位重开，不得在原始凭证上更正。记账凭证应当根据经过审核的原始凭证及有关资料编制。

（2）会计账簿。会计账簿登记，必须以经过审核的会计凭证为依据，并符合有关法律、行政法规和国家统一的会计制度的规定。会计账簿包括总账、明细账、日记账和其他辅助性账簿。会计账簿应当按照连续编号的页码顺序登记。会计账簿记录发生错误或者隔页、缺号、跳行的，应当按照国家统一的会计制度规定的方法更正，并由会计人员和会计机构负责人（会计主管人员）在更正处盖章。使用电子计算机进行会计核算的，其会计账簿的登记、更正应当符合国家统一的会计制度的规定。各单位发生的各项经济业务事项应当在依法设置的会计账簿上统一登记、核算，不得违反《会计法》和国家统一的会计制度的规定私设会计账簿登记、核算。

（3）财务会计报告。财务会计报告应当根据经过审核的会计账簿记录和有关资料编制，并符合《会计法》和国家统一的会计制度关于财务会计报告的编制要求、提供对象和提供期限的规定；其他法律、行政法规另有规定的，从其规定。财务会计报告由会计报表、会计报表附注和财务情况说明书组成。向不同的会计资料使用者提供的财务会计报告，其编制依据应当一致。有关法律、行政法规规定会计报表、会计报表附注和财务情况说明书须经注册会计师审计的，注册会计师及其所在的会计师事务所出具的审计报告应当随同财务会计报告一并提供。财务会计报告应当由单位负责人和主管会计工作的负责人、会计机构负责人（会计主管人员）签名并盖章；设置总会计师的单位，还须由总会计师签名并盖章。单位负责人应当保证财务会计报告真实、完整。

（4）会计记录的文字及档案。会计记录的文字应当使用中文。在民族自治地方，会计记录可以同时使用当地通用的一种民族文字。在中华人民共和国境内的外商投资企业、外国企业和其他外国组织的会计记录可以同时使用一种外国文字。各单位对会计凭证、会计账簿、财务会计报告和其他会计资料应当建立档案，妥善保管。会计档案的保管期限和销毁办法，由国务院财政部门会同有关部门制定。

6. 会计核算的特别规定

企业进行会计核算，除遵守上述规定外，还应当遵守以下规定。

（1）企业必须根据实际发生的经济业务事项，按照国家统一的会计制度的规定确认、计量和记录资产、负债、所有者权益、收入、费用、成本和利润。

（2）企业进行会计核算不得有下列行为：① 随意改变资产、负债、所有者权益的确认标准或者计量方法，虚列、多列、不列或者少列资产、负债、所有者权益；② 虚列或者隐瞒收入，推迟或者提前确认收入；③ 随意改变费用、成本的确认标准或者计量方法，虚列、多列、不列或者少列费用、成本；④ 随意调整利润的计算、分配方法，编造虚假利润或者隐瞒利润；⑤ 违反国家统一的会计制度规定的其他行为。

13.1.4 会计监督

1. 会计监督的意义

会计监督是会计的基本职能之一，是我国经济监督体系的重要组成部分。有效发挥会计监督职能，不仅可以维护财经纪律和社会经济秩序，还对健全会计基础工作、建立和规范会计工作秩序有重要作用。

2. 会计监督的分类

会计监督按会计监督的主体不同，分为单位内部会计监督、国家监督和社会监督。

（1）单位内部会计监督。单位内部会计监督是指各单位的会计机构、会计人员对本单位的经济活动进行的会计监督，各单位应当建立、健全本单位内部会计监督制度。单位内部会计监督制度应当符合下列要求：① 记账人员与经济业务事项和会计事项的审批人员、经办人员、财物保管人员的职责权限应当明确，并相互分离、相互制约；② 重大对外投资、资产处置、资金调度和其他重要经济业务事项的决策和执行的相互监督、相互制约程序应当明确；③ 财产清查的范围、期限和组织程序应当明确；④ 对会计资料定期进行内部审计的办法和程序应当明确。

（2）国家监督。国家监督是指财政、审计、税务机关代表国家对各单位的财务会计工作进行的监督。尽管国家监督具有一定的强制性，但并不能理解为与单位经济利益相对立，它是保证各单位经济活动依法进行的前提。财政部门对各单位的下列情况实施监督：① 是否依法设置会计账簿；② 会计凭证、会计账簿、财务会计报告和其他会计资料是否真实、完整；③ 会计核算是否符合《会计法》和国家统一的会计制度的规定；④ 从事会计工作的人员是否具备从业资格。如对上述事项实施监督，发现重大违法嫌疑时，国务院财政部门及其派出机构可以向与被监督单位有经济业务往来的单位和被监督单位开立账户的金融机构查询有关情况，有关单位和金融机构应当给予支持。财政、审计、税务、人民银行、证券监管、保险监管等部门应当依照有关法律、行政法规规定的职责，对有关单位的会计资料实施监督检查。监督检查部门对有关单位的会计资料依法实施监督检查后，应当出具检查结论。有关监督检查部门已经做出的检查结论能够满足其他监督检查部门履行本部门职责需要的，其他监督检查部门应当加以利用，避免重复查账。

（3）社会监督。为保证会计信息的相关性和可靠性，各单位对外提供的会计报告必须经过独立审计人员的审计，即接受社会监督。社会监督主要是通过注册会计师完成的。有关法律、行政法规规定，须经注册会计师进行审计的单位，应当向受委托的会计师事务所如实提供会计凭证、会计账簿、财务会计报告和其他会计资料以及有关情况。任何单位或者个人不得以任何方式要求或者示意注册会计师及其所在的会计师事务所出具不实或者不当的审计报告。财政部门有权对会计师事务所出具审计报告的程序和内容进行监督。

13.1.5 违反会计法的法律责任

违反《会计法》规定，有下列行为之一的，由县级以上人民政府财政部门责令限期改正，可以对单位并处三千元以上五万元以下的罚款；对其直接负责的主管人员和其他直接责任人员，可以处二千元以上二万元以下的罚款；属于国家工作人员的，还应当由其所在单位或者有关单位依法给予行政处分：① 不依法设置会计账簿的；② 私设会计账簿的；③ 未按照规定填制、取得原始凭证或者填制、取得的原始凭证不符合规定的；④ 以未经审核的会计凭证为依据登记会计账簿或者登记会计账簿不符合规定的；⑤ 随意变更会计处理方法的；⑥ 向不同的会计资料使用者提供的财务会计报告编制依据不一致的；⑦ 未按照规定使用会计记录文字或者记账本位币的；⑧ 未按照规定保管会计资料，致使会计资料毁损、灭失的；⑨ 未按照规定建立并实施单位内部会计监督制度或者拒绝依法实施的监督或者不如实提供有关会计资料及有关情况的；⑩ 任用会计人员不符合本法规定的。

有上述所列行为之一，构成犯罪的，依法追究刑事责任。

伪造、变造会计凭证、会计账簿，编制虚假财务会计报告，构成犯罪的，依法追究刑事责任；隐匿或者故意销毁依法应当保存的会计凭证、会计账簿、财务会计报告，构成犯罪的，依法追究刑事责任。有上述行为，尚不构成犯罪的，由县级以上人民政府财政部门予以通报，可以对单位并处五千元以上十万元以下的罚款；对其直接负责的主管人员和其他直接责任人员，可以处三千元以上五万元以下的罚款；属于国家工作人员的，还应当由其所在单位或者有关单位依法给予撤职直至开除的行政处分；对其中的会计人员，由县级以上人民政府财政部门吊销会计从业资格证书。

授意、指使、强令会计机构、会计人员及其他人员伪造、变造会计凭证、会计账簿，编制虚假财务会计报告或者隐匿、故意销毁依法应当保存的会计凭证、会计账簿、财务会计报告，构成犯罪的，依法追究刑事责任；尚不构成犯罪的，可以处五千元以上五万元以下的罚款；属于国家工作人员的，还应当由其所在单位或者有关单位依法给予降级、撤职、开除的行政处分。

单位负责人对依法履行职责、抵制违反《会计法》规定行为的会计人员以降级、撤职、调离工作岗位、解聘或者开除等方式实行打击报复，构成犯罪的，依法追究刑事责任；尚不构成犯罪的，由其所在单位或者有关单位依法给予行政处分。对受打击报复的会计人员，应当恢复其名誉和原有职务、级别。

财政部门及有关行政部门的工作人员在实施监督管理中滥用职权、玩忽职守、徇私舞弊或者泄露国家秘密、商业秘密，构成犯罪的，依法追究刑事责任；尚不构成犯罪的，依法给予行政处分。将检举人姓名和检举材料转给被检举单位和被检举人个人的，由所在单位或者有关单位依法给予行政处分。违反《会计法》规定，同时违反其他法律规定的，由有关部门在各自职权范围内依法进行处罚。

13.2 审计法

13.2.1 审计法概述

审计法是调整审计关系的法律规范的总称。审计关系是指从事审计工作的专职机构和专业人员在审计过程中以及国家在管理审计工作中发生的社会关系。

为了加强国家的审计监督，维护国家财政经济秩序，提高财政资金使用效益，促进廉政建设，保障国民经济和社会健康发展，1994 年 8 月 31 日第八届全国人民代表大会常务委员会第九次会议通过了《中华人民共和国审计法》（以下简称《审计法》），自 1995 年 1 月 1 日起施行。2006 年 2 月 28 日第十届全国人民代表大会常务委员会第二十次会议对《审计法》进行了修正。

13.2.2 审计管理体制

1. 审计机关

《审计法》第二条规定："国家实行审计监督制度。国务院和县级以上地方人民政府设立审计机关。"

国务院各部门和地方各级人民政府及其各部门的财政收支，国有的金融机构和企业事业组织的财务收支，以及其他依照本法规定应当接受审计的财政收支、财务收支，依照本法规定接受审计监督。

国务院设立审计署，在国务院总理领导下，主管全国的审计工作。审计长是审计署的行政首长。省、自治区、直辖市，设区的市，自治州、县、自治县，不设区的市、市辖区的人民政府的审计机关，分别在省长、自治区主席、市长、州长、县长、区长和上一级审计机关的领导下，负责本行政区域内的审计工作。地方各级审计机关对本级人民政府和上一级审计机关负责并报告工作，审计业务以上级审计机关领导为主。

审计机关根据工作需要，经本级人民政府批准，可以在其审计管辖范围内设立派出机构。派出机构根据审计机关的授权，依法进行审计工作。

2. 审计人员

审计人员是审计机关或者其他审计机构中从事审计工作的专门人员。审计人员应当具备与其从事的审计工作相适应的专业知识和业务能力。

审计人员执行职务的原则有以下3项。

（1）回避原则。审计人员办理审计事项，与被审计单位或者审计事项有利害关系的，应当回避。

（2）保密原则。审计人员对其在执行职务中知悉的国家秘密和被审计单位的商业秘密，负有保密的义务。

（3）受法律保护的原则。审计人员依法执行职务，受法律保护。任何组织和个人不得拒绝、阻碍审计人员依法执行职务，不得打击报复审计人员。

13.2.3 审计机关的职责与权限

1. 审计机关的职责

根据《审计法》的有关规定，审计机关对下列单位的有关事项进行审计监督。

（1）本级各部门（含直属单位）和下级政府预算的执行情况和决算以及其他财政收支情况。

（2）中央银行的财务收支，国有金融机构的资产、负债、损益。

（3）国家的事业组织和使用财政资金的其他事业组织的财务收支。

（4）国有企业的资产、负债、损益。

（5）国有资本占控股地位或者主导地位的企业、金融机构。

（6）政府投资和以政府投资为主的建设项目的预算执行情况和决算。

（7）政府部门管理的和其他单位受政府委托管理的社会保障基金、社会捐赠资金以及其他有关基金、资金的财务收支。

（8）国际组织和外国政府援助、贷款项目的财务收支。

（9）按照国家有关规定，对国家机关和依法属于审计机关审计监督对象的其他单位的主要负责人，在任职期间对本地区、本部门或者本单位的财政收支、财务收支以及有关经济活动应负经济责任的履行情况。

（10）其他法律、行政法规规定应当由审计机关进行审计的事项。

2. 审计机关的权限

根据《审计法》的有关规定，审计机关进行审计时，具有下列权限。

（1）有权要求被审计单位按照审计机关的规定提供预算或者财务收支计划、预算执行情况、决算、财务会计报告。

（2）有权检查被审计单位的会计凭证、会计账簿、财务会计报告和运用电子计算机管理财政收支、财务收支电子数据的系统，以及其他与财政收支、财务收支有关的资料和资产。

（3）有权就审计事项的有关问题向有关单位和个人进行调查，并取得有关证明材料。

（4）有权制止被审计单位正在进行的违反国家规定的财政收支、财务收支行为。

（5）审计机关认为被审计单位所执行的上级主管部门有关财政收支、财务收支的规定与法律、行政法规相抵触的，应当建议有关主管部门纠正；有关主管部门不予纠正的，审计机关应当提请有权处理的机关依法处理。

（6）审计机关可以向政府有关部门通报或者向社会公布审计结果。

13.2.4　审计程序

审计程序是指审计机关和审计人员对审计项目实施审计的自始至终的工作步骤。为了实现审计工作的制度化、规范化、公开化，保证审计监督活动的顺利进行，《审计法》对审计程序做了如下规定。

1. 审计准备

审计机关根据审计项目计划确定的审计事项，组成审计组，并应当在实施审计三日前，向被审计单位送达审计通知书。遇有特殊情况，经本级人民政府批准，审计机关可以直接持审计通知书实施审计。

2. 实施审计

审计人员通过审查会计凭证、会计账簿、财务会计报告，查阅与审计事项有关的文件、资料，检查现金、实物、有价证券，向有关单位和个人调查等方式进行审计，并取得证明材料。

3. 提出审计报告

审计组对审计事项实施审计后，应当向审计机关提出审计组的审计报告。审计组的审计报告报送审计机关前，应当征求被审计对象的意见。被审计对象应当自接到审计组的审计报告之日起十日内，将其书面意见送交审计组。审计组应当将被审计对象的书面意见一并报送审计机关。

4. 出具审计意见书，做出审计决定

审计机关按照审计署规定的程序对审计组的审计报告进行审议，并对被审计对象对审计组的审计报告提出的意见一并研究后，提出审计机关的审计报告。对违反国家规定的财政收支、财务收支行为，依法应当给予处理、处罚的，在法定职权范围内做出审计决定或者向有关主管机关提出处理、处罚的意见。

13.2.5 违反审计法的法律责任

根据《审计法》的有关规定，违反《审计法》的行为可以分为两类：一是被审计单位及其有关人员的违法行为；二是审计人员的违法行为。《审计法》分别做出了给予处罚的规定。

1. 对被审计单位及其有关人员违反审计法的处罚

被审计单位拒绝或者拖延提供与审计事项有关的资料的，或者提供的资料不真实、不完整的，或者拒绝、阻碍检查的，由审计机关责令改正，可以通报批评，给予警告；拒不改正的，依法追究责任。

被审计单位转移、隐匿、篡改、毁弃会计凭证、会计账簿、财务会计报告以及其他与财政收支、财务收支有关的资料，或者转移、隐匿所持有的违反国家规定取得的资产，审计机关认为对直接负责的主管人员和其他直接责任人员依法应当给予处分的，应当提出给予处分的建议，被审计单位或者其上级机关、监察机关应当依法及时做出决定，并将结果书面通知审计机关；构成犯罪的，依法追究刑事责任。

对被审计单位违反国家规定的财务收支行为，审计机关、人民政府或者有关主管部门在法定职权范围内，依照法律、行政法规的规定，根据情况采取上述规定的处理措施，并可以依法给予处罚。

被审计单位的财政收支、财务收支违反国家规定，审计机关认为对直接负责的主管人员和其他直接责任人员依法应当给予处分的，应当提出给予处分的建议。被审计单位或者

其上级机关、监察机关应当依法及时做出决定，并将结果书面通知审计机关。被审计单位的财政收支、财务收支违反法律、行政法规的规定，构成犯罪的，依法追究刑事责任。

2．对审计人员违反审计法的处罚

审计人员滥用职权、徇私舞弊、玩忽职守或者泄露所知悉的国家秘密、商业秘密的，依法给予处分；构成犯罪的，依法追究刑事责任。

案例分析

赵某是甲企业的承包经营负责人，在承包经营期结束后，他请了乙会计师事务所对其经营期内的财务报表进行了审计。经过审计，乙会计师事务所出具了无保留意见的审计报告，认为甲企业在承包经营期内的财务报表公允地反映了其财务状况。此后不久，赵某被举报在承包经营期内，与甲企业财务人员相勾结，收受回扣，侵吞国有财产。赵某手持乙会计师事务所出具的审计报告，说道："会计师事务所已出具了审计报告，证明我没有经济问题。"

问题：赵某的话是否有错？错在哪里？

分析：赵某的话有错误，主要表现在以下几个方面：

（1）注册会计师审计只是一种合理保证，而不是绝对保证。经过注册会计师审计的财务报表，尽管可以提高其可信性，但这种提高只是一种合理的提高，对于一些伪造的虚假财务报表，注册会计师在经过了必要的审计程序之后，仍然可能无法查出这些虚假会计信息。

（2）赵某的话没有分清会计责任与审计责任。编制与出具财务报表是企业管理当局的会计责任，只要这些报表中有错误或舞弊，不论审计与否，企业管理当局均要承担相应的法律责任。而注册会计师则主要承担审计责任，应按照审计准则来进行审计工作。提供真实完整的会计资料是被审计单位的责任，注册会计师在被审计单位所提供的会计资料的基础上进行审计并发表审计意见。如果被审计单位所提供的资料不真实、不完整，而注册会计师依据其应有的职业谨慎亦不能判断这种资料的真实性、完整性，则注册会计师没有过错。

（资料来源：http：//learning.sohu.com 搜狐教育）

本章小结

重点概念

会计核算　会计监督　审计人员　审计程序

知识点

（1）会计法。会计法是调整会计关系的法律规范的总称。国务院财政部门主管全国的会计工作，县级以上地方各级人民政府财政部门管理本行政区域内的会计工作。各单位必须根据实际发生的经济业务事项进行会计核算，填制会计凭证，登记会计账簿，编制财务会计报告。会计监督按会计监督的主体不同，分为单位内部会计监督、国家监督和社会监督。

（2）审计法。审计法是调整审计关系的法律规范的总称。国家实行审计监督制度，国务院和县级以上地方人民政府设立审计机关。审计人员是审计机关或者其他审计机构中从事审计工作的专门人员。违反审计法的行为可以分为两类：一是被审计单位及其有关人员的违法行为；二是审计人员的违法行为。《审计法》分别做出了给予处罚的规定。

复习思考题

（1）会计核算有哪些特点？
（2）会计核算的内容有哪些？
（3）会计监督有哪些种类？
（4）审计人员执行职务的原则有哪些？
（5）审计机关的职责与权限有哪些？
（6）审计程序包括哪些步骤？

第 14 章　劳动合同法与社会保险法

本章学习目标

- 掌握劳动合同的概念；
- 理解劳动合同的订立和内容；
- 了解劳动合同的效力；
- 理解集体合同、劳务派遣与非全日制用工的内容；
- 掌握协调劳动关系和解决劳动纠纷的相关机制；
- 理解违法劳动合同法的法律责任；
- 了解社会保险法的概念；
- 掌握社会保险法的内容。

14.1　劳动合同法

14.1.1　劳动合同与劳动合同法

1．劳动合同的概念

劳动合同，又称劳动契约、劳动协议，是指劳动者与用人单位之间确立劳动关系，明确双方权利和义务的书面协议。

这里所说的劳动关系是指在劳动者为用人单位提供劳动，用人单位支付劳动者报酬的基础上形成的一种相对稳定的社会经济关系。劳动关系不以书面劳动合同的签订为其建立的前提条件，而是依据用工之日这个事实。

我国《劳动法》规定，劳动者与用人单位之间建立劳动关系应当订立劳动合同。劳动合同是确立劳动者和用人单位劳动关系的基本前提，是调整劳动关系的基本法律形式。

2．劳动合同的法律特征

劳动合同除具有合同的一般特征外，还具有本身的法律特征：劳动合同的主体具有特定性；劳动合同的内容具有明确性；劳动合同在时间上具有连续性；劳动合同体现的是国家干预下的当事人意思自治。

3．劳动合同法立法概况

众所周知，劳动合同是规范劳动关系最基本的法律形式；在法律上完善劳动合同制度，是夯实劳动关系基础的必然要求。尽管我国从20世纪80年代中期就开始进行劳动合同制度改革试点，1995年1月1日施行的《劳动法》正式确立了劳动合同制度，全国陆续开始推行全员劳动合同制度，但受制于多方面因素，劳动合同制度实施情况并不理想。

为此，2007年全国人大常委会审议通过了《中华人民共和国劳动合同法》，自2008年1月1日起施行（修改方案于2012年12月28日通过，自2013年7月1日起施行）。劳动合同法作为一部构建和发展和谐稳定劳动关系的重要法律，自公布施行以来，对于规范双方当事人的权利和义务，保护劳动者的合法权益，发挥了重要作用。用人单位增强了依法用工的意识，提高了劳动合同的签订率。

《劳动合同法》是自《劳动法》颁布实施以来，我国劳动和社会保障法建设中的又一个里程碑。《劳动合同法》的颁布实施，对于更好地保护劳动者的合法权益，构建和发展和谐稳定的劳动关系，促进社会主义和谐社会建设，有十分重要的意义。

《劳动法》是劳动领域里的基本法，其主要内容是一些原则规定，其主要条款反映的是立法精神、立法原则。《劳动法》下面要有若干个配套的法律，才能构成劳动领域里的一个整体法律。《劳动合同法》就是《劳动法》的子法之一，它跟《劳动法》构成下位法和上位法的关系。

4．《劳动合同法》的适用范围

《劳动合同法》第二条规定的适用范围包括：

（1）中华人民共和国境内的企业、个体经济组织、民办非企业单位、依法成立的会计师事务所、律师事务所等合伙组织和基金会等组织（简称用人单位）与劳动者建立劳动关系，订立、履行、变更、解除或者终止劳动合同，适用劳动合同法。

民办非企业单位是指企业事业单位、社会团体和其他社会力量以及公民个人利用非国有资产举办的，从事非营利性社会服务活动的社会组织。它的一个明显特征是：不是由政府或者政府部门举办的。

（2）国家机关、事业单位、社会团体和与其建立劳动关系的劳动者，订立、履行、变更、解除或者终止劳动合同，依照劳动合同法执行。

（3）事业单位与实行聘用制的工作人员订立、履行、变更、解除或者终止劳动合同，法律、行政法规或者国务院另有规定的，依照其规定；未作规定的，依照劳动合同法有关规定执行。

14.1.2 劳动合同的订立

劳动合同的订立必须遵循合法原则、公平原则、平等自愿原则、协商一致原则、诚实信用原则。

诚实信用原则是指双方当事人在订立劳动合同时要诚实守信，不欺诈不隐瞒，真诚履行所承担的各项义务。此项原则是道德的法律化原则，是和谐劳动关系健康发展的前提。

1．劳动合同的种类

根据我国《劳动合同法》的规定，我国劳动合同以劳动期限为标准主要分为以下三大类。

（1）固定期限劳动合同

固定期限劳动合同，又称为定期劳动合同，是指劳动者与用人单位约定了合同终止时间的劳动合同。期限届满，劳动合同即行终止。用人单位与劳动者协商一致可以订立固定期限劳动合同。

（2）无固定期限劳动合同

无固定期限劳动合同，又称不定期劳动合同，是指用人单位与劳动者约定无确定终止时间的劳动合同。用人单位与劳动者协商一致可以订立固定期限劳动合同。

为更好保障劳动者合法权益，我国《劳动合同法》第十四条规定，“有下列情形之一，劳动者提出或者同意续订、订立劳动合同的，除劳动者提出订立固定期限劳动合同外，应当订立无固定期限劳动合同：劳动者在该用人单位连续工作满 10 年的；用人单位初次实行劳动合同制度或者国有企业改制重新订立劳动合同时，劳动者在该用人单位连续工作满 10 年且距法定退休年龄不足 10 年的；连续订立二次固定期限劳动合同，且劳动者没有劳动合同法规定的情形，续订劳动合同的。用人单位自用工之日起满 1 年不与劳动者订立书面劳动合同的，视为用人单位与劳动者已订立无固定期限劳动合同”。

（3）以完成一定工作任务为期限的劳动合同

以完成一定工作任务为期限的劳动合同，是指用人单位与劳动者约定以某项工作的完成为合同期限的劳动合同。用人单位与劳动者协商一致可以订立以完成一定工作任务为期限的劳动合同。它一般适用于完成单项工作任务、项目承包方式完成承包任务、季节性原因临时用工的劳动合同等。

2．劳动合同订立的主体

（1）劳动者

劳动者是为用人单位提供劳动力的自然人。常常也被称为职工、工人和雇员。劳动法律关系所涉及的劳动者，是指依据劳动法律和劳动合同规定，在用人单位从事体力或脑力劳动，并获取劳动报酬的自然人。

作为劳动者，必须具备法律规定的下列条件：需年满 16 周岁（只有文艺、体育、特种工艺单位录用人员可以例外）；有劳动权利能力和行为能力。

用人单位可不与四类人签合同：已经退休的单位返聘人员；外单位退休、下岗人员；事业单位停薪留职人员；在校实习生等劳动者。

（2）用人单位

用人单位常常也称为企业主、资方、雇主、雇用人等。我国在法律上被统一称为用人单位的是指依法招用和管理劳动者，对劳动者承担有关义务的一方。

用人单位应有用人权利能力和行为能力。具体用工单位见14.1.1节的《劳动合同法》的适用范围。

用人单位招用劳动者时，应当如实告知劳动者工作内容、工作条件、工作地点、职业危害、安全生产状况、劳动报酬，以及劳动者要求了解的其他情况。

用人单位招用劳动者，不得扣押劳动者的居民身份证和其他证件，不得要求劳动者提供担保或者以其他名义向劳动者收取财物。

用人单位有权了解劳动者与劳动合同直接相关的基本情况，劳动者应当如实说明。

3. 劳动合同订立的形式

用人单位自用工之日起即与劳动者建立劳动关系。建立劳动关系，应当订立书面劳动合同。

对于已建立劳动关系，未同时订立书面劳动合同的，应当自用工之日起1个月内订立书面劳动合同。用人单位与劳动者在用工前订立劳动合同的，劳动关系自用工之日起建立。

非全日制用工双方当事人可以订立口头协议。

14.1.3 劳动合同的内容

劳动合同的内容可分为必备条款和约定条款。必备条款是劳动合同一般应当具有的条款；约定条款是当事人可以选择适用的条款。

1. 必备条款

《劳动合同法》规定劳动合同应当具备以下条款：

（1）用人单位的名称、住所和法定代表人或者主要负责人。

（2）劳动者的姓名、住址和居民身份证或者其他有效身份证件号码。

（3）劳动合同期限。

劳动合同期限分为固定期限、无固定期限和以完成一定工作任务为期限三种。

（4）工作内容和工作地点。

（5）工作时间和休息休假。

工作时间是指劳动者为履行劳动义务，在法律规定的标准下，根据劳动合同和集体合同的规定提供劳动的时间，即劳动者在一昼夜或一周内从事生产或工作的时间，也就是劳动者每天应工作的时数或每周应工作的天数。

休息休假是指劳动者在任职期间，在国家规定的法定工作时间以外，不从事生产和工作而自行支配的休息时间和法定节假日。

我国的法定假日有：元旦，放假 1 天（1 月 1 日）；春节，放假 3 天（农历除夕、正月初一、初二）；清明节，放假 1 天（农历清明当日）；劳动节，放假 1 天（5 月 1 日）；端午节，放假 1 天（农历端午当日）；中秋节，放假 1 天（农历中秋当日）；国庆节，放假 3 天（10 月 1 日、2 日、3 日）。

（6）劳动报酬。

劳动报酬是指用人单位根据劳动者劳动的数量和质量，以货币形式支付给劳动者的工资。工资总额由六部分构成：计时工资、计件工资、奖金、津贴和补贴、加班加点工资以及特殊情况下支付的工资。工资应当以法定货币支付，不得以实物及有价证券替代货币支付。工资必须在用人单位与劳动者约定的日期支付。

在法定休假日和婚丧假期间以及劳动者依法参加社会活动期间，用人单位应当依法支付工资。用人单位在劳动者完成劳动定额或规定的工作任务后，根据实际需要安排劳动者在法定标准工作时间以外工作的，应当按照国家标准支付加班加点工资。

日工资计算公式：

日工资=月实得工资÷20.92×70%；小时工资=月实得工资/167.4×70%。

法定假日用人单位安排加班的，须在正常支付员工工资的基础上，按不低于员工本人日或小时工资的 300%另行支付加班工资。

正常工作日内延长工作时间的加班加点工资，或者按小时工资的 150%支付工资，或者按“做一小时还一小时”的方式安排补休。

休息日加班工作的，或者按“做一休一”调休，或者按 200%支付日或小时工资。但按劳部发（1995）309 号文第六十二条规定，经批准实行综合计算工作时间的企业（如商业零售业等）可不受此限，仅需将每月累计超过 167.4 小时（法定节假日除外）的工作视为加班，并按 150%计发加班加点工资。

国家实行最低工资保障制度。

（7）社会保险。

社会保险的主要项目包括养老社会保险、医疗社会保险、失业保险、工伤保险、生育保险等。

（8）劳动保护、劳动条件和职业危害防护。

（9）法律、法规规定应当纳入劳动合同的其他事项。

社会保险的主要项目包括养老社会保险、医疗社会保险、失业保险、工伤保险、生育保险等。

需注意的是，劳动合同中缺少必备条款中的一些条款并不必然无效。

2．约定条款

根据《劳动合同法》第十七条第 2 款的规定，劳动合同除前款规定的必备条款外，用人单位与劳动者还可以在法律、法规规定的框架下约定以下事项。

（1）试用期

试用期指劳动关系处于非正式状态，劳动者与用人单位对对方是否符合自己要求进行了解的期限。试用期包含在劳动合同期限内，劳动合同仅约定试用期的，试用期不成立，该期限为劳动合同期限；同一用人单位与同一劳动者只能约定一次试用期，以完成一定工作任务为期限的劳动合同或者劳动合同期限不满三个月的，不得约定试用期；劳动者在试用期的工资不得低于本单位相同岗位最低档工资或者劳动合同约定工资的百分之八十，并不得低于用人单位所在地的最低工资标准。

（2）服务期

用人单位为劳动者提供专项培训费用，对其进行专业技术培训的，可以与该劳动者订立协议。约定服务期。

劳动者违反服务期约定提前终止劳动合同的，应当按照约定向用人单位支付违约金。违约金的数额不得超过用人单位提供的培训费用。对已经履行部分服务期限的，用人单位要求劳动者支付的违约金不得超过服务期尚未履行部分所应分摊的培训费用。

在特定情形下，劳动者可以在服务期内依照法律规定解除劳动合同，用人单位不得要求劳动者支付违约金。

（3）培训

培训是指劳动合同中约定由用人单位为劳动者提供专项培训费用，对其进行专业技术培训。《劳动合同法》第二十二条对专项培训及服务期做出了规定：“用人单位为劳动者提供专项培训费用，对其进行专业技术培训的，可以与该劳动者订立协议，约定服务期。”

（4）保守秘密

保守秘密指在劳动中约定由劳动者对用人单位的秘密负保密义务的合同条款。《劳动合同法》第二十三条规定了保密义务：“用人单位与劳动者可以在劳动合同中约定保守用人单位的商业秘密和与知识产权相关的保密事项。对负有保密义务的劳动者，用人单位可以在劳动合同或者保密协议中与劳动者约定竞业限制条款，并约定在解除或者终止劳动合同后，在竞业限制期限内按月给予劳动者经济补偿。劳动者违反竞业限制约定的，应当按照约定向用人单位支付违约金。”

（5）补充保险和福利待遇等其他事项

补充保险指用人单位在国家规定的实施政策和实施条件下为本单位职工所建立的一种辅助性保险。福利待遇指用人单位和有关社会服务机构为满足劳动者生活的共同需要和特殊需要，在工资和社会保险之外向职工及其亲属提供一定货币、实物、服务等形式的物质帮助。

（6）医疗期

医疗期是指企业职工因患病或非因工负伤停止工作，治病休息，但不得解除劳动合同期限。

企业职工因患病或非因工负伤，需要停止工作，进行医疗时，根据本人实际参加工作年限和在本单位工作年限，给予 3 个月到 24 个月的医疗期。

医疗期内用人单位与职工不得解除劳动合同。医疗期内合同终止，则合同必须延续至医疗期满，职工仍然享受医疗期内待遇。

14.1.4　劳动合同的效力

劳动合同的效力根据效力的有无，可分为劳动合同的生效和劳动合同的无效。

1. 劳动合同的生效

劳动合同的生效是指劳动合同具有法律约束力的起始时间。劳动合同成立，并不意味劳动合同一定生效。《劳动合同法》第十六条对劳动合同的生效做出了规定："劳动合同由用人单位与劳动者协商一致，并经用人单位与劳动者在劳动合同文本上签字或者盖章生效。劳动合同文本由用人单位和劳动者各执一份。"

2. 劳动合同的无效

劳动合同的无效，是指由当事人订立，但严重缺乏合同生效要件国家不予承认其法律效力的劳动合同。劳动合同无效分为全部无效和部分无效。

《劳动合同法》第二十六条对劳动合同的无效做出了规定，"下列劳动合同无效或者部分无效：①以欺诈、胁迫的手段或者乘人之危，使对方在违背真实意思的情况下订立或者变更劳动合同的；②用人单位免除自己的法定责任、排除劳动者权利的；③违反法律、行政法规强制性规定的。"

劳动合同部分无效，不影响其他部分效力的，其他部分仍然有效。劳动合同被确认无效的后果是，劳动者已付出劳动的，用人单位应当向劳动者支付劳动报酬。

14.1.5　集体合同、劳务派遣与非全日制用工

1. 集体合同

（1）集体合同的一般规定

集体合同，又称集体协约，是指用人单位与企业职工一方为规范劳动关系而订立的，以全体劳动者的共同利益为中心内容的书面协议。我国《劳动合同法》第五十一条规定："企业职工一方与用人单位通过平等协商，可以就劳动报酬、工作时间、休息休假、劳动安全卫生、保险福利等事项订立集体合同。集体合同草案应当提交职工代表大会或者全体职工讨论通过。集体合同由工会代表企业职工一方与用人单位订立；尚未建立工会的用人单位，由上级工会指导劳动者推举的代表与用人单位订立。"

（2）集体合同的特殊规定

1）专项集体合同。专项集体合同，是指用人单位与企业职工一方根据法律、法规、规章的规定，就集体协商的某项内容签订的专项书面协议。我国《劳动合同法》第五十二条规定“企业职工一方与用人单位可以订立劳动安全卫生、女职工权益保护、工资调整机制等专项集体合同。”专项集体合同的订立程序、合同期限、解除或变更依照集体合同的同类规定。

2）行业性集体合同和区域性集体合同。行业性集体合同，主要指在一定地域的一定行业内，由地方工会或者其他行业性工会联合组织与一定行业的企业代表，为保护行业内的全体劳动者合法权益就劳动安全卫生、工作时间、休息休假等事项所协商订立的集体合同。区域性集体合同，主要是指在县级以下区域内，由区域工会与该区域内的企业方面代表，就劳动报酬、工作时间、保险福利等事项所协商订立的集体合同。目前，区域性集体合同还主要适用于县级以下的区域内。我国《劳动合同法》第五十三条规定，在县级以下区域内，建筑业、采矿业、餐饮服务业等行业可以由工会与企业方面代表订立行业性集体合同，或者订立区域性集体合同。

2．劳务派遣

（1）劳务派遣的概念和特征

劳务派遣又称人才派遣、人才租赁、劳动派遣、劳动力租赁，是指由劳务派遣机构与派遣劳工订立劳动合同，由要派企业（实际用工单位）向派遣劳工给付劳务报酬，劳动合同关系存在于劳务派遣机构与派遣劳工之间，但劳动力给付的事实则发生于派遣劳工与要派企业（实际用工单位）之间。

劳动合同用工是我国的企业基本用工形式。劳务派遣用工是补充形式，只能在临时性、辅助性或者替代性的工作岗位上实施。

临时性工作岗位是指存续时间不超过六个月的岗位；辅助性工作岗位是指为主营业务岗位提供服务的非主营业务岗位；替代性工作岗位是指用工单位的劳动者因脱产学习、休假等原因无法工作的一定期间内，可以由其他劳动者替代工作的岗位。

劳务派遣与（个别）劳动合同相比，具有如下特征：①劳务派遣中有三个主体，劳动者的雇佣和使用相分离。三主体是劳务派遣单位（用人单位）、劳动者及用工单位，劳动者与劳务派遣单位建立劳动关系，但实际使用劳动者的是用工单位，用工单位与劳务派遣单位签订劳务派遣协议；②劳动合同的期限为2年以上的固定期限合同，按月支付报酬，在无工作期间，也应按照最低工资标准支付。

（2）对劳务派遣的法律规制

1）劳务派遣单位（用人单位）。经营劳务派遣业务应当具备的条件包括注册资本不得少于人民币二百万元、有与开展业务相适应的固定的经营场所和设施等。经营劳务派遣业务，应当向劳动行政部门依法申请行政许可。

劳务派遣单位派遣劳动者应当与接受以劳务派遣形式用工的单位订立劳务派遣协议。劳务派遣单位应当将劳务派遣协议的内容告知被派遣劳动者。劳务派遣单位不得克扣用工单位按照劳务派遣协议支付给被派遣劳动者的劳动报酬。劳务派遣单位和用工单位不得向被派遣劳动者收取费用。

2）用工单位。《劳动合同法》第六十二条规定，用工单位应当履行下列义务：①执行国家劳动标准，提供相应的劳动条件和劳动保护；②告知被派遣劳动者的工作要求和劳动报酬；③支付加班费、绩效奖金，提供与工作岗位相关的福利待遇；④对在岗被派遣劳动者进行工作岗位所必需的培训；⑤连续用工的，实行正常的工资调整机制。用工单位不得将被派遣劳动者再派遣到其他用人单位。

3）劳动者。《劳动合同法》第六十三条规定，被派遣劳动者享有与用工单位的劳动者同工同酬的权利。用工单位无同类岗位劳动者的，参照用工单位所在地相同或者相近岗位劳动者的劳动报酬确定。第六十四条规定，被派遣劳动者有权在劳务派遣单位或者用工单位依法参加或者组织工会，维护自身的合法权益。第六十五条规定，被派遣劳动者可以依照《劳动合同法》第三十六条、第三十八条的规定与劳务派遣单位解除劳动合同。

3．非全日制用工

（1）非全日制用工的界定

非全日制用工，是指以小时计酬为主，劳动者在同一用人单位一般平均每日工作时间不超过 4 小时，每周工作时间累计不超过 24 小时的用工形式。

非全日制用工，是全日制用工的一种补充用工形式，它可以建立多重劳动关系。从事非全日制用工的劳动者可以与一个或者一个以上用人单位订立劳动合同；但是，后订立的劳动合同不得影响先订立的劳动合同的履行。

（2）对非全日制用工的法律规制

1）劳动合同的形式。《劳动合同法》第六十九条第 1 款规定，非全日制用工双方当事人可以订立口头协议。

2）工资标准。非全日制用工小时计酬标准不得低于用人单位所在地人民政府规定的最低小时工资标准。非全日制用工劳动报酬结算支付周期最长不得超过十五日。

3）特殊规定。非全日制用工双方当事人不得约定试用期。非全日制用工双方当事人任何一方都可以随时通知对方终止用工。终止用工时用人单位不向劳动者支付经济补偿。

14.1.6 劳动合同的履行、变更、解除

1．劳动合同履行

（1）劳动合同履行的概念

劳动合同履行是指劳动合同双方当事人依照劳动合同约定的内容，完成各自义务的过

程。依法订立的劳动合同具有约束力，用人单位与劳动者应当按照劳动合同的约定，全面履行各自的义务。

劳动合同的履行主要遵循的原则：实际履行原则、全面履行原则、协作履行原则、亲自履行原则。

（2）特殊情形下劳动合同的履行

1）用人单位变更名称项目等时劳动合同的履行。《劳动合同法》第三十三条规定："用人单位变更名称、法定代表人、主要负责人或者投资人等事项，不影响劳动合同的履行。"这是因为这些事项的变更未改变用人单位独立承担民事责任的性质。

2）用人单位合并或分立时劳动合同的履行。《劳动合同法》第三十四条规定："用人单位发生合并或者分立等情况，原劳动合同继续有效，劳动合同由承继其权利和义务的用人单位继续履行。"这是因为用人单位的合并、分立，它的权利和义务由变更后的用人单位享有和承担。

2. 劳动合同的变更

（1）劳动合同变更的概念

劳动合同的变更，是指劳动者与用人单位对依法成立的、尚未履行或尚未履行完成的劳动合同内容所作的修改或增删的法律行为。劳动合同依法订立后，双方当事人必须全面履行合同规定的义务，任何一方不得擅自变更劳动合同，但在符合法定或约定的情况下，合同当事人可以对合同内容进行变更。

（2）劳动合同变更的原因

1）基于劳动合同的双方当事人协商一致。一般而言，用人单位和劳动者在不违反法律、行政法规规定的情况下，遵循平等自愿、协商一致、诚实信用原则，就可以变更劳动合同约定的内容。

2）基于情势变更。情势变更是引起劳动合同变更的另一个重要原因，主要包括以下情形：订立劳动合同所依据的法律法规被依法修改或废止；用人单位由于政策原因或是企业产业调整等内部原因发生变化；劳动者由于健康状况、职业技能水平或其他原因，导致履行原合同内容对劳动者已形成负担；不可抗力或客观经济情况的重大变化等。

（3）劳动合同的变更形式

变更劳动合同，应当采取书面形式，必须由双方当事人签字或盖章后生效。变更后的劳动合同文本由用人单位和劳动者各执一份。对劳动合同中约定的条款进行变更，一般经过提议、答复、协议三个步骤。

3. 劳动合同的解除

劳动合同的解除，是指当事人双方在劳动合同期限届满之前，因当事人一方或双方的意思表示而终止劳动合同关系的法律行为。根据解除劳动合同方式不同，劳动合同的解除可分为单方解除和协商解除。单方解除又分劳动者单方解除和用人单位单方解除。《劳动合同法》规定了劳动合同的解除的三种情况。

（1）协商解除劳动合同

《劳动合同法》第三十六条规定，用人单位与劳动者协商一致，可以解除劳动合同。协商解除需符合以下条件：劳动合同依法成立生效、尚未全部履行前；双方自愿、平等协商达成一致意见。

在合同履行过程中，主动提出解除劳动合同的一方当事人应尽到提前通知的义务，如果是用人单位提出解除劳动合同并经劳动者同意的，用人单位还要向劳动者支付相应的经济补偿金。

（2）劳动者单方解除劳动合同

劳动者提前 30 日以书面形式通知用人单位，可以解除劳动合同。劳动者在试用期内提前 3 日通知用人单位，可以解除合同。

1）劳动者立即解除劳动合同的情形。如果用人单位以暴力、威胁或者非法限制人身自由的手段强迫劳动者劳动的，或者用人单位违章指挥、强令冒险作业危及劳动者人身安全的，劳动者可以立即解除劳动合同，不需事先告知用人单位。

2）劳动者随时解除劳动合同的情形。用人单位未按照劳动合同约定提供劳动保护或者劳动条件的；用人单位未及时足额支付劳动报酬的；用人单位未依法为劳动者缴纳社会保险费的；用人单位的规章制度违反法律、法规的规定，损害劳动者权益的；因不符合《劳动合同法》规定的情形致使劳动合同无效的；法律、行政法规规定劳动者可以解除劳动合同的其他情形。

（3）用人单位单方解除劳动合同

1）用人单位即时解除劳动合同的情形。劳动者在试用期间被证明不符合录用条件的；劳动者严重违反用人单位的规章制度的；劳动者严重失职，营私舞弊，给用人单位造成重大损害的；劳动者同时与其他用人单位建立劳动关系，对完成本单位的工作任务造成严重影响，或者经用人单位提出，拒不改正的；因劳动者采取欺诈、胁迫的手段或者乘人之危，使用人单位在违背真实意思的情况下订立或者变更劳动合同，致使劳动合同无效的；劳动者被依法追究刑事责任的。

2）用人单位预告解除劳动合同的情形。劳动者患病或者非因工负伤，在规定的医疗期满后不能从事原工作，也不能从事由用人单位另行安排的工作的；劳动者不能胜任工作，经过培训或者调整工作岗位，仍不能胜任工作的；劳动合同订立时所依据的客观情况发生重大变化，致使劳动合同无法履行，经用人单位与劳动者协商，未能就变更劳动合同内容达成协议的。有以上情形之一，用人单位提前 30 日以书面形式通知劳动者本人或者额外支付劳动者 1 个月工资后，可以解除劳动合同。

3）用人单位经济性裁员解除劳动合同的情形。用人单位依照企业破产法规定进行重整的；生产经营发生严重困难的；企业转产、重大技术革新或者经营方式调整，经变更劳动合同后，仍需裁减人员的；其他因劳动合同订立时所依据的客观经济情况发生重大变化，致使劳动合同无法履行的。

4）解除劳动合同的消极条件。劳动者有以下情形的，用人单位不得解除劳动合同：从事接触职业病危害作业的劳动者未进行离岗前职业健康检查，或者疑似职业病病人在诊断或者医学观察期间的；在本单位患职业病或者因工负伤并被确认丧失或者部分丧失劳动能力的；患病或者非因工负伤，在规定的医疗期内的；女职工在孕期、产期、哺乳期的；在本单位连续工作满15年，且距法定退休年龄不足5年的；法律、行政法规规定的其他情形。

（4）劳动合同的终止

劳动合同的终止是指劳动合同的法律效力依法被消灭。有广义和狭义之分，广义上包括劳动合同解除。我国《劳动合同法》上的劳动合同终止采用狭义规定，不包括劳动合同解除。

《劳动合同法》第四十四条规定，有下列情形之一的，劳动合同终止：①劳动合同期届满；②劳动者开始依法享受基本养老保险待遇的；③劳动者死亡，或者被人民法院宣告死亡或者宣告失踪的；④用人单位被依法宣告破产的；⑤用人单位被吊销营业执照、责令关闭、撤销或者用人单位决定提前解散的；⑥法律、行政法规规定的其他情形。

4．劳动合同解除和终止的经济补偿

（1）经济补偿的定义

经济补偿是按照劳动合同法规定，在劳动者无过错的情况下，用人单位与劳动者解除或者终止劳动合同而依法应给予劳动者的经济上的补助，也称经济补偿金。

（2）用人单位应当向劳动者支付经济补偿的情形

1）由用人单位提出解除劳动合同并与劳动者协商一致而解除劳动合同的；

2）劳动者符合随时通知解除和不需事先通知即可解除劳动合同的规定情形而解除劳动合同的；

3）用人单位符合提前30日以书面形式通知劳动者本人或者额外支付劳动者1个月工资后可以解除劳动合同的规定情形而解除劳动合同的；

4）用人单位符合可裁减人员规定而解除与劳动者的劳动合同的；

5）除用人单位维持或者提高劳动合同约定条件续订劳动合同，劳动者不同意续订的情形外，劳动合同期满终止固定期限劳动合同的；

6）以完成一定工作任务为期限的劳动合同因任务完成而终止的；

7）用人单位被依法宣告破产终止劳动合同的；

8）用人单位被吊销营业执照、责令关闭、撤销或者用人单位决定提前解散而终止劳动合同的；

9）法律、行政法规规定解除或终止劳动合同应当向劳动者支付经济补偿的其他情形。

（3）经济补偿的支付标准

经济补偿，一般根据劳动者在用人单位的工作年限和工资标准来计算具体金额，并以货币形式支付给劳动者。

1）经济补偿按劳动者在本单位工作的年限，每满 1 年支付 1 个月工资的标准向劳动者支付。6 个月以上不满 1 年的，按 1 年计算；不满 6 个月的，向劳动者支付半个月工资的经济补偿。

2）劳动者在劳动合同解除或者终止前 12 个月的平均工资低于当地最低工资标准的，按照当地最低工资标准计算。劳动者工作不满 12 个月的，按照实际工作的月数计算平均工资。

3）劳动者月工资高于用人单位所在直辖市、设区的市级人民政府公布的本地区上年度职工月平均工资 3 倍的，向其支付经济补偿的标准按职工月平均工资 3 倍的数额支付，向其支付经济补偿的年限最高不超过 12 年。

14.1.7 劳动争议

1. 劳动争议解决

（1）劳动争议解决概述

劳动争议解决机制是由劳动争议处理机构和相互衔接的争议处理程序共同构成的解决劳动争议的制度体系。我国现行的劳动争议解决体制大致概括为“一调一裁二审”，对部分劳动争议案件实行有限制的“一裁终局”。

（2）劳动争议协商和解制度

发生劳动争议后，劳动者可以与用人单位自行协商和解，也可以请工会或者第三方共同与用人单位协商，达成和解协议。如果协商不成，则可以直接进入劳动争议的法定解决程序。和解协议不具备法律约束力，但对支付工资报酬、加班费、经济补偿或赔偿金等特定事项达成的协议具有法律效力。

（3）劳动争议调解制度

劳动争议调解指的是基层群众组织对发生的劳动争议通过协商，使劳动者和用人单位达成协议，从而解决纠纷的方式。劳动争议调解由基层群众性组织承担。

调解的程序是当事人提出调解申请，调解组织经审查申请后，由调解组织主持召开调解会议，基于事实依法在当事人之间调和。

当事人申请劳动争议调解可以书面申请，也可以口头申请。

调解协议的效力经调解达成协议后，调解协议书对双方当事人具有约束力，当事人应当履行。一方当事人在协议约定期限内不履行调解协议的，另一方当事人可以依法申请仲裁。因支付拖欠劳动报酬、工伤医疗费、经济补偿或者赔偿金事项达成调解协议，用人单位在协议约定期限内不履行的，劳动者可以持调解协议书依法向人民法院申请支付令。

自劳动争议调解组织收到调解申请之日起 15 日内未达成调解协议的，当事人可以依法申请仲裁。

2．劳动争议仲裁

（1）劳动争议仲裁的概念及特点

劳动争议仲裁是指当事人将劳动争议提交劳动争议仲裁委员会，由其对双方的争议进行处理，并做出具有约束力的裁决，从而解决劳动争议的方式。

劳动争议仲裁具有公正性、及时性和强制性的特点。

（2）劳动争议仲裁机构

1）劳动争议仲裁机构包括劳动（人事）争议仲裁委员会及其办事机构、仲裁庭以及仲裁员。劳动争议仲裁委员会由劳动行政部门代表、工会代表和企业方面代表组成，其组成人员应当是单数。

2）案件管辖。劳动争议由劳动合同履行地或者用人单位所在地的劳动争议仲裁委员会管辖；双方当事人分别向劳动合同履行地和用人单位所在地的劳动争议仲裁委员会申请仲裁的，由劳动合同履行地的劳动争议仲裁委员会管辖。

3）受案范围。因确认劳动关系发生的争议；因订立、履行、变更、解除和终止劳动合同发生的争议；因除名、辞退和辞职、离职发生的争议；因工作时间、休息休假、社会保险、福利、培训以及劳动保护发生的争议；因劳动报酬、工伤医疗费、经济补偿或者赔偿金等发生的争议；法律、法规规定的其他劳动争议。

（3）劳动争议申请仲裁的时效

劳动争议申请仲裁的时效期间为 1 年。自当事人知道或者应当知道其权利被侵害之日起计算。当事人申请劳动争议仲裁后，可以自行和解。达成和解协议的，可以撤回仲裁申请。

（4）劳动争议申请仲裁的时效和程序

根据《劳动争议调解仲裁法》《劳动人事争议仲裁办案规则》对仲裁的程序进行了规范，具体程序为：

1）申请和受理。申请人申请仲裁，应当提交书面仲裁申请，并按照被申请人人数提交副本。书写仲裁申请确有困难的，可以口头申请，由劳动争议仲裁委员会记入笔录，经申请人签名或盖章确认；

2）开庭准备。准备工作包括向被申请人送达申请书、向申请人送达答辩书、组成仲裁庭并通知当事人仲裁庭组成情况、告知当事人提出回避申请的权利以及将开庭日期、地点书面通知双方当事人；

3）审理。开庭审理时，仲裁员应当听取申请人的陈述和被申请人的答辩，主持庭审调查、质证和辩论，征询当事人最后意见，并进行调解。

4）裁决。劳动争议仲裁委员会裁决劳动争议案件实行仲裁庭制。仲裁庭由三名仲裁员组成，设首席仲裁员。简单劳动争议案件可以由一名仲裁员独任仲裁。

仲裁庭在做出裁决前，应当先行调解，调解达成协议的，仲裁庭应当制作调解书，调解书经双方当事人签收后，发生法律效力。

调解不成或者调解书送达前，一方当事人反悔的，仲裁庭应当及时做出裁决。仲裁庭裁决劳动争议案件，应当自劳动争议仲裁委员会受理仲裁申请之日起 45 日内结束。自收到仲裁裁决书之日起 15 日内不起诉的，裁决书发生法律效力。

下列劳动争议，除法律另有规定外，仲裁裁决为终局裁决，裁决书自做出之日起发生法律效力。

（1）追索劳动报酬、工伤医疗费、经济补偿或者赔偿金，不超过当地月最低工资标准 12 个月金额的争议。

（2）因执行国家的劳动标准在工作时间、休息休假、社会保险等方面发生的争议。

《中华人民共和国劳动争议调解仲裁法》第五十三条规定："劳动争议仲裁不收费。劳动争议仲裁委员会的经费由财政予以保障。"自 2008 年 5 月 1 日起执行。

3．劳动争议诉讼

劳动争议诉讼指劳动争议当事人不服劳动争议仲裁委员会的裁决，在规定的期限内向人民法院起诉，人民法院依照民事诉讼程序，依法对劳动争议案件进行审理的活动。

劳动争议诉讼是解决劳动争议的最终程序。

用人单位所在地或者劳动合同履行地的基层人民法院享有对劳动争议的诉讼管辖权。在我国劳动争议案件适用民事诉讼的简易程序审理，一般案件适用普通一审程序审理，实行二审终审制。法院审理的对象主要是劳动权利义务。

劳动争议仲裁是人民法院受理劳动争议案件的前提条件，如果不经过劳动争议仲裁委员会的仲裁，法院是不予受理的。

14.1.8 违反劳动合同的法律责任

1．用人单位的法律责任

用人单位直接涉及劳动者切身利益的规章制度违反法律、法规规定的，由劳动行政部门责令改正，给予警告；给劳动者造成损害的，应当承担赔偿责任。

用人单位提供的劳动合同文本未载明劳动合同法规定的劳动合同必备条款或者用人单位未将劳动合同文本交付劳动者的，由劳动行政部门责令改正；给劳动者造成损害的，应当承担赔偿责任。

用人单位自用工之日起超过一个月，不满一年未与劳动者订立书面劳动合同的，应当向劳动者每月支付两倍的工资。

用人单位违反劳动合同法规定不与劳动者订立无固定期限劳动合同的，自应当订立无固定期限劳动合同之日起向劳动者每月支付两倍的工资。

用人单位违反劳动合同法规定与劳动者约定试用期的，由劳动行政部门责令改正；违法约定的试用期已经履行的，由用人单位以劳动者试用期满月工资为标准，按已经履行的超过法定试用期的期间向劳动者支付赔偿金。

用人单位违反劳动合同法规定，扣押劳动者居民身份证等证件的，由劳动行政部门责令限期退还劳动者本人，并依照有关法律规定给予处罚。

用人单位违反劳动合同法规定，以担保或者其他名义向劳动者收取财物的，由劳动行政部门责令限期退还劳动者本人，并以每人五百元以上二千元以下的标准处以罚款；给劳动者造成损害的，应当承担赔偿责任。

用人单位有下列情形之一的，由劳动行政部门责令限期支付劳动报酬、加班费或者经济补偿；劳动报酬低于当地最低工资标准的，应当支付其差额部分；逾期不支付的，责令用人单位按应付金额百分之五十以上百分之一百以下的标准向劳动者加付赔偿金。

（1）未按照劳动合同的约定或者国家规定及时足额支付劳动者劳动报酬的；

（2）低于当地最低工资标准支付劳动者工资的；

（3）安排加班不支付加班费的；

（4）解除或者终止劳动合同，未依照劳动合同法规定向劳动者支付经济补偿的。

劳动合同依照劳动合同法规定被确认无效，给对方造成损害的，有过错的一方应当承担赔偿责任。

用人单位违反劳动合同法规定解除或者终止劳动合同的，应当依照劳动合同法规定的经济补偿标准的两倍向劳动者支付赔偿金。

用人单位违反劳动合同法规定未向劳动者出具解除或者终止劳动合同的书面证明，由劳动行政部门责令改正；给劳动者造成损害的，应当承担赔偿责任。

用人单位招用与其他用人单位尚未解除或者终止劳动合同的劳动者，给其他用人单位造成损失的，应当承担连带赔偿责任。

2. 劳动者的法律责任

劳动者承担赔偿责任的情形主要有：劳动者的过错导致合同无效给用人单位造成损失的；劳动者违反劳动合同法规定解除劳动合同，或者违反劳动合同中约定的保密义务或者竞业限制，给用人单位造成损失的；劳动者尚未与用人单位解除或者终止劳动合同，又与其他用人单位建立劳动关系，给其他用人单位造成损失的等。

3. 劳动行政部门和其他有关主管部门及其工作人员的法律责任

劳动行政部门和其他有关主管部门及其工作人员玩忽职守、不履行法定职责，或者违法行使职权，给劳动者或者用人单位造成损害的，应当承担赔偿责任；对直接负责的主管人员和其他直接责任人员，依法给予行政处分；构成犯罪的，依法追究刑事责任。

4．其他主体的法律责任

（1）劳务派遣单位的法律责任

劳务派遣单位违反劳动合同法规定的，由劳动行政部门和其他有关主管部门责令改正；情节严重的，以每人一千元以上五千元以下的标准处以罚款，并由工商行政管理部门吊销营业执照；给被派遣劳动者造成损害的，劳务派遣单位与用工单位承担连带赔偿责任。

（2）非法用工单位的法律责任

对不具备合法经营资格的用人单位的违法犯罪行为，依法追究法律责任；劳动者已经付出劳动的，该单位或者其出资人应当依照劳动合同法有关规定向劳动者支付劳动报酬、经济补偿、赔偿金；给劳动者造成损害的，应当承担赔偿责任。

（3）发包的组织与个人承包经营者的法律责任

个人承包经营者违反劳动合同法规定招用劳动者，给劳动者造成损害的，发包的组织与个人承包经营者承担连带赔偿责任。

14.2 社会保险及社会保险法

14.2.1 社会保险与社会保险法概述

1．社会保险

（1）社会保险概念界定

社会保险是指国家通过立法强制实行的，由劳动者、企业（雇主）或社区以及国家三方共同筹资，建立保险基金，对劳动者因年老、工伤、疾病、生育、残废、失业、死亡等原因丧失劳动能力或暂时失去工作时，给予劳动者本人或供养直系亲属物质帮助的一种社会保障制度。它具有保障劳动者基本生活、维护社会安定和促进经济发展的作用。社会保险包括养老保险、医疗保险、失业保险、工伤保险和生育保险五个项目。

（2）社会保险特征

社会保险和其他保险经济行为相比较，有以下基本特征：

①社会共济。社会保险在全社会范围内统一筹集资金，建立保险基金，实行互助共济，集合多数人的力量来均衡分担少数人遭遇的社会风险。

②责任分担。社会风险应由全体社会成员共同承担，个人、用人单位、国家都应承担社会保险责任。

③国家干预和主导。社会保险具有强制性，通过立法强制单位和个人参加，政府参与组织社会保险的组织和运作。社会保险是由国家通过立法形式强制实施的一种保障制度。

社会保险与商业保险的区别如下：

第一，保险的性质不同。社会保险是国家为保证劳动者基本生活需要而建立的一项社会保障制度，以实现国家社会政策为宗旨，通过国家立法强制推行。商业保险则是营业性保险，具有以营利为目的的性质。

第二，保险对象不同。社会保险以社会劳动者为保险对象。商业保险的保险对象可以是人，也可以是特定的财产。

第三，保险费来源不同。社会保险的保险费来源国民收入的再分配，由国家、单位和个人共同负担，形成社会保险基金统一调剂使用，为所有的劳动者提供保障。商业保险的保险费完全由投保人承担，保险人对被保险人实行“多投多保、少投少保”的原则。

第四，给付标准不同。社会保险从保障劳动者基本生活出发，主要根据保障需要确定给付标准，而不完全取决于缴费多少。商业保险则按投保人所缴保费的多少和被保险人受损失的程度确定赔偿数额。

第五，管理体制不同。社会保险一般由国家设立专门的社会保险机构统一管理，国家统一规定保险项目、费率和给付标准等，国家对社会保险基金不征税。商业保险是由自主经营的保险公司经营，独立核算，自负盈亏。保险公司属于金融企业，国家对其经营所得征税。

（3）社会保险作用

社会保险的作用具体体现在下几方面。

①防范风险，包括人身风险与工作风险。人身风险又包括年老、疾病、工伤、生育风险，工作风险包括失业风险。社会保险将个人风险转化为社会风险，让社会为个人风险买单，避免个人遭遇风险时因独木难支而陷于困境甚至绝境，保障其生存尊严。

②维稳功能。社会保险是社会稳定的“调节器”，不仅可以使社会成员产生安全感，还能缓解社会矛盾。社会成员的老、弱、病、残、孕以及丧失劳动能力，在任何时代和任何社会制度下都是无法避免的客观现象。社会保险就是当社会成员遇到这种情况时给予适当的补偿以保障其基本生活水平，从而防止不安定因素的出现。

③利于实现社会公平。社会保险可以通过强制征收保险费，设立保险基金，对收入较低或失去收入来源的社会成员给予物质帮助，在一定程度上实现社会的公平分配。

④利于劳动力的再生产。对于那些暂时退出劳动岗位的社会成员，社会保险可以确保其基本的生活需要，使劳动力的供给和再生产成为可能。劳动者在劳动过程中必然会遇到各种意外事件，造成劳动力再生产过程的停顿。而社会保险就是劳动者在遇到上述风险事故时给予必要的经济补偿和生活保障，使劳动力得以恢复。

2. 社会保险法

（1）社会保险法的概念

所谓的社会保险法是指国家通过立法设立社会保险基金，使劳动者在暂时或永久丧失劳动能力以及失业时获得物质帮助和补偿的一种社会保障制度。

（2）我国社会保险法的立法过程

我国的社会保险立法始于 20 世纪 50 年代初期。1951 年，当时的政务院颁布了《中华人民共和国劳动保险条例》，这是我国第一部全国统一的社会保险法律，确立了企业劳动者社会保险体系的基本框架。1954 年《宪法》规定了劳动者的社会保险权。此后，我国的社会保险事业及社会保险立法经历了曲折的发展过程。我国的《劳动法》对社会保险做出了笼统的原则性规定。

2010 年 10 月 28 日，十一届全国人大常委会第十七次会议审议通过了《社会保险法》，国家主席胡锦涛签署第 35 号主席令予以公布，自 2015 年 7 月 1 日起施行。

《社会保险法》对基本养老保险、基本医疗保险、工伤保险、失业保险、生育保险等社会保险做出了较为全面的规定，保障公民在年老、疾病、工伤、失业、生育等情况下依法从国家和社会获得物质帮助的权利，是我国社会保障涵盖面最全面的一部社会保障基本法。

（3）社会保险法出台的意义

《社会保险法》作为一部重要的社会保障法律法规，它的出台和实施具有重要的社会意义。①是深入贯彻落实科学发展观、构建社会主义和谐社会的重大举措。②使中国社会保险制度发展全面进入法制化轨道。③为推动整个人力资源社会保障事业科学发展提供了进一步的法制保障。

14.2.2　社会保险的种类及其内容

《社会保险法》对基本养老保险、基本医疗保险、工伤保险、失业保险、生育保险等社会保险做出了较为全面的规定，保障公民在年老、疾病、工伤、失业、生育等情况下依法从国家和社会获得物质帮助的权利，是我国社会保障涵盖面最全面的一部社会保障基本法。

1．基本养老保险

基本养老保险制度，是指缴费达到法定期限且个人达到法定退休年龄后，国家和社会提供物质帮助以保证年老者稳定、可靠的生活来源的社会保险制度，其目标是实现“老有所养”。基本养老保险制度由三部分组成，即职工基本养老保险制度、新型农村社会养老保险制度、城镇居民社会养老保险制度。基本养老保险包括职工基本养老保险、新型农村社会养老保险和城镇居民社会养老保险。

2．基本医疗保险

基本医疗保险制度，是指按照国家规定缴纳一定比例的医疗保险费，在参保人因患病和意外伤害而发生医疗费用后，由医疗保险基金支付其医疗保险待遇的社会保险制度，其目标是实现“病有所医”。基本医疗保险制度由三部分组成，即职工基本医疗保险制度、新型农村合作医疗制度和城镇居民基本医疗保险制度。

3．工伤保险

工伤保险制度，是指由用人单位缴纳工伤保险费，对劳动者因工作原因遭受意外伤害或者职业病，从而造成死亡、暂时或者永久丧失劳动能力时，给予职工及其相关人员工伤保险待遇的一项社会保险制度。

4．失业保险

失业保险制度，是指国家为失业而暂时失去工资收入的社会成员提供物质帮助，以保障失业人员的基本生活，维持劳动力的再生产，为失业人员重新就业创造条件的一项社会保险制度。

5．生育保险

生育保险制度，是指由用人单位缴纳保险费，其职工或者职工未就业配偶按照国家规定享受生育保险待遇的一项社会保险制度。

相关案例

生育医疗费用待遇一人缴费夫妻共享

小李和小张高中毕业后一起考到了北京的一所大学，在大学时代成了情侣。两个人毕业后都留在了北京工作，并且结了婚。但是小李没有找到能够解决户口的单位。工作了几年小李的单位都没有办法为其缴纳生育保险，因为目前北京没有为外地女职工缴纳生育保险的规定。因为担心高额的生育费用无法报销，小李和小张一直都不敢生育。现在他们所盼望的就是哪一天小李的单位能够给她缴纳了生育保险，那样他们就能够生下自己的宝宝。

其实《社会保险法》规定，职工应当参加生育保险，由用人单位按国家规定缴纳生育保险费，职工不缴纳生育保险费。用人单位已缴纳生育保险费的，其职工享受生育保险待遇；职工未就业配偶按国家规定享受生育医疗费用待遇。所需资金从生育保险基金中支付。生育保险待遇包括生育医疗费用和生育津贴。该条规定将未就业的职工配偶纳入生育保险，改变了原有生育保险只保参保人员的做法，充分体现我国社会保障制度是要保障公民在年老、患病、工伤、失业、生育等情况下依法获得物质帮助权利的建制本意。在本案中，小张和小李的担心显然是多余的。

14.2.3 社会保险费征缴

1．社会保险费的征收部门

《社会保险费征缴暂行条例》第六条规定，社会保险费实行集中、统一征收。社会保险费的征收机构由省、自治区、直辖市人民政府规定，可以由税务机关征收，也可以由社会保险经办机构征收。所谓统一征收是指在一个统筹地区内，由一个机构负责全部五项社会保险费的征收。

社会保险费的征收部门必须依法、按时、足额征收，并在征收时履行告知义务。

2．于个人社会保险登记的规定

（1）职工由用人单位代为办理个人社会保险登记

用人单位应自用工之日起 30 日内为其职工向社保经办机构申请办理社会保险登记。用人单位未办理社保登记的，由社保经办机构核定其应当缴纳的社会保险费，这是本法的新规定，对此，《社会保险费征缴暂行条例》只规定了罚款。实践中，社保经办机构可以通过查阅用人单位职工名册、工资表等资料，获取该用人单位有关职工人数、工资总额等数据，核定其应当缴纳的社会保险费。

（2）灵活就业人员自行办理个人社会保险登记

自愿参加社会保险的无雇工的个体工商户、未在用人单位参加社会保险的非全日制从业人员以及其他灵活就业人员，应当自行办理社会保险登记。

（3）个人社会保障号

个人社会保障号即公民身份号码，亦即身份证号码，由 18 位数字组成，前 6 位为行政区域代码，第 7～14 位为出生日期码，第 15～17 位为顺序码，第 18 位为校验码。

3．参保主体缴纳社会保险费的规定

（1）用人单位缴费

用人单位应当根据职工人数和缴费工资基数增减变化等情况，在每月规定日期前，向社会保险费征收机构报送社会保险费申报表、代扣代缴明细表以及其他有关资料。在完成自行申报后，用人单位应当按申报的数额按时足额缴纳社会保险费。

社会保险费非因不可抗力等法定事由不得缓缴、减免。所谓不可抗力是指因自然灾害、战争、经济危机等不能避免和控制的因素造成用人单位无法按时足额缴纳社会保险费。如果用人单位因为经营不善、管理混乱等自身原因导致无法按时足额缴纳社会保险费的，不得缓缴、减免。

（2）职工缴费

职工个人应当缴纳的社会保险费由用人单位代扣代缴，用人单位应当按月将缴纳社会保险费的明细情况告知职工本人。代扣代缴是用人单位的法定义务，用人单位不得拒绝代扣代缴，也不得转由职工自行缴纳。同样，缴纳社会保险费也是职工的法定义务，职工不得拒绝用人单位依法代扣代缴社会保险费。

（3）灵活就业人员缴费

灵活就业人员，可以直接向社会保险费征收机构缴纳社会保险费。灵活就业人员缴纳社会保险费应当按照国家规定的标准，根据自己的收入水平量力而行，同样需具备连续性、长期性。

4．用人单位未按时足额缴纳社会保险费的情形

（1）责令限期缴纳或者补足

用人单位未按时足额缴纳社会保险费的，社会保险费征收机构首先应当责令其限期缴纳或者补足。由用人单位自己改正违法行为，履行法定义务，是社会成本最小的处理方式。征收机构不能随意省略这一程序，剥夺用人单位自己改正的机会。

（2）查询存款账户

社会保险费征收机构责令用人单位限期缴纳或者补足社会保险费，用人单位逾期仍未执行的，征收机构可以向银行和其他金融机构查询用人单位的存款账户。对于社会保险费征收机构依法进行的查询，银行和其他金融机构应当予以配合，及时提供用人单位存款账户信息，不得拒绝、拖延。

（3）申请有关部门划拨社会保险费

经查询，用人单位在银行和其他金融机构的存款账户有余额的，社会保险费征收机构可以申请县级以上有关行政部门做出划拨社会保险费的决定，书面通知其开户银行或者其他金融机构划拨社会保险费。

对剩余的社会保险费，征收机构可以要求该用人单位提供担保，签订延期缴费协议。用人单位在延期缴费协议规定的期限内未履行缴纳社会保险费义务的，征收机构可以根据延期缴费协议的规定，对用人单位用于担保的财产依法进行处置，以处置所得抵缴社会保险费。

（4）申请人民法院扣押、查封、拍卖

用人单位未足额缴纳社会保险费且未提供担保的，社会保险费征收机构可以申请人民法院启动强制执行程序。人民法院经审查认为符合条件的，可以做出扣押、查封决定，将用人单位相当于应缴社会保险费的财产予以扣押、查封，并可以将扣押、查封的财产依法进行拍卖，以拍卖所得抵缴社会保险费。

14.2.4 社会保险基金

1．社会保险基金的类别

按照一个社会保险险种设立一个独立基金的原则，分别有职工基本养老保险基金、职工基本医疗保险基金、工伤保险基金、失业保险基金和生育保险基金。

2．社保基金的财务规则

（1）分别建账、分账核算

各项社会保险在保险目的、覆盖人群、筹资模式、运行模式、支付项目等方面不尽相同，应彼此保持相对独立性，分别建立账户，分别设置会计科目和编制会计报表，原则上

不允许各社保基金之间调剂使用。

（2）执行统一的会计制度

社保基金关系到巨额资金，必须规范财务行为，执行统一的会计制度，规范基金收支行为，才能使社保基金的运行情况让人一目了然，从而更好地接受监督和检查，也能切实加强对社保基金的管理，维护参保人的合法权益。

（3）专款专用

社保经办机构、社保行政主管部门乃至各级人民政府及其工作人员，都不得违反社保基金专款专用的基本原则。社保基金主要用于社会保险待遇支出，除了有关国家规定的支持项目外，一律不得支出。除了依照法律法规规定作一定的投资运行外，不得挪作他用，更不得侵占。

3．社保基金的统筹层次

社保基金的统筹层次越高，基金的规模和调剂使用的范围就越大。社保基金统筹层次低是我国社保制度存在的突出问题之一。目前，除基本养老保险基金多数地方做到省级统筹外，其他四项社保基金的统筹层次很多还处于县市一级，全国共有一万多个相对独立的社保基金，背离了社会共济的社保基本原则。

提高统筹层次，可以整合机构，发挥整体优势，降低运行成本。但提高统筹层次不是要实行一个待遇标准，在一个省内经济发展水平不同地区之间的待遇标准可以有所差异。提高社保基金的统筹层次存在客观障碍，最大的障碍来自财政分灶吃饭问题，一旦提高统筹层次，必然会上收基金收入，形成“富帮穷”，一些基金结余较多的地方会有抵触情绪。

14.3　社会保险经办与监督

1．社保经办机构的设置及经费保障

（1）社保经办机构的设置

我国对社会保险工作机构实行政事分开原则，社会保险行政部门主要负责社会保险有关法规、政策的制定；社保经办机构依据法律法规的授权和社会保险行政部门的委托，负责贯彻实施国家有关社会保险的法规、政策，承办具体业务管理服务工作。目前，我国的社保经办机构是人力资源和社会保障部门所属的全额拨款事业单位，分为中央、省、市、县四级。社保经办机构在各地区一般以“社会保险基金管理中心”的名目出现。社保经办机构的设立，由统筹地区根据工作需要设立，不按照行政区划层层设立。

（2）社会保险经办机构的主要职责

社会保险经办机构的主要职责主要包括：负责办理社会保险登记；负责社会保险费核定并确定用人单位缴纳工伤保险费的费率；负责建立管理用人单位社会保险档案，保管缴费数据和申报、支付或结算凭证等；负责建立管理参保人员缴费记录和社会保险待遇权益

记录；负责审核支付社会保险待遇；负责提供社会保险查询、咨询等相关服务；负责定期向社会公布参加社会保险情况以及社会保险基金的收入、支出、结余和收益情况；定期向社会保险监督委员会汇报社会保险基金的收支、管理和投资运营情况；负责与医疗机构、药品经营单位签订服务协议，规范医疗服务行为；负责受理社会保险的举报、投诉。

（3）社保经办机构的经费保障

我国社保基金实行收支两条线管理，社保经办机构不得从社保基金中提取任何费用，所需经费列入财政预算拨付。

2. 社保经办机构的管理制度

（1）建立健全业务管理制度

1997年，劳动部印发了《社会保险业务管理程序》，这是第一个社会保险经办规程。之后，劳动和社会保障部陆续颁布了《城镇职工基本医疗保险业务管理规定》《关于城镇居民基本医疗保险经办管理服务工作的意见》《基本养老保险经办业务规程（试行）》《工伤保险经办业务规程（试行）》等规定，社会保险业务管理制度日趋健全。

（2）建立健全财务管理制度

1999年6月15日，财政部和原劳动和社会保障部联合下发了《社会保险基金财务制度》，对社保基金的基本财务制度做出了规定，如收支两条线、专款专用等制度。同年6月21日，财政部颁布了《社会保险基金会计制度》，规定社保基金的会计核算应当正确划分会计期间，分期结算账目和编制会计报表；采用收付实现制，会计记账采用借贷记账法；会计处理方法前后期应当一致，会计指标应当口径一致，不得随意变更；各社保基金应分别设置会计科目，编制会计报表。

（3）建立健全安全和风险管理制度

2007年1月17日，原劳动和社会保障部颁布了《社会保险经办机构内部控制暂行办法》，所谓“内部控制”，是指各社保经办机构对系统内部职能部门及其工作人员从事社会保险管理服务工作及业务行为进行规范、监控和评价的方法、程序、措施的总称。内部控制由组织机构控制、业务运行控制、基金财务控制、信息系统控制等组成。内部控制的目标是在全系统内建立一个运作规范、管理科学、监控有效、考评严格的内部控制体系，对社会保险机构各项业务、各个环节进行全程监督，提高社会保险政策法规和各项规章制度的执行力，保证社保基金的安全完整，维护参保者的合法权益。

3. 支付社保待遇的职责

社保待遇支出是指按规定支付给社会保险对象的基本养老保险待遇支出（包括基本养老金、医疗补助、丧葬补助金、抚恤金）、基本医疗保险待遇支出（包括按规定分别形成社会统筹医疗保险待遇支出和个人账户医疗保险待遇支出）、失业保险待遇支出（包括失业保险金、医疗补助金、丧葬补助金、抚恤金、职业培训和职业介绍补贴、国有企业下岗职工基本生活保障补助和其他费用）、工伤保险待遇支出（包括治疗工伤的医疗费用和康复费用等九项费用）和生育保险待遇支出（包括生育医疗费用和生育津贴）。

《社会保险基金财务制度》规定，不按时、按规定标准支付社保待遇的有关款项，属于违纪或违法行为。个人对社保经办机构不支付社保待遇的行为，可以依法申请行政复议或提起行政诉讼。

4．社保经办机构获取社保数据、建立档案和权益记录

（1）获取社保数据

社会保险工作数据包括社会保险登记情况、用人单位和参保人员缴费记录、参保人员享受待遇记录、社保基金的收支情况等。社保数据是经办社会保险业务必须的基础情况，社保经办机构通过业务经办、统计、调查等手段获取这些数据。当社保经办机构向有关单位和个人进行调查时，有关单位和个人应及时、如实提供信息。

（2）建立用人单位社保档案

社保经办机构对社会保险业务的原始资料以及办理过程中涉及的相关资料，按照档案管理规定，及时留存、归档、立卷、保管，由此建立的档案称为“社会保险业务档案”。社保档案包括社保经办机构在办理社会保险业务过程中，直接形成的具有保存和利用价值的专业性文字材料、电子文档、图表、声像等不同载体的历史记录。2009 年 7 月 23 日，人力资源和社会保障部与国家档案局联合发布了《社会保险业务档案管理规定（试行）》。

（3）个人权益记录

参保人员个人权益记录是参保人员缴费和享受社保待遇的证明，社保经办机构应当及时、完整、正确地记录参加社会保险的个人缴费和用人单位为其缴费，以及享受社保待遇等权益情况，并定期将个人权益记录单免费寄送本人。

（4）查询、核对社保权益记录

对参保人员的权益进行记录，并提供社会保险咨询服务时社保经办机构的服务内容之一，明确将权益记录和咨询服务定为社保经办机构的法定义务，同时也是用人单位和参保人员的法定权利。这里需要强调三点：一是用人单位和参保人员既能查询权益记录，也有权核对权益记录；二是查询和核对是免费的，社保经办机构不得向用人单位和个人收取费用，相应的成本作为运行成本由财政负担；三是随时都可以查询和核对，只要在正常工作时间内，且没有特殊情况的，均可以查询和核对。

5．社会保险的监督

（1）各级人大常委会实施社会保险监督的规定

各级人大常委会实施社会保险监督的方式有听取政府专项工作报告；组织对本法实施情况的监督检查；其他监督方式等。

（2）社会保险行政部门的监督

国务院社会保险行政部门即人力资源和社会保障部对全国范围内用人单位和个人遵

守社会保险法律、法规的情况进行监督检查。县级以上地方政府社会保险行政部门对本行政区域内的用人单位和个人遵守社会保险法律、法规的情况进行监督检查。

社会保险法律、法规，除《社会保险法》外，还包括《工伤保险条例》《失业保险条例》《社会保险费征缴暂行条例》等。

用人单位和个人遵守社会保险法律、法规的情况主要包括以下几个方面：职工是否依法参加社会保险；用人单位是否依法缴纳社会保险费；职工是否依法享受社会保险待遇。

（3）财政监督

财政部门对社保基金收支、管理和投资运营情况实施监督主要是指财政部门负责拟定社保基金的财务管理制度，组织实施对社保基金收支、管理和投资运营的财政监督。

（4）审计监督

审计监督是指审计机关依法独立检查被审计单位的会计凭证、会计账簿、财务会计报告以及其他与财政收支、财务收支有关的资料和资产，监督财政收支、财务收支真实、合法和效益的行为，属于行政机关内部监督中的一种专门监督形式。审计机关对审计事项做出客观公正的评价，并提出审议报告。审计机关对社保基金的财务收支进行审计监督，即按照国家财务会计制度的规定，对社保基金实行会计核算的各项收入和支出进行审计。

案例分析

2012年7月，刘某大学毕业后与北京某公司签订了为期5年的劳动合同。1年后，公司选送他到上海某专业培训机构进行培训，并约定刘某在培训结束后为公司服务5年，如果提前解除合同，刘某应当承担违约金5万元。在上海培训后刘某即回到北京公司工作。2017年7月，双方的劳动合同期限届满，刘某提出不再续签。公司认为，虽然劳动合同期届满，但是双方培训协议还没有到期，刘某应当续签劳动合同至服务期满，否则应当向公司支付违约金。而刘某认为，续签劳动合同应当本着平等自愿、协商一致的原则，公司无权强迫；另外，培训协议是从属于劳动合同的，现在劳动合同到期，双方劳动关系终止，培训协议也应随之终止。因此，自己没有违约，不需要向公司支付违约金。

问题：本案中双方争执的焦点是什么。

分析：本案中刘某的劳动合同先于培训协议到期，公司要求刘某按照服务期限续签劳动合同或者按照培训期协议承担违约责任并无不当。刘某应当继续履行劳动合同至服务期满，或者承担服务期尚未履行部分应当分摊的培训费用。

本章小结

重点概念

劳动合同　劳动者　用工单位　社会保险　基本养老保险　基本医疗保险　工伤保险　失业保险

知识点

（1）劳动合同。劳动合同，又称劳动契约、劳动协议，是指劳动者与用人单位之间确立劳动关系，明确双方权利和义务的书面协议。

（2）劳动合同的订立。劳动合同的订立必须遵循合法、公平、平等自愿、协商一致、诚实信用原则。根据我国《劳动合同法》的规定，我国劳动合同以劳动期限为标准划分，主要分为固定期限劳动合同、无固定期限劳动合同、以完成一定工作任务为期限的劳动合同。

（3）劳动合同的内容。劳动合同的内容可分为必备条款和约定条款。必备条款是劳动合同一般应当具有的条款；约定条款是当事人可以选择适用的条款。

（4）劳动合同的效力。劳动合同的效力根据效力的有无，可分为劳动合同的生效和劳动合同的无效。

（5）社会保险。社会保险是指国家通过立法强制实行的，由劳动者、企业（雇主）或社区，以及国家三方共同筹资，建立保险基金，对劳动者因年老、工伤、疾病、生育、残废、失业、死亡等原因丧失劳动能力或暂时失去工作时，给予劳动者本人或供养直系亲属物质帮助的一种社会保障制度。它具有保障劳动者基本生活、维护社会安定和促进经济发展的作用。社会保险包括养老保险、医疗保险、失业保险、工伤保险和生育保险五个项目。

复习思考题

（1）劳动合的概念与特征有哪些？

（2）劳动合同的订立要求有哪些？

（3）劳动合同的内容有哪些？

（4）社会保险的内容有哪些？

第 15 章　经济仲裁与经济诉讼

本章学习目标

- 了解仲裁法的基本原则；
- 掌握仲裁协议的内容、仲裁的程序；
- 掌握经济案件的诉讼管辖；
- 了解经济案件的诉讼程序。

15.1　经济仲裁

15.1.1　仲裁法概述

1．仲裁和仲裁法

“仲裁”这一名词来自西方法律制度，“仲”的本意为“在中间的”，“裁”的含义为“决定、判断”。我国于 1994 年 8 月 31 日公布了《中华人民共和国仲裁法》（以下简称《仲裁法》），1995 年 9 月 1 日起施行。根据我国《仲裁法》的规定，我国仲裁是指平等主体的双方当事人依法自愿达成协议，将经济纠纷提交给仲裁机构进行裁决，从而解决纠纷的一种法律制度。仲裁属于非诉讼法律制度，由仲裁委员会依法受理仲裁事项。根据我国《仲裁法》的规定，仲裁委员会既不是司法机关，也不是行政机关。它是具有民间性质的解决争议的机构。同时，《仲裁法》赋予仲裁裁决以申请强制执行力，使得仲裁有国家强制力为后盾。仲裁制度为保证公正、及时地仲裁经济纠纷，保护当事人的合法权益，保障社会主义市场经济健康发展，发挥着其他法律制度所不可比拟的重要作用。

经济纠纷包括合同纠纷和其他财产权益纠纷。除了《仲裁法》之外，有关仲裁的规定还出现在其他法律法规中，如《中华人民共和国民事诉讼法》《中华人民共和国合同法》等国内法律。另外，在国际公约和国家间订立的互助协定中也有关于仲裁的规定。我们通常将《仲裁法》称为狭义上的仲裁法，将其他包含仲裁内容的法律法规称为广义上的仲裁法。

2．仲裁法的基本原则

（1）自愿仲裁原则。自愿原则是指双方当事人应当基于真实的意思表示，达成协议，选择仲裁、决定仲裁事项和程序的原则。根据《仲裁法》的规定：当事人采用仲裁方式解决纠纷，应当双方自愿，达成仲裁协议。没有仲裁协议，一方申请仲裁的，仲裁委员会不予受理。当事人达成仲裁协议，一方向人民法院起诉的，人民法院不予受理，但仲裁协议无效的除外。仲裁委员会应当由当事人协议选定。仲裁不实行级别管辖和地域管辖。当事人可以选择仲裁机构和仲裁员、约定仲裁事项、仲裁庭组成形式、开庭形式和审理方式等，任何机关、组织和个人都不得强迫当事人进行仲裁。

（2）以事实为根据、符合法律规定、公平合理解决纠纷的原则。以事实为根据，是指仲裁机构在审理过程中应当全面、深入地查清案件真实情况，查明客观事实，分清是非，明确责任，依法做出正确裁决。符合法律规定，是指仲裁庭审理案件时，应当按照法定程序审理案件，在查明事实真相的基础上，确定并适用有关实体法，以认定当事人之间的权利义务关系，做出裁决。公平合理解决纠纷，是指仲裁庭应当依法以第三人的立场，依照事实和有关法律，做出正确裁决，以维护当事人的合法权益。这是当事人进行仲裁的要求和最终目的。

（3）独立仲裁原则。仲裁依法独立进行，不受行政机关、社会团体和个人的干涉。这一点表现在仲裁委员会独立于行政机关，与行政机关没有隶属关系，仲裁委员会之间也没有隶属关系。此外，仲裁庭和仲裁员审理仲裁案件应独立进行，不受其他机关、社会团体和个人的干涉。

3．仲裁法的适用范围

根据《仲裁法》规定，平等主体的公民、法人和其他组织之间发生的合同纠纷和其他财产权益纠纷可以仲裁。但是，下列纠纷不能仲裁：婚姻、收养、监护、扶养、继承纠纷；依法应当由行政机关处理的行政争议。此外，由于劳动争议和农业集体经济组织内部的农业承包合同纠纷在仲裁原则、程序等方面有自己的特点，因此也不适用《仲裁法》。

15.1.2　仲裁委员会与仲裁协会

1．仲裁委员会

仲裁委员会是受理仲裁案件的机构。我国《仲裁法》规定，仲裁委员会可以在直辖市和省、自治区人民政府所在地的市设立，也可以根据需要在其他设区的市设立，不按行政区划层层设立。由该市人民政府组织有关部门和商会统一组建。设立仲裁委员会，应当经省、自治区、直辖市的司法行政部门登记。仲裁委员会应当制定符合仲裁规定的章程。

仲裁委员会应当具备下列条件：① 有自己的名称、住所和章程；② 有必要的财产；③ 有该委员会的组成人员；④ 有聘任的仲裁员。

仲裁委员会由主任 1 人、副主任 2~4 人和委员 7~11 人组成。仲裁委员会的主任、副主任和委员由法律、经济贸易专家和有实际工作经验的人员担任。仲裁委员会的组成人员中，法律、经济贸易专家不得少于 2/3。

2．仲裁员

（1）仲裁员的条件。仲裁员的法定条件包括以下两个方面。首先，符合品德条件。仲裁委员会应当从公道正派的人员中聘任仲裁员。仲裁员应当守法、公正，作风正派，能够严格要求自己，真正做到依据法律和事实解决争议。其次，符合业务条件。仲裁员应当符合下列条件之一：① 从事仲裁工作满 8 年的；② 从事律师工作满 8 年的；③ 曾任审判员满 8 年的；④ 从事法律研究、教学工作并具有高级职称的；⑤ 具有法律知识、从事经济贸易等专业工作并具有高级职称或者具有同等专业水平的。

（2）仲裁员的聘任方式。我国仲裁员采用聘任制，仲裁员由仲裁委员会聘任。仲裁委员会主任会议提出仲裁员名单，经仲裁委员会会议审议通过，凡审议通过并经受聘者同意的，由仲裁委员会聘任并发给聘书。仲裁员聘任期限为 3 年，期满后可以继续聘任。仲裁委员会按照不同专业设仲裁员名册。仲裁员名册的专业划分可以包括合同、房地产、证券、物价、商事、海事和知识产权等。

3．仲裁协会

中国仲裁协会是社会团体法人。仲裁委员会是中国仲裁协会的会员。中国仲裁协会的章程由全国会员大会制定。中国仲裁协会是仲裁委员会的自律性组织，根据章程对仲裁委员会及其组成人员、仲裁员的违纪行为进行监督。中国仲裁协会依照仲裁法和民事诉讼法的有关规定制定仲裁规则。

15.1.3 仲裁协议

1．仲裁协议的概念和内容

仲裁协议是当事人双方自愿将他们之间可能发生的或已经发生的争议提请仲裁机构予以裁决的意思表示，是申请仲裁的重要依据。仲裁协议包括合同中订立的仲裁条款和以其他书面方式在纠纷发生前或者纠纷发生后达成的请求仲裁的协议。仲裁协议应当具有下列内容：

（1）请求仲裁的意思表示。请求仲裁的意思表示是仲裁协议的首要内容，因为当事人以仲裁方式解决纠纷的意愿正是通过仲裁协议中的这一项体现出来的。

（2）仲裁事项。即当事人约定的将何种争议提交仲裁庭的范围。

（3）选定的仲裁委员会。由于仲裁实行协议管辖原则，所以当事人必须选定具体的仲裁委员会，否则仲裁就无法进行。仲裁协议对仲裁事项或者仲裁委员会没有约定或者约定不明确的，当事人可以补充协议；达不成补充协议的，仲裁协议无效。

2. 仲裁协议的效力

仲裁协议独立存在，合同的变更、解除、终止或者无效，不影响仲裁协议的效力。仲裁庭有权确认合同的效力。当事人对仲裁协议的效力有异议的，可以请求仲裁委员会做出决定或者请求人民法院做出裁定。一方请求仲裁委员会做出决定，另一方请求人民法院做出裁定的，由人民法院裁定。当事人对仲裁协议的效力有异议，应当在仲裁庭首次开庭前提出。有下列情形之一的，仲裁协议无效：① 约定的仲裁事项超出法律规定的仲裁范围的；② 无民事行为能力人或者限制民事行为能力人订立的仲裁协议；③ 一方采取胁迫手段，迫使对方订立仲裁协议的。

15.1.4　仲裁程序

1. 仲裁的申请和受理

（1）仲裁的申请。仲裁程序一般由当事人申请仲裁开始。对当事人的申请，仲裁委员会应当进行审查，符合受理条件的，依法受理，仲裁程序开始；不符合受理条件的，不予受理。根据仲裁法的规定，当事人申请仲裁应当符合下列条件：① 有仲裁协议；② 有具体的仲裁请求和事实、理由；③ 属于仲裁委员会的受理范围。

当事人申请仲裁，应当向仲裁委员会递交仲裁协议、仲裁申请书及副本。仲裁申请书应当载明下列事项：① 当事人的姓名、性别、年龄、职业、工作单位和住所，法人或者其他组织的名称、住所和法定代表人或者主要负责人的姓名、职务；② 仲裁请求和所根据的事实、理由；③ 证据和证据来源、证人姓名和住所。

（2）仲裁的受理。仲裁委员会收到仲裁申请书之日起五日内，认为符合受理条件的，应当受理，并通知当事人；认为不符合受理条件的，应当书面通知当事人不予受理，并说明理由。仲裁申请书内容有欠缺的，应当给予一定的期限补正，再予以审查，决定是否受理。

仲裁委员会受理仲裁申请后，应当在仲裁规则规定的期限内将仲裁规则和仲裁员名册送达申请人，并将仲裁申请书副本和仲裁规则、仲裁员名册送达被申请人。被申请人收到仲裁申请书副本后，应当在仲裁规则规定的期限内向仲裁委员会提交答辩书。仲裁委员会收到答辩书后，应当在仲裁规则规定的期限内将答辩书副本送达申请人。被申请人未提交答辩书的，不影响仲裁程序的进行。申请人可以放弃或者变更仲裁请求。被申请人可以承认或者反驳仲裁请求，有权提出反请求。

2. 仲裁庭的组成

仲裁庭是指依照仲裁程序审理仲裁案件并做出仲裁裁决的仲裁组织。仲裁庭可以由 3 名仲裁员或者 1 名仲裁员组成，分别称为合议制仲裁庭和独任制仲裁庭。由 3 名仲裁员组成的，设首席仲裁员。当事人约定由 3 名仲裁员组成仲裁庭的，应当各自选定或者各自委托仲裁委员会主任指定1名仲裁员，第3名仲裁员由当事人共同选定或者共同委托仲裁委员会主任指定。第3名仲裁员是首席仲裁员。当事人约定由1名仲裁员成立仲裁庭的，应当由当事人共同选定或者共同委托仲裁委员会主任指定仲裁员。当事人没有在仲裁规则规定的期限内约定仲裁庭的组成方式或者选定仲裁员的，由仲裁委员会主任指定。仲裁庭组成后，仲裁委员会应当将仲裁庭的组成情况书面通知当事人。

仲裁员有下列情形之一的，必须回避，当事人也有权提出回避申请：① 是本案当事人或者当事人、代理人的近亲属；② 与本案有利害关系；③ 与本案当事人、代理人有其他关系，可能影响公正仲裁的；④ 私自会见当事人、代理人，或者接受当事人、代理人的请客送礼的。当事人提出回避申请，应当说明理由，在首次开庭前提出。回避事由在首次开庭后知道的，可以在最后一次开庭终结前提出。仲裁员是否回避，由仲裁委员会主任决定；仲裁委员会主任担任仲裁员时，由仲裁委员会集体决定。仲裁员因回避或者其他原因不能履行职责的，应当依照本法规定重新选定或者指定仲裁员。因回避而重新选定或者指定仲裁员后，当事人可以请求已进行的仲裁程序重新进行，是否准许，由仲裁庭决定；仲裁庭也可以自行决定已进行的仲裁程序是否重新进行。

3. 开庭和裁决

（1）开庭。仲裁庭应当开庭进行。当事人协议不开庭的，仲裁庭可以根据仲裁申请书、答辩书以及其他材料做出裁决。仲裁不公开进行。当事人协议公开的，可以公开进行，但涉及国家秘密的除外。仲裁委员会应当在仲裁规则规定的期限内将开庭日期通知双方当事人。当事人有正当理由的，可以在仲裁规则规定的期限内请求延期开庭。是否延期，由仲裁庭决定。申请人经书面通知，无正当理由不到庭或者未经仲裁庭许可中途退庭的，可以缺席裁决。当事人应当对自己的主张提供证据。仲裁庭认为有必要收集的证据，可以自行收集。仲裁庭对专门性问题认为需要鉴定的，可以交由当事人约定的鉴定部门鉴定，也可以由仲裁庭指定的鉴定部门鉴定。根据当事人的请求或者仲裁庭的要求，鉴定部门应当派鉴定人参加开庭。当事人经仲裁庭许可，可以向鉴定人提问。证据应当在开庭时出示，当事人可以质证。在证据可能灭失或者以后难以取得的情况下，当事人可以申请证据保全。当事人申请证据保全的，仲裁委员会应当将当事人的申请提交给证据所在地的基层人民法院。

当事人在仲裁过程中有权进行辩论。辩论终结时，首席仲裁员或者独任仲裁员应当征询当事人的最后意见。仲裁庭应当将开庭情况记入笔录。当事人和其他仲裁参与人认为对自己陈述的记录有遗漏或者差错的，有权申请补正。如果不予补正，应当记录该申请。笔录由仲裁员、记录人员、当事人和其他仲裁参与人签名或者盖章。

当事人申请仲裁后，可以自行和解。达成和解协议的，可以请求仲裁庭根据和解协议做出裁决书，也可以撤回仲裁申请。当事人达成和解协议，撤回仲裁申请后反悔的，可以根据仲裁协议申请仲裁。仲裁庭在做出裁决前，可以先行调解。当事人自愿调解的，仲裁庭应当调解。调解达成协议的，仲裁庭应当制作调解书或者根据协议的结果制作裁决书。调解书与裁决书具有同等法律效力。调解书应当写明仲裁请求和当事人协议的结果。调解书由仲裁员签名，加盖仲裁委员会印章，送达双方当事人。调解书经双方当事人签收后，即发生法律效力。

（2）裁决。对调解不成的或在调解书签收前当事人反悔的，应当及时做出裁决。裁决应当按照多数仲裁员的意见做出，少数仲裁员的不同意见可以记入笔录。仲裁庭不能形成多数意见时，裁决应当按照首席仲裁员的意见做出。裁决书应当写明仲裁请求、争议事实、裁决理由、裁决结果、仲裁费用的负担和裁决日期。当事人协议不愿写明争议事实和裁决理由的，可以不写。裁决书由仲裁员签名，加盖仲裁委员会印章。对裁决持不同意见的仲裁员，可以签名，也可以不签名。仲裁庭仲裁纠纷时，其中一部分事实已经清楚，可以就该部分先行裁决。对裁决书中的文字、计算错误或者仲裁庭已经裁决但在裁决书中遗漏的事项，仲裁庭应当补正；当事人自收到裁决书之日起三十日内，可以请求仲裁庭补正。裁决书自做出之日起发生法律效力。

15.1.5 仲裁监督

根据《仲裁法》的规定，仲裁实行一裁终局的制度。仲裁委员会不能实行仲裁的自我监督，而由人民法院作为仲裁的监督机构，实行司法监督。主要体现在以下 3 个方面。

1. 撤销仲裁裁决

当事人提出证据证明裁决有下列情形之一的，可以向仲裁委员会所在地的中级人民法院申请撤销裁决：① 没有仲裁协议的；② 裁决的事项不属于仲裁协议的范围或者仲裁委员会无权仲裁的；③ 仲裁庭的组成或者仲裁的程序违反法定程序的；④ 裁决所根据证据是伪造的；⑤ 对方当事人隐瞒了足以影响公正裁决的证据的；⑥ 仲裁员在仲裁该案时有索贿受贿、徇私舞弊、枉法裁决行为的。人民法院经组成合议庭审查核实裁决有上述情形之一的，应当裁定撤销。人民法院认定该裁决违背社会公共利益的，应当裁定撤销的。

2. 通知仲裁庭重新仲裁

人民法院受理撤销裁决的申请后，认为可以由仲裁庭重新仲裁的，通知仲裁庭在一定期限内重新仲裁，并裁定中止撤销程序。仲裁庭拒绝重新仲裁的，人民法院应当裁定恢复撤销程序。

3. 裁决不予执行

当事人可以依照民事诉讼法有关规定向人民法院申请执行。受申请的人民法院应当执行。一方当事人申请执行裁决，另一方当事人申请撤销裁决的，人民法院应当裁定中止执行。被申请人提出证据证明裁决有上述法定不予执行的情形之一的，经人民法院组成合议庭审查核实，裁定不予执行。人民法院裁定撤销裁决的，应当裁定终结执行。撤销裁决的申请被裁定驳回的，人民法院应当裁定恢复执行。

15.2 经济诉讼

15.2.1 经济诉讼概述

诉讼是国家司法机关在当事人和其他诉讼参与人的参加下，依照法定程序处理案件的活动。诉讼按其所解决的内容不同，可分为刑事诉讼、民事诉讼和行政诉讼。由于我国目前尚未有专门的、称之为经济诉讼法的程序法，解决经济纠纷案件所适用的程序法主要是1991年4月9日由第七届全国人民代表大会第四次会议通过的《中华人民共和国民事诉讼法》（以下简称《民事诉讼法》）。

15.2.2 经济案件的收案范围与诉讼管辖

人民法院受理公民之间、法人之间、其他组织之间以及他们相互之间因财产关系和人身关系提起的民事诉讼。

诉讼管辖是指各级人民法院和同级人民法院之间受理第一审民事案件的分工和权限。案件中的管辖是诉讼中首先遇到的问题。根据《民事诉讼法》的规定，管辖主要可以归纳为级别管辖、地域管辖、移送管辖和指定管辖。

1. 级别管辖

级别管辖是指划分上下级人民法院之间受理第一审民事案件的分工和权限。我国人民法院分为四级，即基层人民法院、中级人民法院、高级人民法院和最高人民法院，此外还有军事法院、铁路运输法院和海事法院。基层人民法院管辖除法律另有规定以外的第一审民事案件；中级人民法院管辖重大涉外案件、在本辖区有重大影响的案件；最高人民法院确定由中级人民法院管辖的案件。高级人民法院管辖在本辖区有重大影响的第一审民事案件。最高人民法院管辖在全国有重大影响的案件以及认为应当由其审理的案件。

2. 地域管辖

地域管辖是指确定同级人民法院之间在各自的辖区受理第一审民事案件的分工和权限。地域管辖可以分为一般地域管辖、特殊地域管辖。

（1）一般地域管辖。以被告住所地为依据来确定案件的管辖法院，即实行“原告就被告”原则。根据我国《民事诉讼法》的规定：“对公民提起的民事诉讼，由被告住所地人民法院管辖；被告住所地与经常居住地不一致的，由经常居住地人民法院管辖。”对法人或者其他组织提起的民事诉讼，由被告住所地人民法院管辖。同一诉讼的几个被告住所地、经常居住地在两个以上人民法院辖区的，各人民法院都有管辖权。但下列民事诉讼，由原告住所地人民法院管辖：① 对不在中华人民共和国领域内居住的人提起的有关身份关系的诉讼；② 对下落不明或者宣告失踪的人提起的有关身份关系的诉讼；③ 对被劳动教养的人提起的诉讼；④ 对被监禁的人提起的诉讼。

（2）特殊地域管辖。指以被告住所地及诉讼标的或者引起法律关系发生、变更、消灭的法律事实所在地为标准，确定管辖法院。包括以下情况：① 因合同纠纷提起的诉讼，由被告住所地或者合同履行地人民法院管辖；② 因保险合同纠纷提起的诉讼，由被告住所地或者保险标的物所在地人民法院管辖；③ 因票据纠纷提起的诉讼，由票据支付地或者被告住所地人民法院管辖；④ 因铁路、公路、水上、航空运输和联合运输合同纠纷提起的诉讼，由运输始发地、目的地或者被告住所地人民法院管辖；⑤ 因侵权行为提起的诉讼，由侵权行为地或者被告住所地人民法院管辖；⑥ 因铁路、公路、水上和航空事故请求损害赔偿提起的诉讼，由事故发生地或者车辆、船舶最先到达地、航空器最先降落地或者被告住所地人民法院管辖；⑦ 因船舶碰撞或者其他海事损害事故请求损害赔偿提起的诉讼，由碰撞发生地、碰撞船舶最先到达地、加害船舶被扣留地或者被告住所地人民法院管辖；⑧因海难救助费用提起的诉讼，由救助地或者被救助船舶最先到达地人民法院管辖；⑨因共同海损提起的诉讼，由船舶最先到达地、共同海损理算地或者航程终止地的人民法院管辖。

3．移送管辖

人民法院发现受理的案件不属于本院管辖的，应当移送有管辖权的人民法院，受移送的人民法院应当受理。受移送的人民法院认为受移送的案件依照规定不属于本院管辖的，应当报请上级人民法院指定管辖，不得再自行移送。移送管辖的适用应当具备以下条件：① 人民法院已经受理案件；② 受理案件的人民法院对该案件无管辖权；③ 接受移送案件的人民法院依法享有管辖权。

4．指定管辖

指定管辖是指上级人民法院以裁定方式，指定下级人民法院对某一案件行使管辖权。在下列两种情况下适用指定管辖：① 有管辖权的人民法院由于特殊原因，不能行使管辖权；② 人民法院之间因管辖权发生争议，由争议双方协商解决；协商解决不了的，报请它们的共同上级人民法院指定管辖。

15.2.3　经济诉讼程序

经济诉讼审判程序是指人民法院依法对经济案件进行审理和判决所应当遵守的程序，包括第一审程序、第二审程序、审判监督程序和执行程序。

1. 第一审程序

第一审程序包括普通程序和简易程序。一审普通程序包括以下内容。

（1）起诉和受理。起诉是指当事人依法向人民法院提出诉讼请求的诉讼行为。我国人民法院奉行“不告不理”原则，无人起诉人民法院不会启动民事诉讼程序。起诉必须符合下列条件：① 原告是与本案有直接利害关系的公民、法人和其他组织；② 有明确的被告；③ 有具体的诉讼请求和事实、理由；④ 属于人民法院受理民事诉讼的范围和受诉人民法院管辖。起诉应当向人民法院递交起诉状，并按照被告人数提出副本。书写起诉状确有困难的，可以口头起诉，由人民法院记入笔录，并告知对方当事人。人民法院收到起诉状或者口头起诉，经审查，认为符合起诉条件的，应当在七日内立案，并通知当事人；认为不符合起诉条件的，应当在七日内裁定不予受理。原告对裁定不服的，可以提起上诉。

（2）开庭前的准备。人民法院应当在立案之日起五日内将起诉状副本送达被告，被告在收到之日起十五日内提出答辩状。被告提出答辩状的，人民法院应当在收到之日起五日内将答辩状副本送达原告。被告不提出答辩状的，不影响人民法院审理。合议庭组成人员确定后，应当在三日内告知当事人。

（3）开庭审理。人民法院审理民事案件，除涉及国家秘密、个人隐私或者法律另有规定的以外，应当公开进行。开庭审理经过以下几个阶段：开庭前准备；宣布开庭；法庭调查；法庭辩论；合议庭评议。

（4）调解和判决。法院对受理的民事案件，应当根据自愿和合法的原则进行调解，调解书经双方当事人签字后生效。调解不成或调解书送达前一方反悔的，人民法院应当及时判决。人民法院适用普通程序审理的案件，应当在立案之日起六个月内审结。有特殊情况需要延长的，由本院院长批准，可以延长六个月；还需要延长的，报请上级人民法院批准。

基层人民法院和它派出的法庭审理事实清楚、权利义务关系明确、争议不大的简单的民事案件，可以适用简易程序，由审判员一人独任审理。对简单的民事案件，原告可以口头起诉。基层人民法院和它派出的法庭审理简单的民事案件，可以用简便方式随时传唤当事人、证人。人民法院适用简易程序审理案件，应当在立案之日起三个月内审结。

2. 第二审程序

第二审程序是指当事人不服一审判决时，在法定期限内向上一级人民法院提起上诉，上一级人民法院对未发生法律效力的判决、裁定的案件重新审理的程序。

（1）上诉的提起和受理。当事人不服地方人民法院第一审判决的，有权在判决书送达之日起十五日内向上一级人民法院提起上诉。当事人不服地方人民法院第一审裁定的，有权在裁定书送达之日起十日内向上一级人民法院提起上诉。上诉应当递交上诉状，上诉状应当通过原审人民法院提出，当事人直接向第二审人民法院上诉的，第二审人民法院应当在五日内将上诉状移交原审人民法院。

（2）上诉案件的审理。第二审人民法院应当对上诉请求的有关事实和适用法律进行审查。第二审人民法院对上诉案件，应当组成合议庭，开庭审理。经过阅卷和调查，询问当事人，在事实核对清楚后，合议庭认为不需要开庭审理的，也可以进行判决、裁定。第二审人民法院审理上诉案件，可以在本院进行，也可以到案件发生地或者原审人民法院所在地进行。

（3）上诉案件的裁判。第二审人民法院对上诉案件，经过审理，按照下列情形，分别处理：① 原判决认定事实清楚，适用法律正确的，判决驳回上诉，维持原判决；② 原判决适用法律错误的，依法改判；③ 原判决认定事实错误，或者原判决认定事实不清，证据不足，裁定撤销原判决，发回原审人民法院重审，或者查清事实后改判；④ 原判决违反法定程序，可能影响案件正确判决的，裁定撤销原判决，发回原审人民法院重审。第二审人民法院的判决、裁定，是终审的判决、裁定。

3．审判监督程序

审判监督程序是指人民法院对已经发生法律效力的判决、裁定，依照法律规定由法定机关提起，对案件进行再审的程序，它又称为再审程序。

（1）再审的提起。各级人民法院院长对本院已经发生法律效力的判决、裁定，发现确有错误，认为需要再审的，应当提交审判委员会讨论决定。最高人民法院对地方各级人民法院已经发生法律效力的判决、裁定，上级人民法院对下级人民法院已经发生法律效力的判决、裁定，发现确有错误的，有权提审或者指令下级人民法院再审。最高人民检察院对各级人民法院已经发生法律效力的判决、裁定，上级人民检察院对下级人民法院已经发生法律效力的判决、裁定，发现确有错误的，应当按照审判监督程序提出抗诉。人民检察院提出抗诉的案件，人民法院应当再审。当事人对已经发生法律效力的判决、裁定，认为有错误的，可以向原审人民法院或者上一级人民法院申请再审，但不停止判决、裁定的执行。

（2）再审的程序。人民法院按照审判监督程序再审的案件，发生法律效力的判决、裁定是由第一审法院做出的，按照第一审程序审理，所做的判决、裁定，当事人可以上诉；发生法律效力的判决、裁定是由第二审法院做出的，按照第二审程序审理，所做的判决、裁定是发生法律效力的判决、裁定；上级人民法院按照审判监督程序提审的，按照第二审程序审理，所做的判决、裁定是发生法律效力的判决、裁定。人民法院审理再审案件，应当另行组成合议庭。

4．执行程序

执行程序是指人民法院执行组织进行执行活动和申请执行人、被执行人以及协助执行人进行执行法律必须遵守的法律规定。对于已经生效的判决、裁定、调解书，当事人必须履行，否则享有权利一方可以向人民法院申请强制执行。发生法律效力的民事判决、裁定，以及刑事判决、裁定中的财产部分，由第一审人民法院执行。法律规定由人民法院执行的其他法律文书，由被执行人住所地或者被执行的财产所在地人民法院执行。法院的执行措施主要有：冻结、划拨被执行人的存款；扣留、提取被执行人应当履行义务部分的收入；

查封、扣押、冻结、拍卖、变卖被执行人应当履行义务部分的财产；强制迁出房屋或者强制退出土地；强制被执行人交付财物或者票证等。

15.3 民事诉讼

经济诉讼一般适用于民事诉讼法，经济诉讼是民事诉讼的组成部分。

15.3.1 民事诉讼法概述

民事诉讼法是国家制定的规范法院和诉讼参与人的各种诉讼活动及由此产生的各种诉讼关系的法律规范的总称。

1991年4月9日第七届全国人民代表大会第四次会议通过了《民事诉讼法》。该法根据2007年10月29日第十届全国人民代表大会常务委员会第三十次会议《关于修改〈中华人民共和国民事诉讼法〉的决定》进行了第一次修正，自2008年4月1日起施行。根据2012年8月31日第十一届全国人民代表大会常务委员会第二十八次会议《关于修改〈中华人民共和国民事诉讼法〉的决定》进行第二次修正，于2013年1月1日起生效运用。

15.3.2 民事诉讼法基本制度

1. 公开审判制度

公开审判制度，是指人民法院的审判活动除合议庭评议案件外，还应向群众和社会公开的制度。所谓公开，一是向群众公开，即允许群众旁听法院对案件的审判；二是向社会公开，即允许新闻记者对案件审理的情况进行报道，将案情公布于众。依照法律的规定，除不予公开和可以不公开审理的案件外，一律依法公开审理。同时，不论是否公开审理，案件宣判时一律公开进行。公开审判是相对于秘密审判而言的，公开审判取代秘密审判是诉讼制度文明进步的表现。

2. 合议制度

合议制度是相对于独任制而言的，是指由3名以上单数审判人员组成合议庭对民事案件进行审理的制度。

合议制度是民主集中制原则在民事审判工作中的体现和具体运用。实行这一制度，有利于充分发挥集体的智慧和力量，防止审判人员认识上的主观片面性，保证案件审理的质量。除法律规定的特殊情况外，民事案件的审判均实行合议制。

3. 回避制度

回避制度，是指审判人员和其他有关人员遇到法律规定不宜参加案件审理的情形时，退出案件审理活动的制度。

回避制度对于保证案件的公正审判具有十分重要的意义，各国民事诉讼法均规定了回避制度。回避制度一般包括回避方式、回避原则、回避制度适用的对象、回避的程序问题。

4. 两审终审制度

两审终审制度，是指一个民事案件经过两级法院的审判，案件的审判即宣告终结的制度。根据该制度，一个民事案件经第一审人民法院审判后，当事人如果不服，有权依法向上一级人民法院提出上诉，上一级人民法院对上诉案件审理后做出的判决和裁定是终审判决、裁定，当事人不得再提起上诉。

15.3.3 民事诉讼管辖

1. 级别管辖

级别管辖是指上下级法院在受理第一审民事案件的分工和权限时，一般按案件影响的大小、繁简程度和诉讼标的金额大小来确定级别管辖。

基层人民法院管辖第一审民事案件，法律另有规定的除外。

中级人民法院管辖下列第一审民事案件：重大涉外案件，是指争议标的额大，或案情复杂，或居住在国外的当事人人数众多的涉外案件；在本辖区有重大影响的案件。

高级人民法院管辖的第一审民事案件为在本辖区有重大影响的第一审民事案件。

最高人民法院管辖的第一审民事案件为在全国有重大影响的案件。

2. 地域管辖

地域管辖是指同级人民法院间在各自辖区受理第一审民事案件的分工和权限。

在地域管辖问题上一般采用“原告就被告”的原则，即通常由被告住所地人民法院管辖；被告住所地与经常居住地不一致的，由经常居住地人民法院管辖。

《民事诉讼法》规定，下列民事诉讼，由原告住所地人民法院管辖，原告住所地与经常居住地不一致的，由原告经常居住地人民法院管辖：一是对不在中华人民共和国领域内居住的人提起的有关身份关系的诉讼；二是对下落不明或者宣告失踪的人提起的有关身份关系的诉讼；三是对被劳动教养的人提起的诉讼；四是对被监禁的人提起的诉讼。

因继承遗产纠纷提起的诉讼，由被继承人死亡时住所地或者主要遗产所在地人民法院管辖。有动产、不动产的，以不动产所在地为主要遗产所在地；动产有多项的，价值高的动产所在地为遗产所在地。

15.3.4 民事诉讼时效

1．民事诉讼时效与民事诉讼时效期间

民事诉讼时效是指权利人经过法定期限不行使自己的权利，依法律规定其胜诉权便归于消灭的制度。

民事诉讼时效期间是指权利人请求人民法院保护其民事权利的法定期间。

在民事诉讼中，向人民法院请求保护民事权利的诉讼时效期间为2年，法律另有规定的除外。下列诉讼的时效期间为1年：身体受到伤害要求赔偿的；出售质量不合格的商品未声明的；延付或者拒付租金的；寄存财物丢失或者损毁的。

诉讼时效期间从知道或者应当知道权利被侵害时起计算，但是，从权利被侵害之日起超过20年的，人民法院不予保护。有特殊情况的，人民法院可以延长诉讼时效期间。

超过诉讼时效期间，当事人自愿履行的，不受诉讼时效限制。

规定按照小时计算期间的，从规定时开始计算。规定按照日、月、年计算期间的，开始的当天不算入，从下一天开始计算。

期间的最后一天是星期日或者其他法定休假日的，以休假日的次日为期间的最后一天。期间的最后一天的截止时间为24点。有业务时间的，到停止业务活动的时间截止。

2．诉讼时效的中止、中断与延长

诉讼时效的中止是指在诉讼时效进行中，因发生一定的法定事由而使权利人不能行使请求权，暂时停止计算诉讼时效期间，以前经过的时效期间仍然有效，待阻碍时效进行的事由消失后，继续计算诉讼时效期间。根据《民法通则》的规定，只有在诉讼时效期间的最后6个月内发生前述事由的，才能中止诉讼时效。如果在诉讼时效期间的最后6个月前发生上述法定事由，到最后6个月开始时法定事由已消除的，则不能发生诉讼时效中止。如果该法定事由到最后6个月开始时仍然继续存在，则应自最后6个月开始时中止诉讼时效，直到该障碍消除。

诉讼时效的中断是指在诉讼时效进行中，因发生一定的法定事由，致使已经经过的时效期间统归无效，待时效中断的法定事由消除后，诉讼时效期间重新计算。下列事由可以引起诉讼时效中断：权利人提起诉讼；当事人一方向义务人提出请求履行义务的要求；当事人一方同意履行义务。

诉讼时效的延长是指人民法院对已经完成的诉讼时效，根据特殊情况而予以延长。特殊情况是指权利人由于客观的障碍在法定诉讼时效期间不能行使请求权的情形，具体由人民法院判定，这是法律赋予司法机关的一种自由裁量权。

15.3.5 民事诉讼证据

1. 民事诉讼证据的概念和特征

民事诉讼证据是指能够证明民事案件真实情况的一切事实。证据具有如下特征：

（1）客观性

证据是证明待证事实的根据或者方法，它必须是可靠、可信的，证据事实必须是客观存在的材料，而不是任何人的猜测或者主观臆造的产物。

（2）关联性

这是指作为证据的事实不仅必须是一种客观存在，而且它必须是与案件所要查明的事实存在逻辑上的联系，从而能够说明案件事实。正因为如此，它才能以其自身的存在单独或与其他事实一道证明案件真实的存在或者不存在。

（3）合法性

证据的合法性，是指证据必须由当事人按照法定程序提供，或者由法定机关、法定人员按照法定的程序调查、收集和审查。

2. 民事诉讼证据种类

根据《民事诉讼法》的规定，我国民事诉讼证据的表现形式可以分为书证、物证、视听资料、证人证言、当事人的陈述、鉴定结论、勘验笔录 7 种。

（1）书证

书证是指以文字、符号、图形等所记载的内容或表达的思想来证明案件真实的证据。

书证具有以下 3 个特征：①书证并不是一般的物品，而是用文字符号记录和表达一定思想内容的物品。②书证把一定的思想内容固定下来，以此表达人们的思想，并能为一般人所认知或了解，证明有关的案件事实。③书证是固定在一定的物体上的思想内容，所以有较强的客观性和真实性，不像言辞证据那样，容易因为有关人员主观意识的改变而改变，也不存在因时间久远造成记忆模糊而影响其证明力的现象。

（2）物证

物证是指以其存在的形状、质量、规格、特征等来证明案件事实的证据。

同其他证据相比，物证有如下特征：①稳定性。物证是客观存在的物品或者痕迹，只要及时收集，用科学的方法提取和固定，就具有较强的稳定性。②可靠性。物证是以其自身的客观存在的形状、规格、痕迹等证明案件事实，不受人们主观因素的影响和制约，只要判明物证是真实的，它就具有很强的可靠性和较强的证明力。

（3）视听资料

视听资料是指利用录音、录像、电子计算机储存的资料和数据等来证明案件事实的一种证据。它包括录像带、录音片、传真资料、电影胶卷、微型胶卷、电话录音、雷达扫描资料和电脑储存数据及资料等。

（4）证人证言

证人是指知晓案件事实并应当事人的要求和法院的传唤到法庭做证的人，证人就案件事实向法院所作的陈述称为证人证言。

需要注意以下几种情况：①不能正确表达意志的人，不能作为证人。②诉讼代理人不能在一个案件中既作代理人又作证人。③审判员、陪审员、书记员、鉴定人、翻译人员和参与民事诉讼的检察人员不能同时在自己参与的案件中作为证人。

（5）当事人的陈述

当事人的陈述是指当事人在诉讼中就与本案有关的事实，向法院所作的陈述。

（6）鉴定结论

鉴定结论是指鉴定人运用专业知识、专门技术对案件中的专业性问题进行分析、鉴别、判断后做出的结论。

（7）勘验笔录

所谓勘验，是指人民法院审判人员，在诉讼过程中，为了查明一定的事实，对与案件争议有关的现场、物品或物体亲自或指定有关人员进行查验、拍照、测量的行为。就查验的情况与结果制成的笔录叫勘验笔录。

15.3.6 民事诉讼当事人及诉讼代理人

1. 民事诉讼当事人的概念

民事诉讼当事人是指因民事上的权利义务关系发生纠纷，以自己的名义进行诉讼，并受人民法院裁判拘束的利害关系人。一般来说，同时符合以下3个要求的主体就可以成为民事诉讼当事人。

（1）以自己的名义起诉或者应诉，实施诉讼行为。

（2）向法院请求解决争议，保护民事权益。

（3）接受法院裁判的约束。

2. 民事诉讼当事人的分类

根据民事诉讼当事人在诉讼中所处的地位和享有的诉讼权利、承担的诉讼义务不同，民事诉讼当事人可以分为原告、被告、共同诉讼人、诉讼代表人、第三人。

（1）原告

原告是认为自己的民事权益受到侵害，或者与他人发生争议，为维护其合法权益而向人民法院提起诉讼，引起诉讼程序发生的人。

（2）被告

被告是指被诉称侵犯原告民事权益或与原告发生民事权益争议，被人民法院通知应诉的人。

（3）共同诉讼人

当事人一方或双方各为 2 人以上，其诉讼标的是共同的，或者是同一种类，人民法院认为可以合并审理并经当事人同意的民事诉讼为共同诉讼。共同诉讼人是指共同诉讼中的当事人一方或双方为 2 人以上共同起诉或共同应诉的人。

（4）诉讼代表人

诉讼代表人是指众多当事人的一方推选出的代表，为维护本方的利益而进行诉讼活动的人。诉讼代表人代表本方当事人进行诉讼，不同于共同诉讼人。诉讼代表人是本案实体法律关系的主体，不同于法定代表人和诉讼代理人。

（5）第三人

民事诉讼的第三人，是指对他人争议的诉讼标的有独立的请求权，或者虽无独立的请求权，但案件的处理结果与其有法律上的利害关系而参加诉讼的人。第三人分为有独立请求权的第三人和无独立请求权的第三人。

3. 民事诉讼代理人

民事诉讼代理人，是指根据法律规定或者当事人的委托，代表当事人进行民事诉讼活动的人。诉讼代理人具有以下特征。

（1）具有诉讼行为能力。诉讼代理人的职责是在代理权限范围内代表当事人实施和接受诉讼行为，维护当事人的合法权益，这就要求诉讼代理人必须有诉讼行为能力。

（2）以被代理人的名义，并且为了维护被代理人的利益进行诉讼活动。诉讼代理人不是案件的一方当事人，不能以自己的名义，为了维护自己的利益进行诉讼活动。

（3）在代理权限范围内实施诉讼行为。诉讼代理人在代理权限范围内实施的诉讼行为才是诉讼代理行为，才产生诉讼代理的法律后果。

（4）诉讼代理的法律后果由被代理人承担。诉讼代理人超越诉讼代理权实施的诉讼行为则不是诉讼代理行为，其法律后果只能由诉讼代理人自己承担，除非被代理人对越权的诉讼代理行为予以追认。

（5）同一案件中只能为一方当事人代理人。在诉讼中，双方当事人的利益是对立的，若同时为双方当事人的代理人，可能会损害一方当事人的利益。

《民事诉讼法》规定的诉讼代理人可以分为两类：法定诉讼代理人和委托诉讼代理人。前者是指根据法律规定，代理无诉讼行为能力的当事人为诉讼行为的人；后者是受当事人或者其法定代理人委托，代理当事人为诉讼行为的人。

15.3.7 民事诉讼程序

1. 第一审普通程序

第一审普通程序是人民法院审理第一审民事案件所适用的最基本的程序。它具体包括起诉、受理、审理前的准备、开庭审理。

（1）起诉

起诉，是指原告依法向人民法院提出诉讼请求的行为。起诉必须具备的条件是：原告是与本案有直接利害关系的公民、法人或其他组织；有明确的被告；有具体的诉讼请求和事实、理由；属于人民法院受理民事诉讼的范围和由受诉人民法院管辖。

（2）受理

受理，是指人民法院经过审查起诉，认为符合法定条件，予以立案的诉讼活动。人民法院收到民事诉状或者口头起诉，经审查，符合起诉条件的，应当在7日内立案，并及时通知当事人；认为不符合起诉条件的，应当在7日内裁定不予受理。原告对裁定不服的，可以提起上诉。

（3）审理前的准备

审理前的准备，是指人民法院在受理案件后进入开庭审理之前所进行的准备工作。这主要有以下几项：送达起诉状副本和提出答辩状；告知当事人诉讼权利义务及合议庭组成人员；审阅诉讼材料，调查收集必要的证据；追加当事人。

（4）开庭审理

1）开庭准备。人民法院确定开庭日期后，应当在开庭前3日通知当事人和其他诉讼参与人。通知当事人用传票，通知其他诉讼参与人用通知书。对于公开审理的案件，人民法院应当在开庭审理前3日发布公告，公告当事人姓名、案由和开庭的时间、地点，以便群众旁听、记者采访报道。

2）法庭调查。在开庭审理时，应进行法庭调查，包括当事人陈述，证人出庭做证，出示物证、书证和视听资料，宣读鉴定结论，宣读勘验笔录。

当事人对自己提出的主张，有责任提供证据，即谁主张、谁举证。当事人及其诉讼代理人因客观原因不能自行收集的证据，或者人民法院认为审理案件需要的证据，人民法院应当调查收集。

当事人对自己提出的诉讼请求所依据的事实或者反驳对方诉讼请求所依据的事实有责任提供证据加以证明。没有证据或者证据不足以证明当事人的事实主张的，由负有举证责任的当事人承担不利后果。

3）法庭辩论。定案的所有证据都必须经过法庭的辩论和质证。即使是不得在公开开庭时出示的证据，也必须经过双方当事人的辩论和质证。

4）评议和宣判。合议庭的人员在法庭调查和法庭辩论的基础上，认定案件事实，确定适用的法律，最后宣告案件的审理结果。这是开庭审理的最后阶段。

2. 简易程序

简易程序是指基层人民法院及其派出法庭审理简单民事案件和简单经济纠纷案件所适用的程序。

对简单的民事案件，原告可以口头起诉。当事人双方可以同时到基层人民法院及其派出法庭，请求解决纠纷。基层人民法院及其派出法庭可以当即审理，也可以另定日期审理。采用简易程序，可以用简便方式随时传唤当事人、证人。简单的民事案件由审判员一人独任审理，但必须有书记员记录。审判人员可以根据案件的具体情况，简化案件审理的方式和步骤，不受普通程序中关于开庭审理阶段和顺序的限制。

人民法院使用简易程序审理民事案件，应当在立案之日起 3 个月内审结，且为不变期间，当事人或法院都不得申请延长。

3. 第二审程序

第二审程序是人民法院审理上诉案件所使用的诉讼程序。在民事诉讼中，当事人不服人民法院第一审判决或裁定而提起上诉，人民法院受理后即进入第二审程序。

第二审程序与第一审普通程序的区别在于：审判程序发生的原因不同；审级不同；审判组织不同；审理对象不同，第二审程序审理第一审判决；审理的方式不同，第二审程序可以开庭审理或者径行判决；裁判的效力不同，第二审程序审结后的裁判是发生法律效力的裁判，不得上诉。

（1）提起第二审程序的条件

法定的上诉对象是指依法可以上诉的判决和裁定。可以上诉的判决包括地方各级人民法院适用普通程序和简易程序审理的第一审判决、第二审人民法院发回原审人民法院重审后所做出的判决。可以上诉的裁定包括人民法院做出的不予受理的裁定、人民法院对当事人的管辖异议做出的裁定、驳回起诉的裁定。

提起第二审程序必须有法定的上诉人和被上诉人，必须在法定的上诉期内提出上诉，必须提交上诉状。

（2）上诉的受理

上诉的受理是指人民法院通过法律程序，对当事人提起的上诉进行审查，对符合上诉条件的案件予以受理的行为。上诉状应当通过原审人民法院提出，并按照对方当事人或者代表人的人数提出副本。当事人直接向第二审人民法院上诉的，第二审人民法院应当在 5 日内将上诉状移交原审人民法院。

（3）上诉案件的审理

法院在审理前的准备工作有：组成合议庭；审阅案卷，询问当事人、证人，进行调查。第二审人民法院对上诉案件经过审理，按照下列情形分别处理：原判决认定事实清楚，适用法律正确的，判决驳回上诉，维持原判决；原判决适用法律错误的，依法改判；原判决认定事实错误，或者原判决认定事实不清，证据不足，裁定撤销原判决，发回原审人民法院重审，或者查清事实后改判；原判决违反法定程序，可能影响案件正确判决的，裁定撤销原判决，发回原审人民法院重审。当事人对重审案件的判决、裁定，可以上诉。

人民法院审理对判决的上诉案件，应当在第二审立案之日起 3 个月内审结。有特殊情况需要延长的，由本院院长批准。人民法院审理对裁定的上诉案件，应当在第二审立案之日起30日内做出终审裁定。对裁定的上诉案件的审结期限，不能延长。

案例分析

小芳与小容住在同一个小区，且是闺密。2016年10月的一天，小容说做生意急需用钱，向小芳借信用卡一用，并且承诺会按银行的时限要求及时还款，且每月支付小芳500元作为报酬。

当天，小芳很放心地将额度为10万元的民生银行信用卡借给了小容，因为双方很熟悉，就没有写借条。小容刚开始刷了几次信用卡都按时归还了，但是，她在2018年2月用信用卡刷了99 300元，未按期归还。小芳收到银行的通知时，发现已联系不到小容，小容举家搬迁不知去向了。

小芳无奈之下起诉到法院。因没有写借条，小芳想到两人的微信聊天记录可作为证据。双方的微信聊天记录了小容的相关信息，两人在聊天时小容向小芳问过信用卡的密码。

当地法院经审理认为，小容虽然未向小芳出具借条，但从小芳提交的微信聊天记录来看，小芳的民生银行信用卡由小容持有，且小容使用信用卡向小芳借钱，与小芳陈述内容可以相互印证。法院据此认定了小容通过借信用卡透支消费的方式向小芳借款的事实，认定双方形成民间借贷关系。最终法院判决支持小芳要求小容还钱的诉求。

问题：本案争议的焦点是什么？

分析：本案的争议焦点是微信可否作为直接证据使用。

2012年施行的《民事诉讼法》明确了电子数据是法定的证据类型。微信的信息以电子数据的形式存在，显然属于该类证据范畴，但微信证据要成为认定案件事实的依据并不容易，须满足两个前提条件：

一是微信使用人就是当事人双方。因微信不是实名制，若不能证明微信使用人系当事人，则微信证据在法律上与案件无法产生关联性。微信使用人的身份确认有四个途径：对方当事人自认；微信头像或微信相册照片辨认；网络实名、电子数据发出人认证材料或机主身份认证；第三方机构即软件供应商腾讯公司协助调查。

二是微信证据的完整性。此条件关涉微信证据的真实性及关联性，因微信证据为生活化的片段式记录，如不完整可能断章取义，也不能反映当事人的完整的真实意思表示。建立专门的电子数据证据鉴定机构并明确其认证规则，是目前“微信”证据发展的必然需求。

本章小结

重点概念

仲裁　仲裁法　仲裁协会　仲裁委员会　仲裁协议　诉讼　管辖　第一审程序　第二审程序　审判监督程序

知识点

（1）经济仲裁。仲裁是指平等主体的双方当事人依法自愿达成协议，将经济纠纷提交给仲裁机构进行裁决，从而解决纠纷的一种法律制度。仲裁法的基本原则包括：自愿仲裁原则；以事实为根据、符合法律规定、公平合理解决纠纷的原则；独立仲裁原则。

仲裁委员会是受理仲裁案件的机构。中国仲裁协会是社会团体法人，中国仲裁协会是仲裁委员会的自律性组织。

仲裁协议是当事人双方自愿将他们之间可能发生的或已经发生的争议提请仲裁机构予以裁决的意思表示，是申请仲裁的重要依据。仲裁协议应当具有下列内容：请求仲裁的意思表示；仲裁事项；选定的仲裁委员会。

仲裁程序包括：仲裁的申请和受理；仲裁庭的组成；开庭和裁决。

（2）经济诉讼。诉讼是国家司法机关在当事人和其他诉讼参与人的参加下，依照法定程序处理案件的活动。

诉讼管辖是指各级人民法院和同级人民法院之间受理第一审民事案件的分工和权限。根据《民事诉讼法》的规定，管辖主要可以归纳为级别管辖、地域管辖、移送管辖和指定管辖。

经济诉讼审判程序是指人民法院依法对经济案件进行审理和判决所应当遵守的程序。包括第一审程序、第二审程序、审判监督程序和执行程序。

复习思考题

（1）仲裁员应符合哪些条件？

（2）仲裁协议的内容有哪些？

（3）撤销仲裁裁决的法定情形有哪些？

（4）起诉应具备什么条件？

（5）《民事诉讼法》关于诉讼管辖的规定有哪些？

参考文献

[1] 于雷．市场规制法律问题研究[M]．北京：北京大学出版社，2016.
[2] 李昌麟等．经济法[M]．北京：法律出版社，2017.
[3] 杨紫烜．经济法[M]．3 版．北京：北京大学出版社，2015.
[4] 贵立义，林清高．经济法概论[M]．大连：东北财经大学出版社，2015.
[5] 潘静成，刘文华．经济法[M]．3 版．北京：中国人民大学出版社，2015.
[6] 叶林．公司法研究[M]．北京：中国人民大学出版社，2016.
[7] 张斌生．仲裁法新论[M]．厦门：厦门大学出版社，2014.
[8] 陈小燕．物权法研究[M]．北京：人民出版社，2013.
[9] 丁丽瑛．知识产权法专论[M]．北京：科学出版社，2008.
[10] 许群．会计法教程[M]．北京：中国人民大学出版社，2008.
[11] 财政部会计资格评价中心．经济法基础[M]．北京：中国财政经济出版社，2017.
[12] 财政部会计资格评价中心．中级经济法[M]．北京：中国财政经济出版社，2017
[13] 中国注册会计师协会．经济法[M]．北京：经济科学出版社，2017.
[14] 郭富青．中国非公司企业法研究[M]．北京：法律出版社，2015.
[15] 国务院法制办公室．中华人民共和国民事诉讼法注解与配套[M]．北京：中国法制出版社，2016.
[16] 李永军，易军，王利明．合同法[M]．北京：中国法制出版社，2009.
[17] 吴佩江．税法教程新编[M]．3 版．北京：科学出版社，2015.
[18] 程延园．劳动合同法教程[M]．北京：首都经济贸易大学出版社，2009.